KB275128

3수로 결판내는

맥 전략

王座 加藤正夫 지음

프로바둑연구회 편

太乙出版社

머 리 말

　'3수로 결판내는' '정석'과 '포석' 편을 공부한 독자들에게 이 '맥 전략'을 권유한다.

　'단 3수'로써 상대방의 기량을 압도 할 수 있는 비결, 그것은 바로 정석과 포석에 능통한 다음 '맥 전략'을 자유자재로 구사할 수 있는 능력을 갖추는 일이다.

　다음의 수, 상대의 수 등에 대하여 끊임없이 연구해 보도록 하자.

　이 책은 바로 독자들에게 '초급 이상'에서 '고급'으로 향해 줄달음칠 수 있는 능력 향상을 염두에 두고 쓰여진 '맥 전략'에 관한 '비결집'이다.

　여기에 실린 문제는 엄선하여 현재 초급 정도의 실력에 있는 독자라 하더라도 맥을 항상 운용할 수 있는 자연스러운 모양을 나타내었다. 말하자면 기본적인 맥을 한 곳에 엮어 본 것이다.

　이 책에 실린 모든 문제를 마스터하고 나면 상당한 실력자가 될 것을 의심치 않는다.

저 자 씀

차　례＊

제 1 편

맥과 모양

　본편에서는 쉬운 맥을 모아보았다. 이
음, 붙임, 축 껴붙임 등의 기본이다.
　3수의 문제이다.
　이곳에서 맥의 기본형을 음미하고　연
습을 하여 보자.
　항상 해결을 하려는 진지한 습관과 생
각을 가져야 한다.

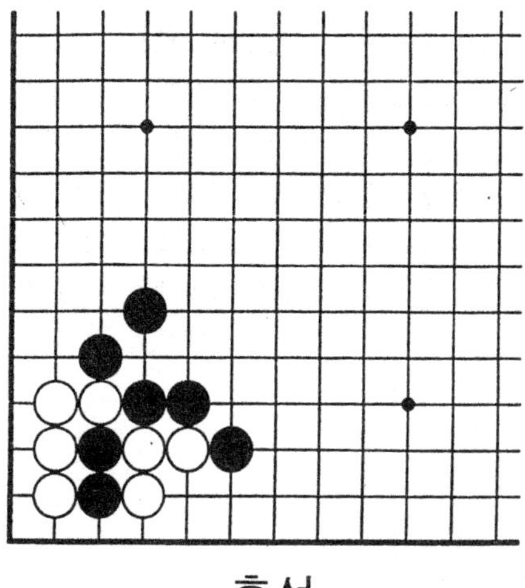

흑선

제1문
잇는 방향

최초에는 잇는 문제이다. 1의 단수는 당연한데 다음 수는?

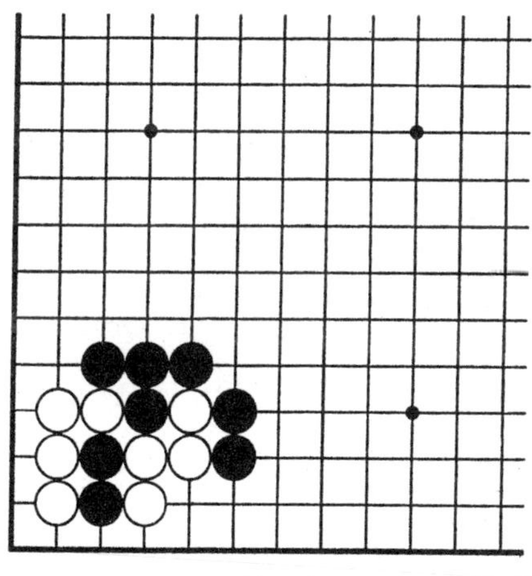

흑선

제2문
작은
움직임

흑은 다음의 3수를 어떻게 둘까?

앞문제와는 다르다.

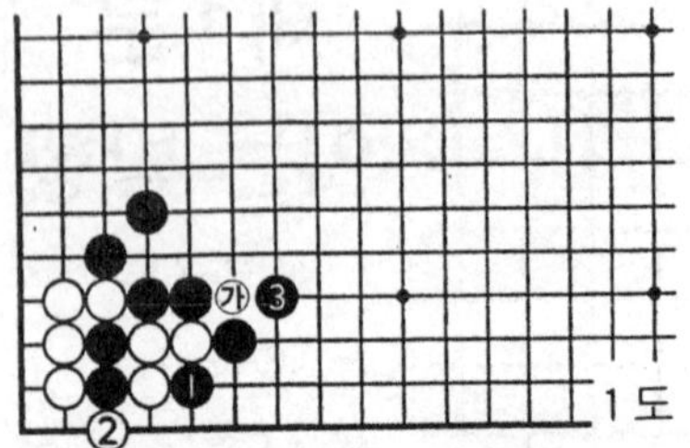

제1문 해답

1도 (정해)   흑1의 단수가 당연하다.   백2 에는 3 까지   모양이다. ㉮의 곳도 좋은 곳이다.

2도 (실패) 흑3 의 지킴도 나쁘다.

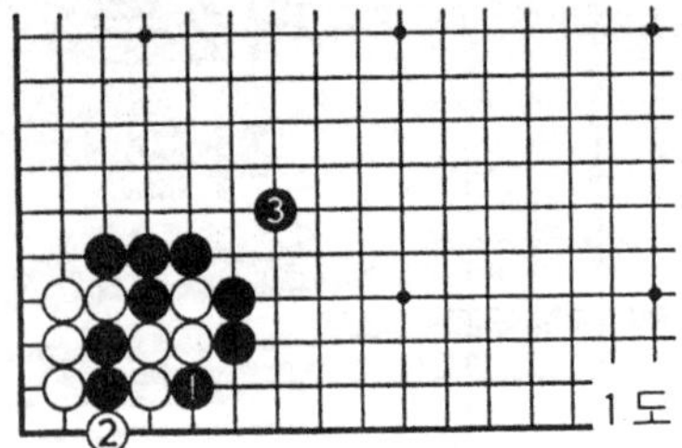

제2문 해답

1도 (정해)   이런도 에서는 흑1 단수로   2 를 강요하고 3의 움직 임이 좋다.

2도 (실패)   흑3 의 지킴은 ㉮의 들여다보는 수가 남는다.

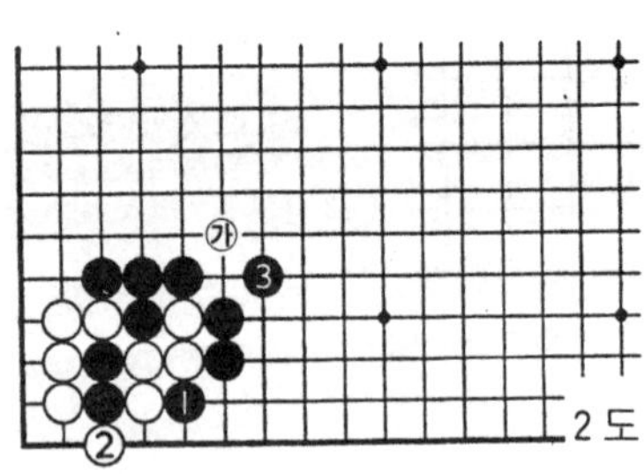

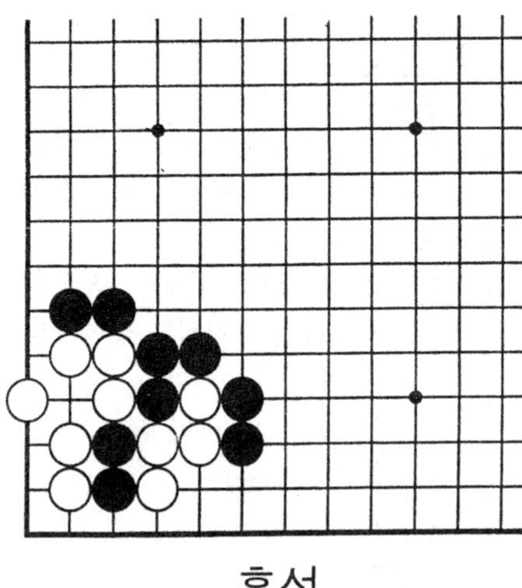

흑선

제3문
맛이 좋다

같은 모양이
다.
　이 문제에서
는 어떻게 둘까?

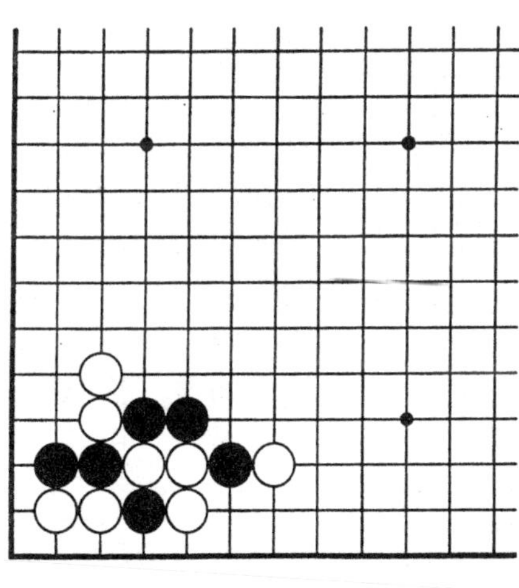

흑선

제4문
실전감각

흑선이다. 다
음의 3수는?

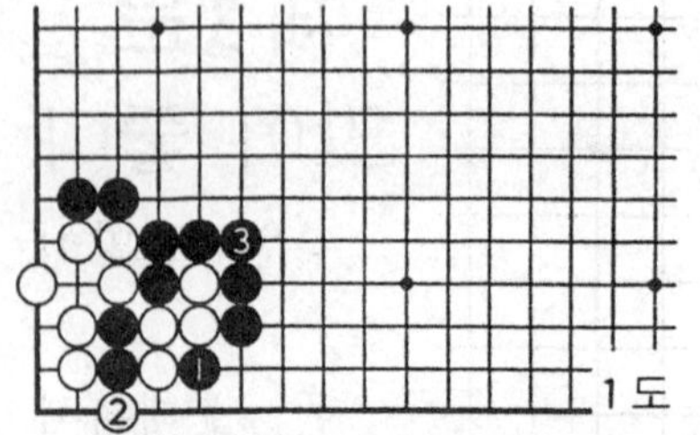

1 도

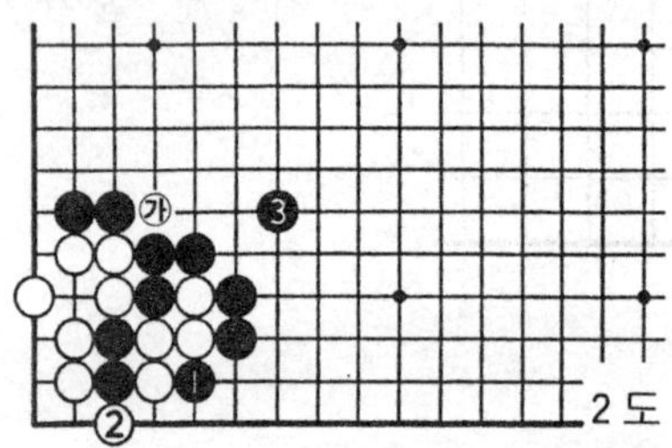

2 도

제3문 해답

　1도 (정해)　이런 모양에서는 흑1에　백2 다음 3의 이음이　정해이다.

　2도 (실패)　흑3의 날일자 지킴도 좋지　않다.

　㉮의 곳이 끊기는 맛이 나쁘다.

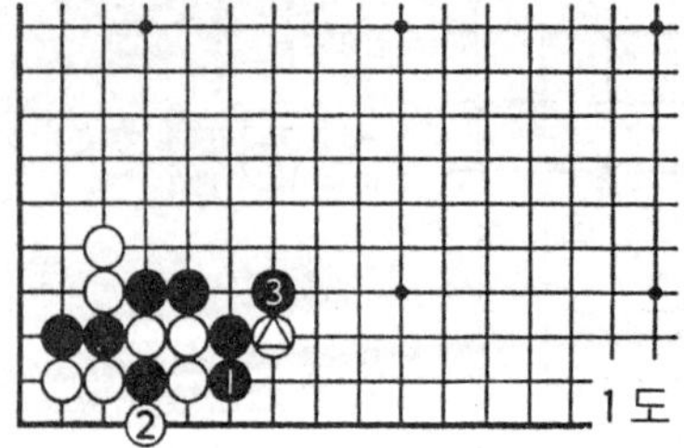

1 도

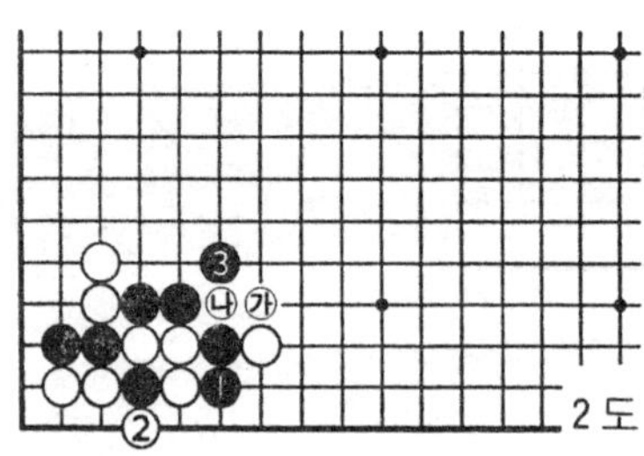

2 도

제4문 해답

　1도 (정해)　흑1은 당연하다. 다음　흑3으로 백⊖표를 견제한다.

　이것이 모양이다.

　2도 (실패)　흑3의 두는 것은 이 다음에 백㉮, 혹㉯로　공격함이 좋다.

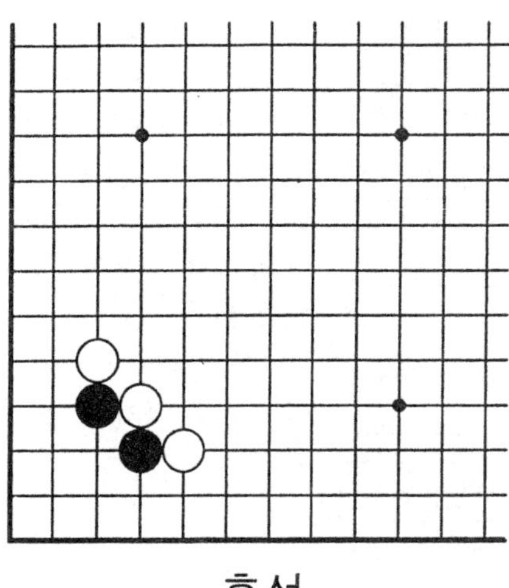

흑선

제 5 문

잇는 방법
의 기본

혹의 젖힘에
백의 계속 젖힘
이다.
3수를 나타
내 보자.

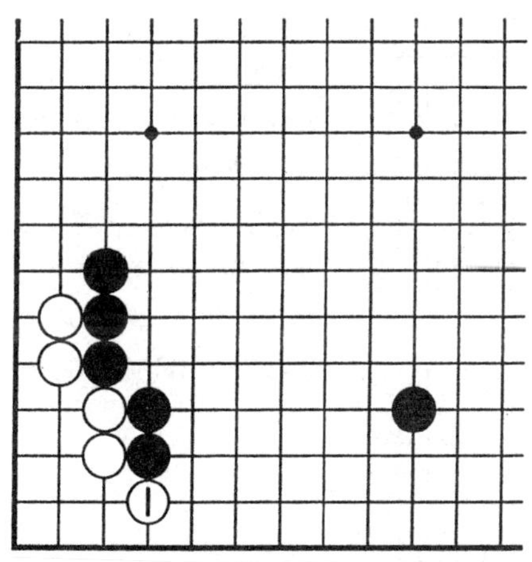

흑선

제 6 문

응수

백 1의 젖힘
이다.
혹의 응수는?

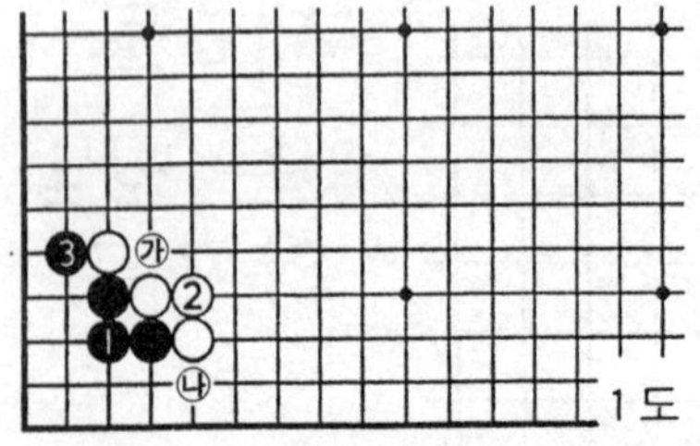

1 도

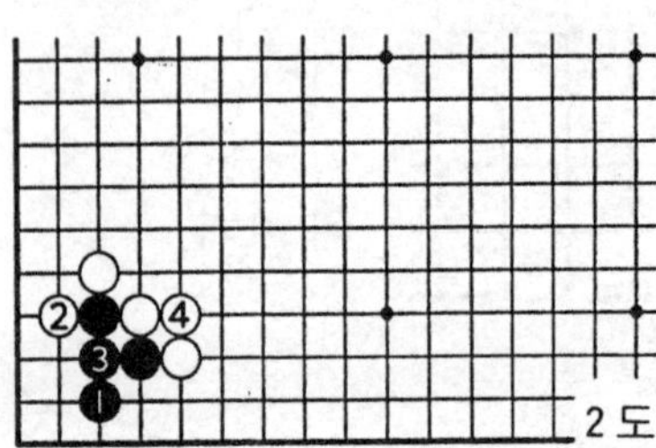

2 도

제 5 문 해답

　1 도 (정해)　흑 1 의 빈삼각이 모양이다. 백 2 의 이음이 좋다. 그러면 흑 3 의 젖힘이다. ㉮의 곳을 이으면 ㉯의 젖힘이다.

　2 도 (실패)　흑 1 은 백 2, 4 로 되어 좋지 않다.

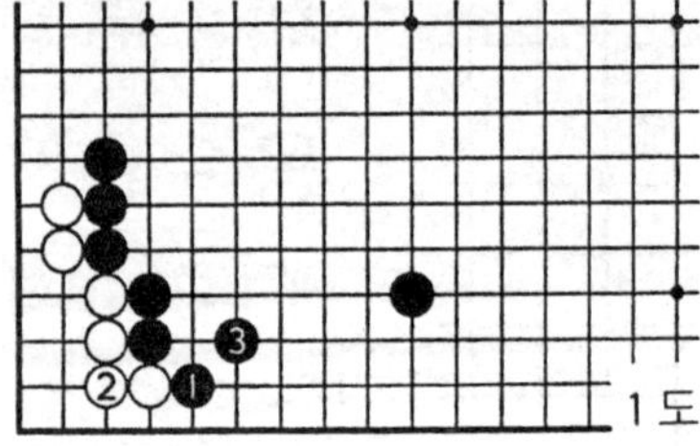

1 도

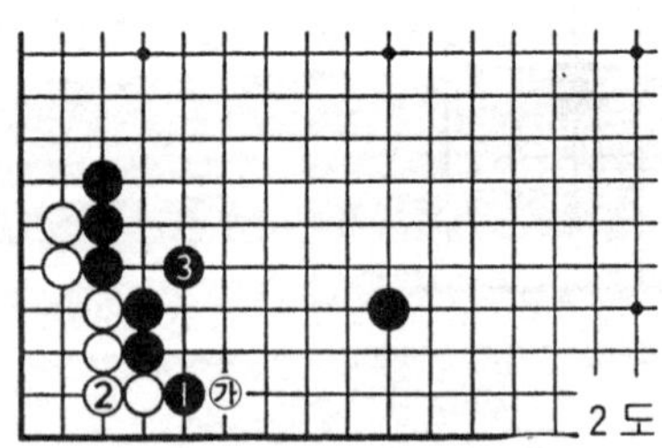

2 도

제 6 문 해답

　1 도 (정해)　흑 1 로 막아서 3 으로 움직이는 것이 좋은 수다.

　2 도 (실패)　흑 1 로 막은 후 3 으로 지키는 것은 나중에 백 ㉮로 껴붙여 공격하는 것이 남는다.

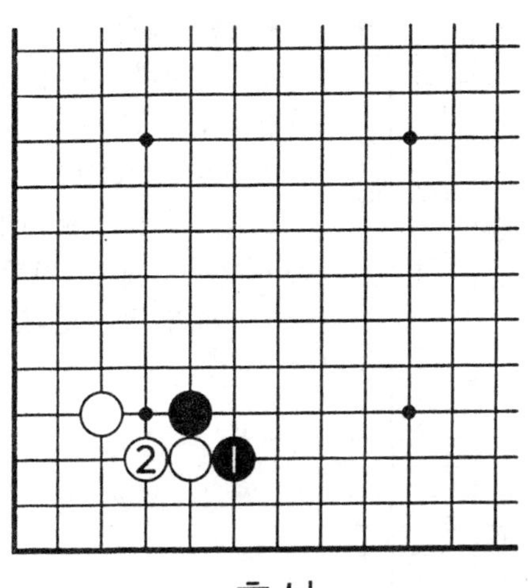

흑선

제7문

그곳의 잇는 방법

흑1, 백2 다음 흑의 응수는? 2종류의 이음이 있다.

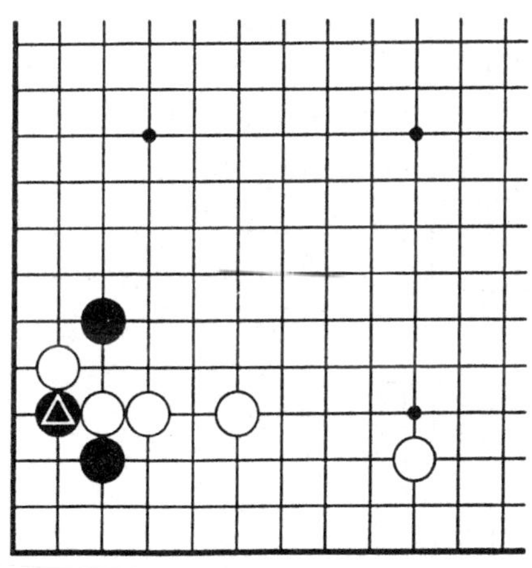

흑선

제8문

이것도 2종류

전문과 같다. 흑△표로 젖힌다음 2종류의 이음을 나타내 보자.

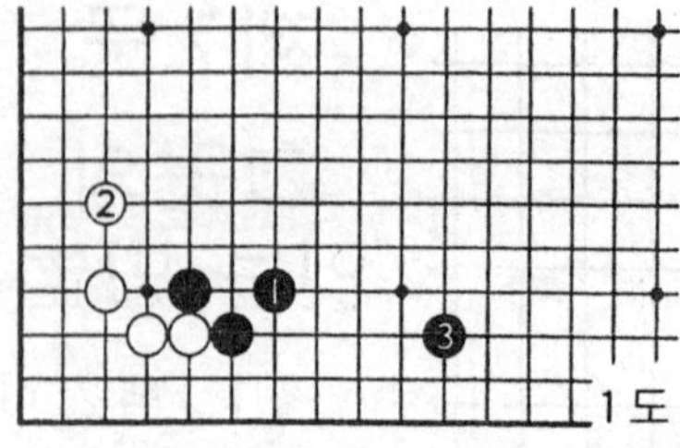

1 도

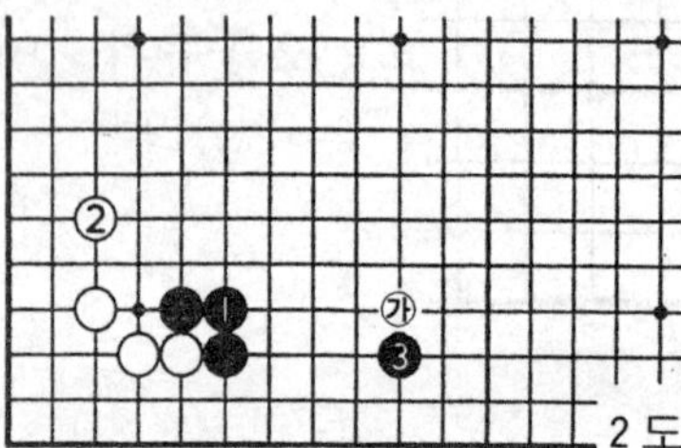

2 도

제 7 문 해답

1 도 (정해) 흑1의 지킴이다. 백2에는 3의 벌림이 상식이다.

2 도 (정해) 흑1에는 백2 다음 3의 지킴이다. ㉮의 곳도 있다.

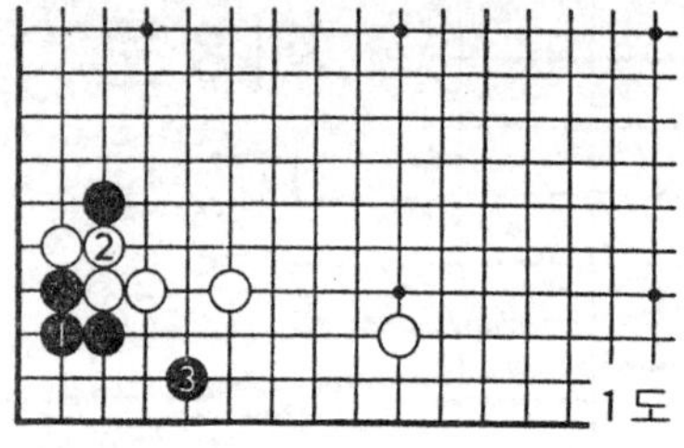

1 도

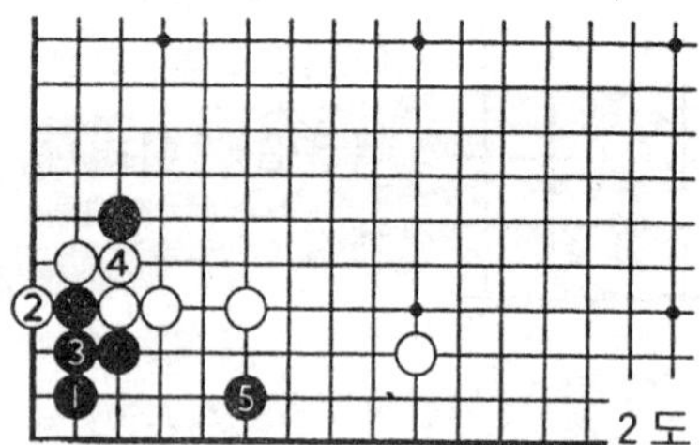

2 도

제 8 문 해답

1 도 (정해) 흑1의 이음 다음에 3의 전개까지 모양이다.

2 도 (정해) 흑1에 백2, 3의 이음에 4이면 5의 곳을 전개한다.

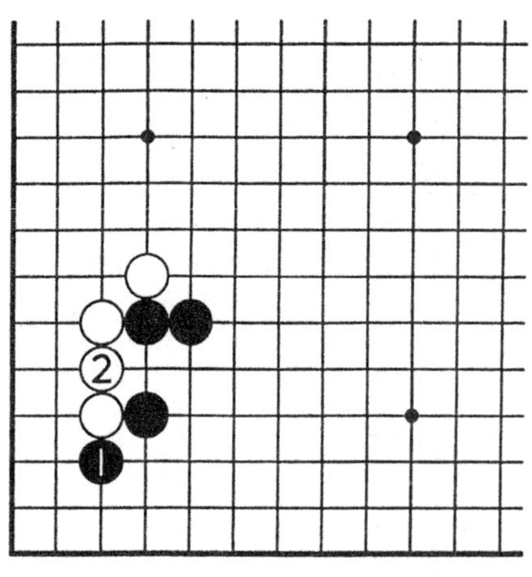

흑선

제9문
실력이
있다

잇는 방법이
다. 실력을 나타
낼 수 있는 곳인
데, 이 문제에서
다음은?

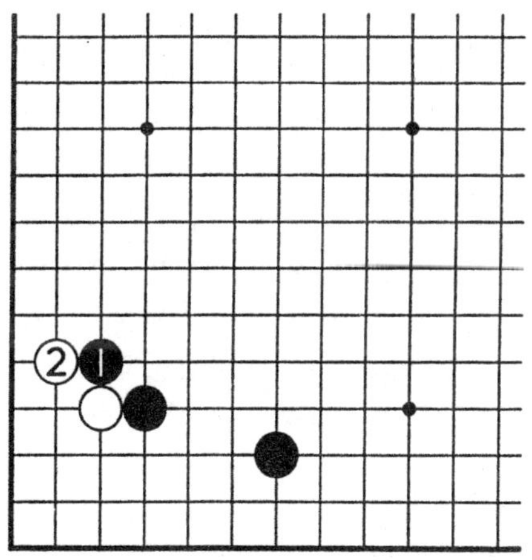

흑선

제10문
상용의
이음

흑1에 대하
여 백2의 젖힘,
다음의 흑의 응
수는?

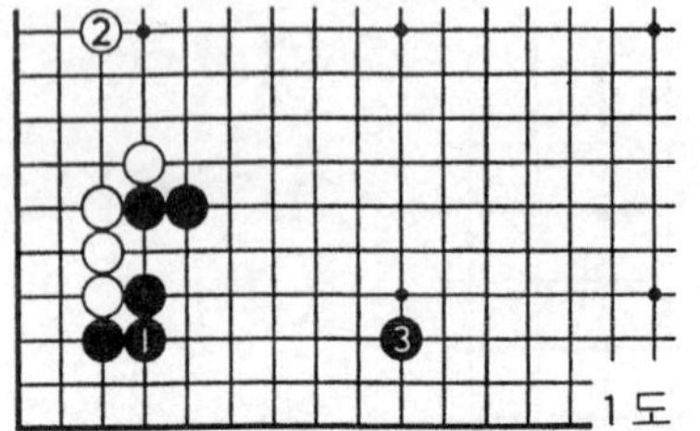

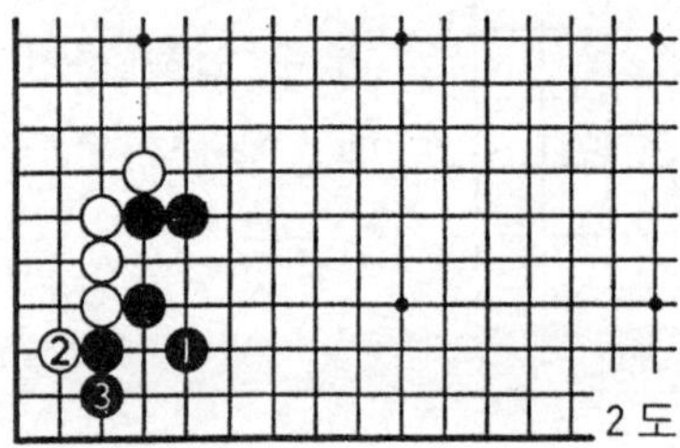

제 9 문 해답

　1 도 (정해) 흑 1 의 이음이 정해. 백 2 에는 3 까지 전개한다.

　2 도 (실패) 흑 1 의 선택이 많다. 이것은 2 의 젖힘에 흑 3 까지 보통이다.

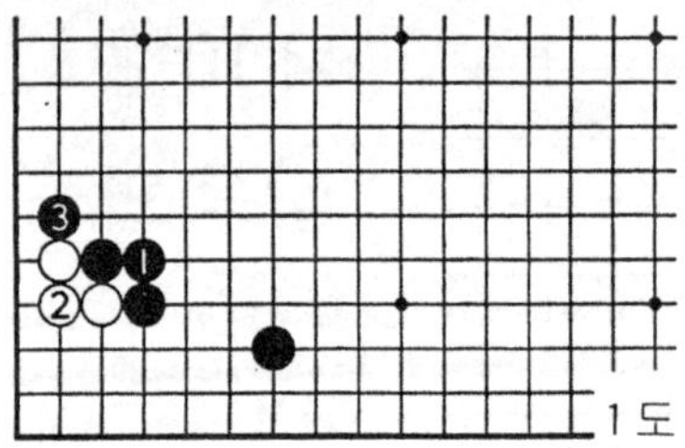

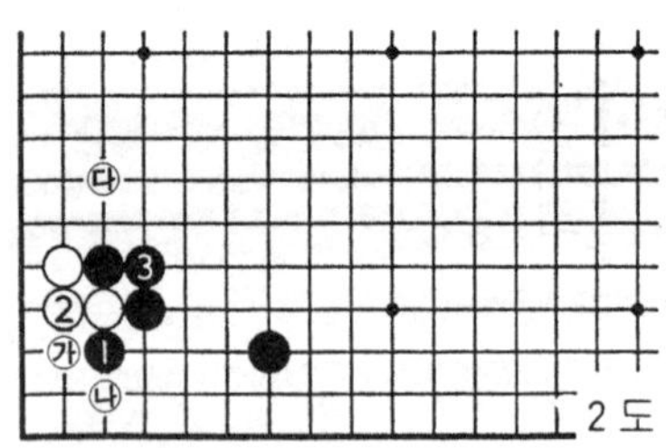

제10문 해답

　1 도 (정해) 흑 1 의 단순한 이음이 정해이다. 이렇게 두는 곳이다. 백 2 에는 3 으로 막는다.

　2 도 (실패) 흑 1 의 단수로 두면 백 2, 이 다음에 백 ㉮, 흑 ㉯, 백 ㉰ 의 전개이다.

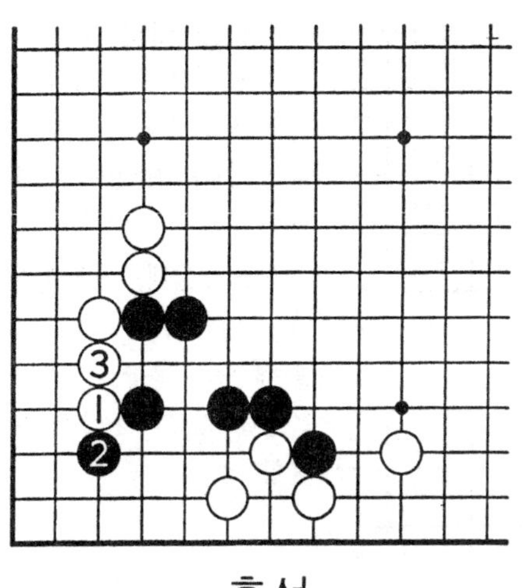

흑선

제11문
모양의 변화

백1에서 3
으로 이어갈때
흑의 응수는?
제 9문과는 사
정이 다르다.

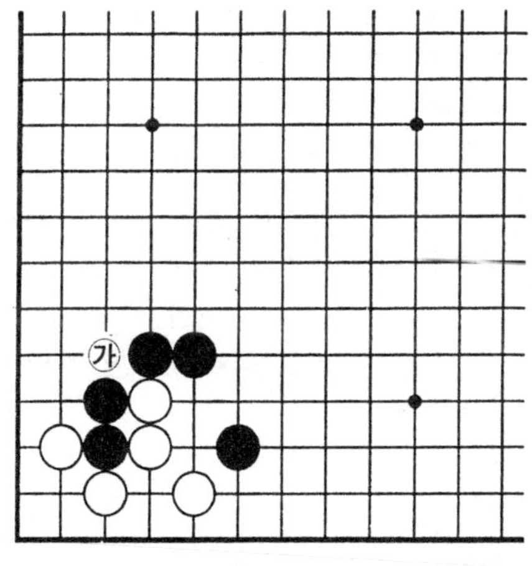

흑선

제12문
보강

㉮의곳 끊음
을 보강하는 문
제.
보통의 착수
가 좋다.

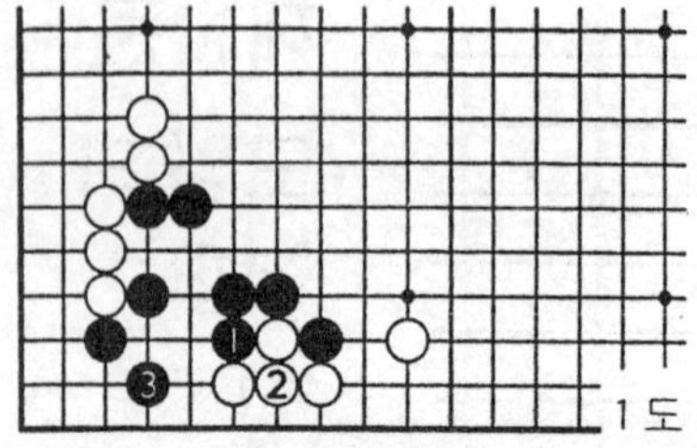

1 도

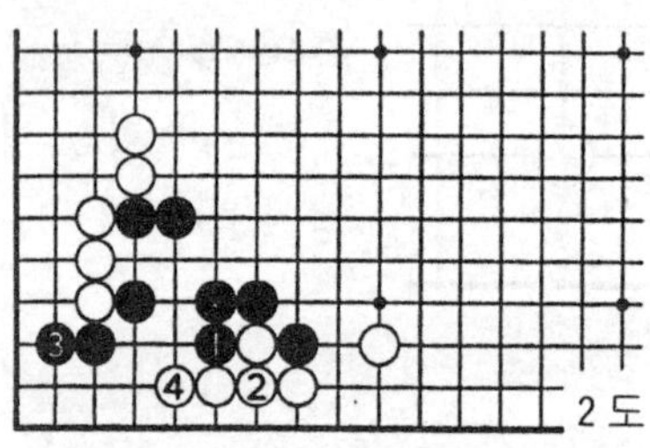

2 도

제11문 해답

1 도 (정해) 흑 1 로 단수하고 3 의 지킴이 좋은 수다. 안형이 생긴다.

2 도 (실패) 흑 1 의 단수 다음에 3 으로 귀를 뻗음은 실수. 4 로 안형을 잃는다. 1 도가 견실.

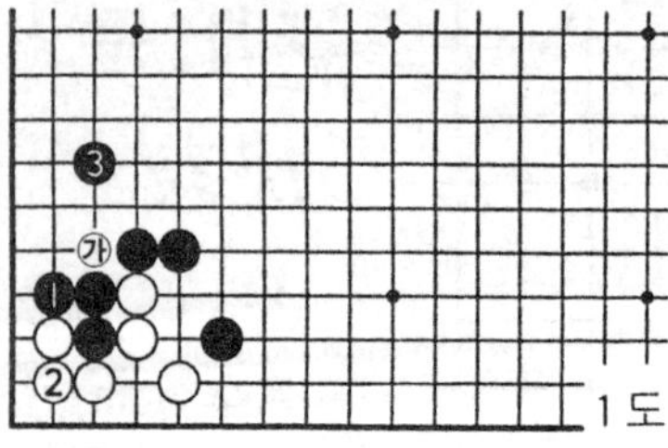

1 도

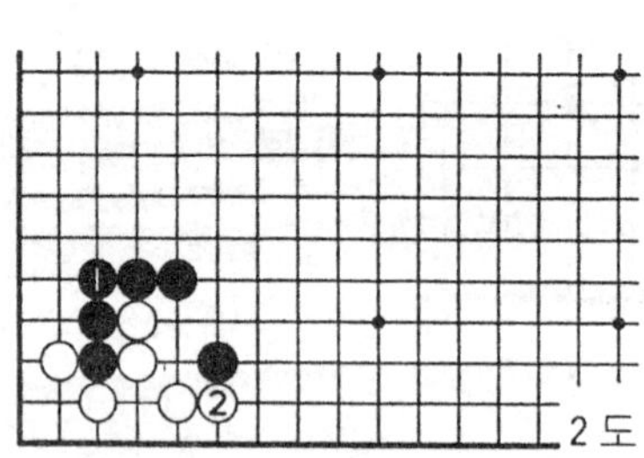

2 도

제12문 해답

1 도 (정해) 보통의 수를 생각해야 한다. 흑 1 의 내려섬에서 3 의 지킴이 좋은 수. ㉮의 끊음을 예방

2 도 (참고) 흑 1 의 이음은 백이 2 로 둔다.

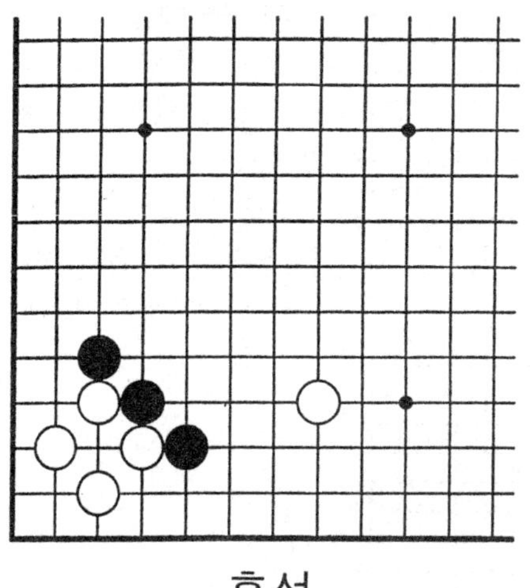

흑선

제13문
정석이라면

2칸 높은 협공에서 생긴 모양이다.

다음 흑의 3수는?

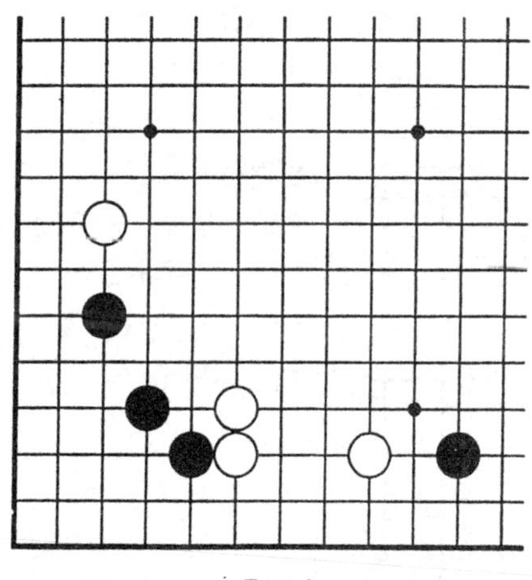

흑선

제14문
귀의 집

견고하게 흑이 두는 수단은?

3수를 나타낸다면?

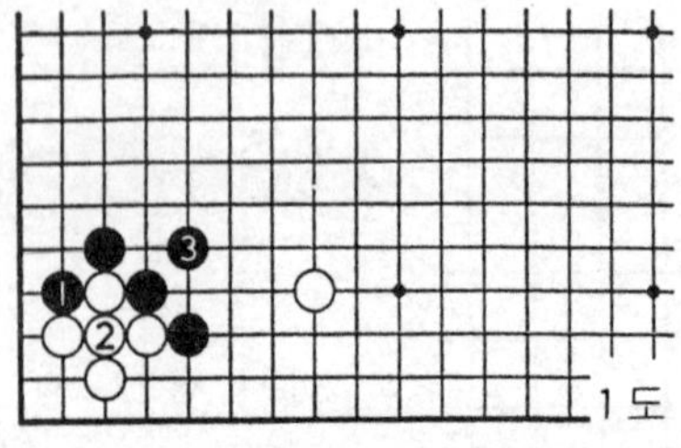

1 도

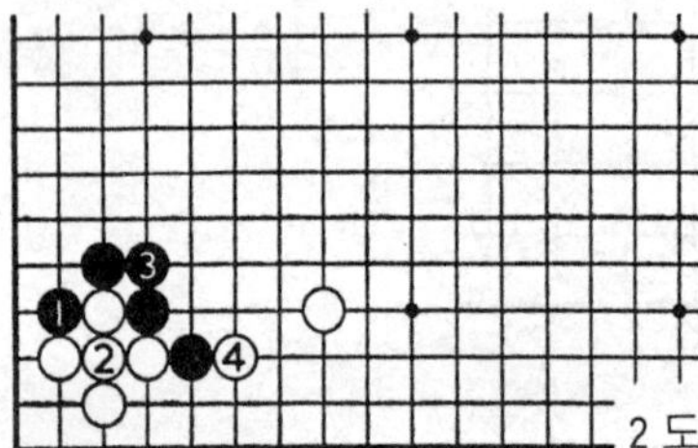

2 도

제13문 해답

　1 도 (정해)　흑 1 의 단수이다. 백 2 에는 흑 3 까지―.

　2 도 (참고)　흑 1 다음 3 의 잇는 수도 있다. 이때는 백 4 가 맥이다

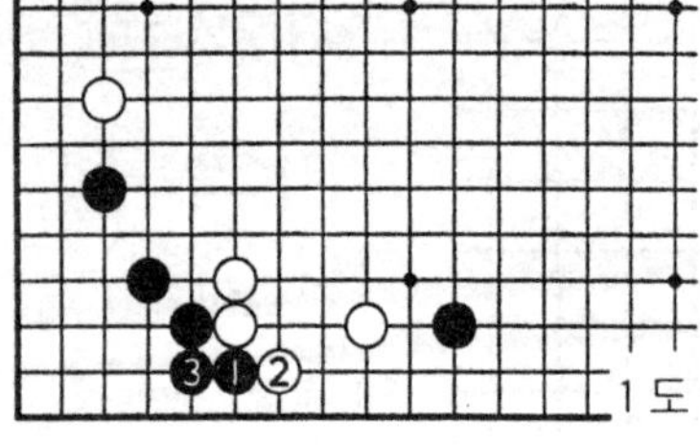

1 도

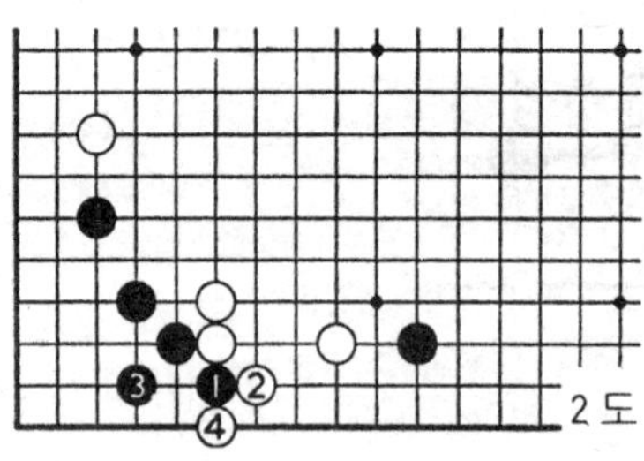

2 도

제14문 해답

　1 도 (정해)　흑 1, 3 이 백의 근거를 빼앗고 귀를 견고히 하는 수.

　2 도 (실패)　같은 젖힘이다. 그런데 3 의 벌림이다. 여기에는 4 의 단수가 있다.

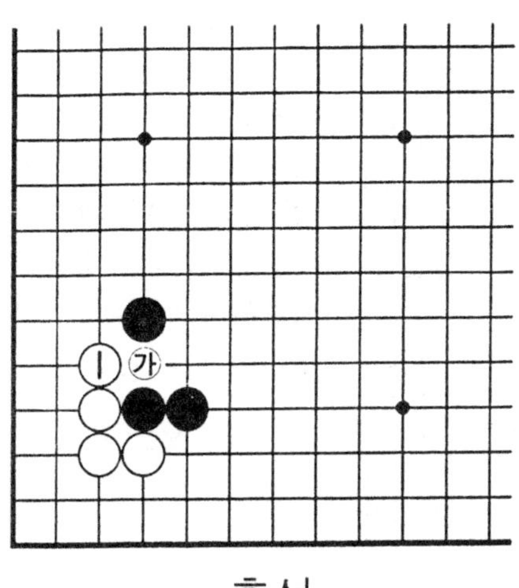

흑선

제15문
가벼운 노림

백1에 대하여 흑이 두는 방법을 3수 정도 나타내보자. ㉮의 끊음을 방지하는 수는?

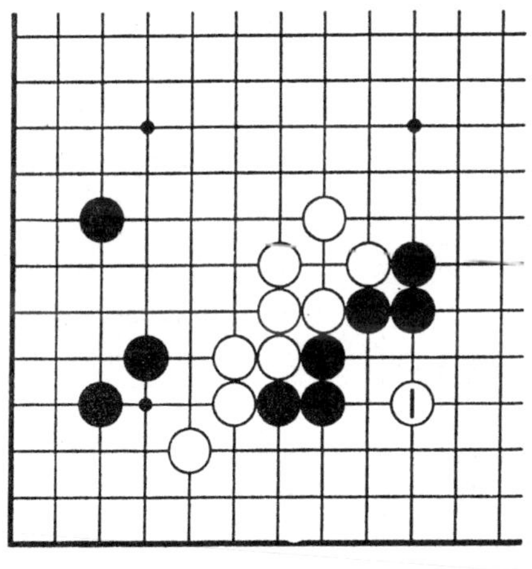

흑선

제16문
움직여서 방지

백1이 급소이다.
이에 대하여 흑의 응수는?

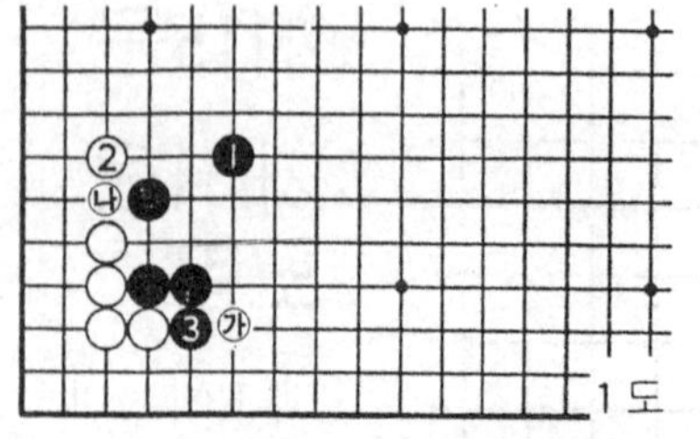

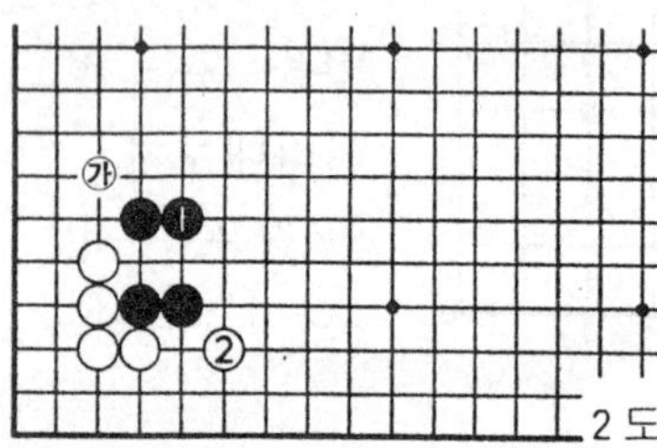

제15문 해답

1도 (정해) 흑1이 경쾌한 수이다. 백2로 는 ㉮와 ㉯의 곳도 있다. 3의 내려섬까지.

2도 (실패) 흑1의 쌍립은 무거운 수. 백2 다음 ㉮의 곳을 둔다.

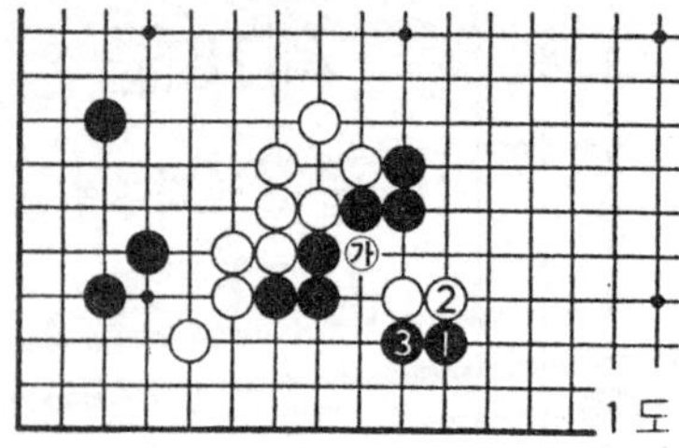

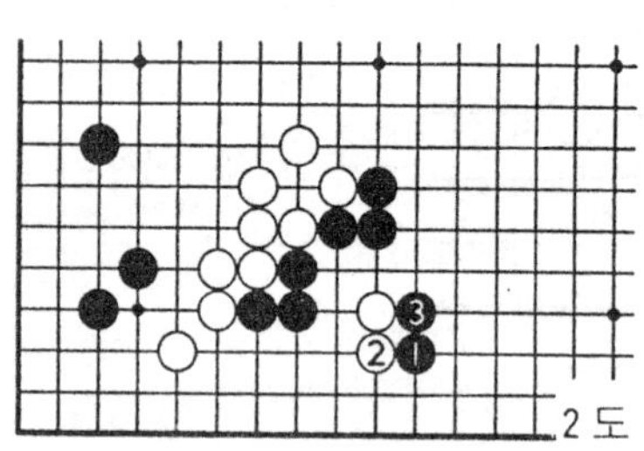

제16문 해답

1도 (정해) 흑1에 두는 수이다. 백2에는 흑3으로 ㉮의 끊음을 방지한다.

2도 (참고) 흑1에 백2는 흑3으로 올라 선다.

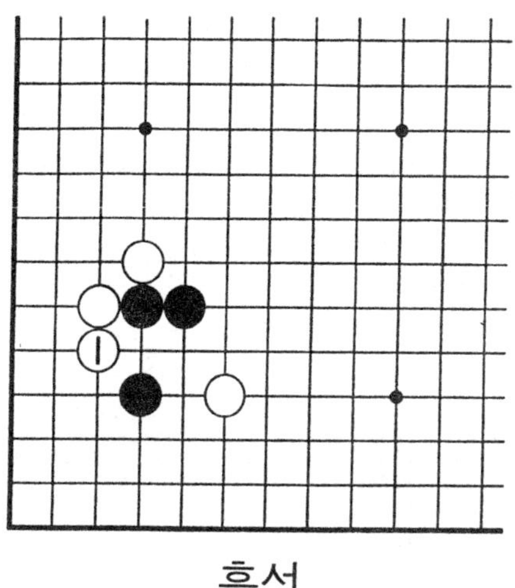

흑선

제17문

양걸침 정석

백1에 대하
여 흑의 응수는?

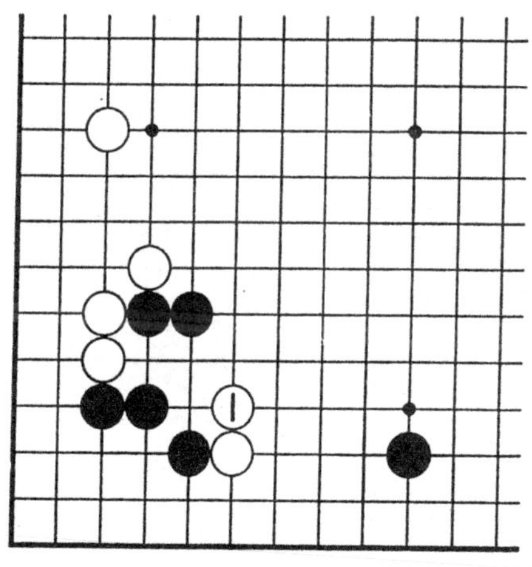

흑선

제18문

노림

백1에 대하
여 흑의 응수는?

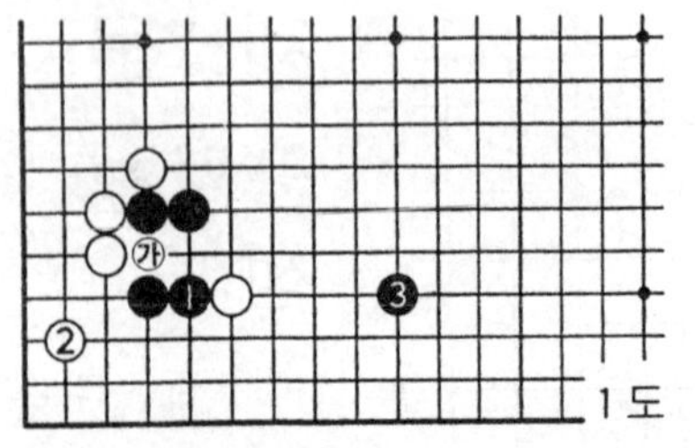

1 도

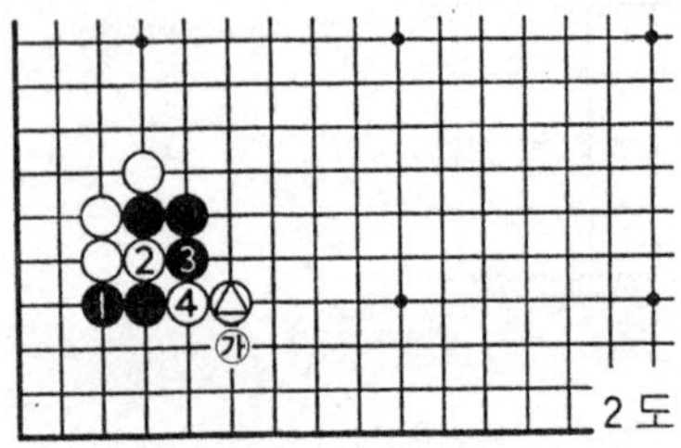

2 도

제17문 해답

1 도 (정해) 흑1의 쌍립으로 둔다. 백2의 날일자엔 흑3의 협공이 좋다. 흑이 ㉮로 그냥 잇는것은 좋지 않다.

2 도 (실패) 흑1에는 백2, 흑3에는 백4로 끊겨 무리다. ㉮의 곳에 ⊜가 있는 것도 좋지 않다.

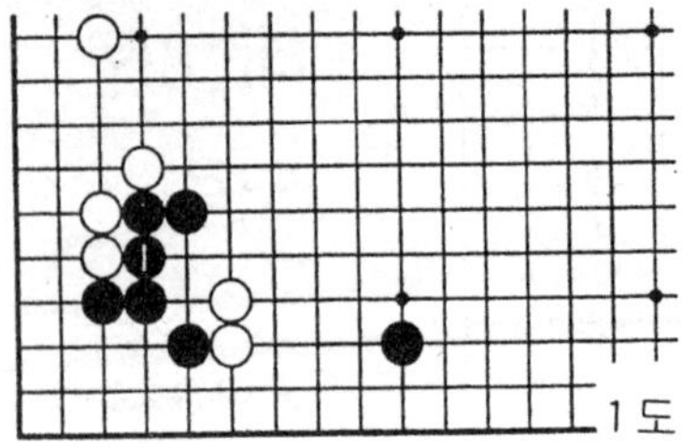

1 도

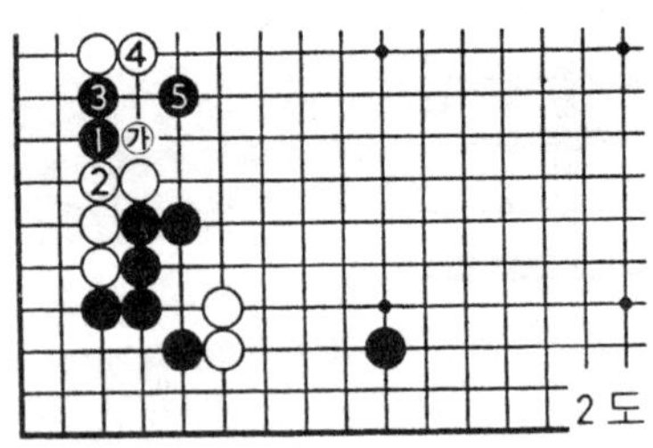

2 도

제18문 해답

1 도 (정해) 흑1의 단순한 이음, 이 다음 좌변에 대하여 엄한 공격을 한다.

2 도 (참고) 예를들면 흑1에 백2, 다음에 5까지 변한다. 2점을 잡을 수 없다. 흑이 좋다.

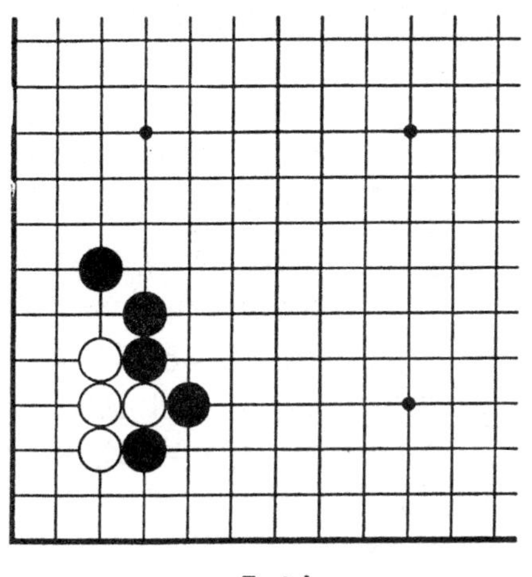

흑선

제19문
모양

이런 모양에서
는 어떤 결말이
날까?

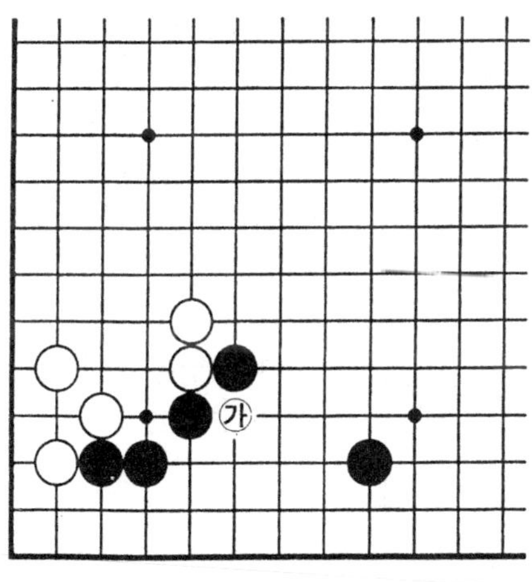

흑선

제20문
고급문제

이것은 고급
문제다.
흑㉮의 이음
이 조화인데—.

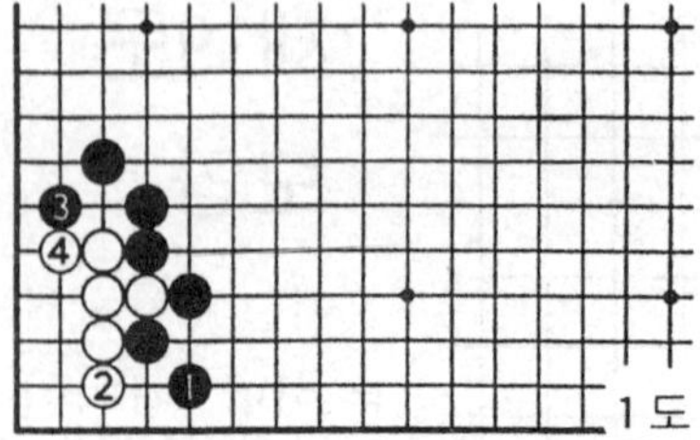

1 도

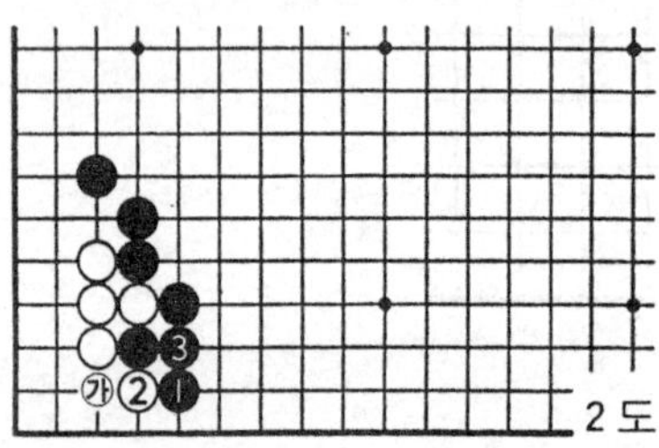

2 도

제19문 해답

1도 (정해) 흑1의 지킴이 모양이다. 백2의 내려섬에서 흑3의 마늘모까지 —.

2도 (참고) 흑1에 백2의 단수는 흑3의 이음. 이것은 백의 흑이 두텁다. ㉮의 끊어 잡음이 선수가 된다.

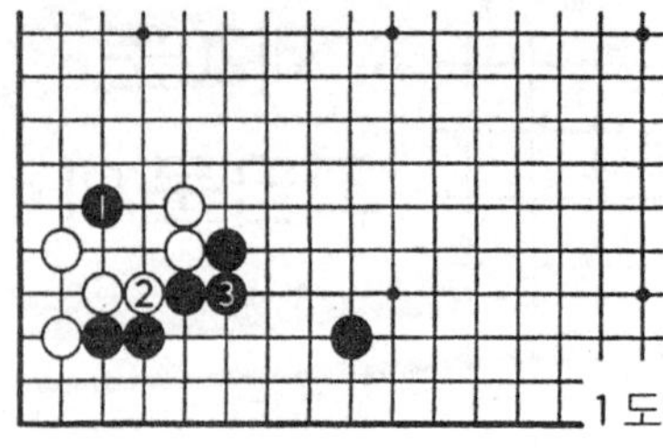

1 도

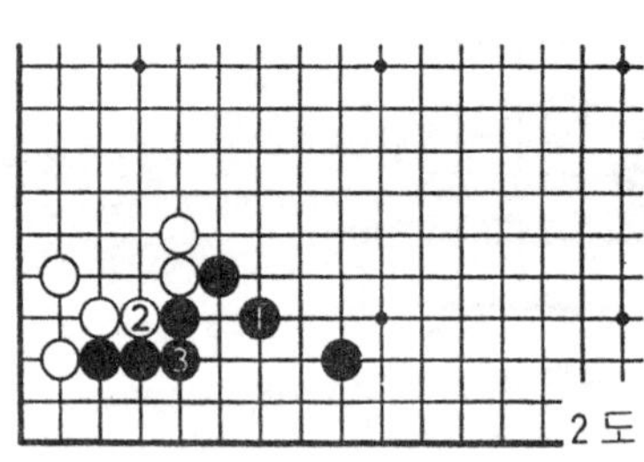

2 도

제20문 해답

1도 (정해) 흑1이 서로의 쟁처. 백2에는 흑3의 이음이다. 흑1의 돌은 나중에 활력이 남는다.

2도 (참고) 흑1의 단순한 지킴은 백2에 흑까지 중복된 느낌이다.

제21문

실전보에서

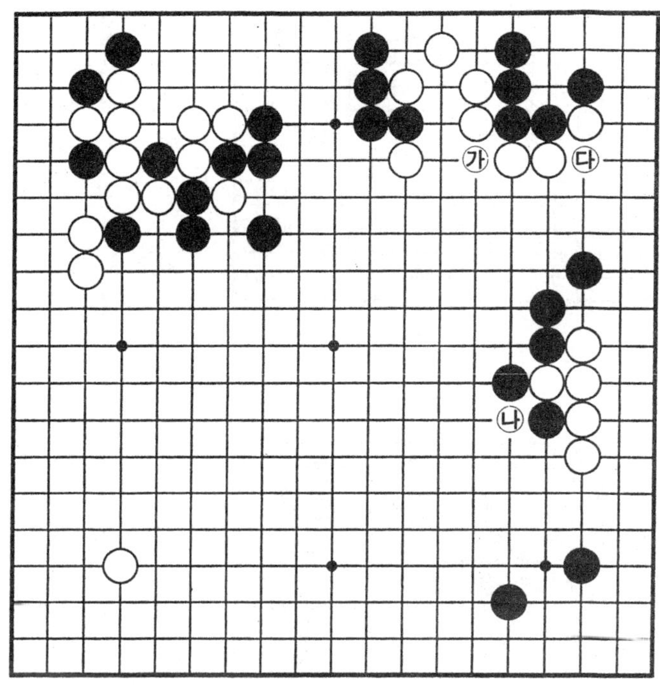

백선

실전보(임해봉과 등택수행)

백의 선번이다. ㉮의 단점을 두면 흑
은 ㉯의 단점, 다음에 백은 ㉰의 끊음
이 있다. 어떻게 두어야 하나?

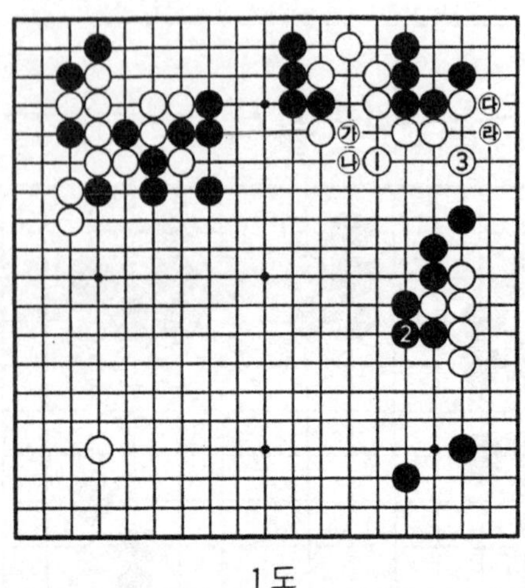

1도

1도 (정해) 중앙의 단점은 백 1의 지킴이다.

흑㉮에는 ㉯의 응수가 있다. 흑 2의 이음으로 좌변을 엿보면 백 3의 지킴이 있다. 흑㉰에는 백㉱로 받는다.

백 3은 패를 포함한 유연한 수.

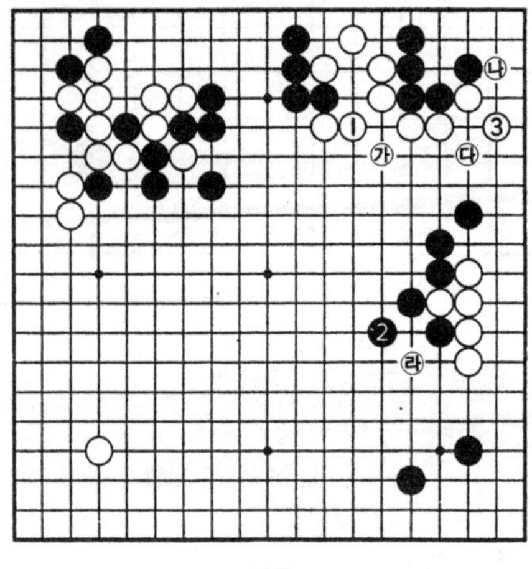

2도

2도 (실패) 백 1의 지킴은 중앙을 흑 2로 지킨다.

2로는 ㉰로 두지 않는다. 백 3은 ㉱, 혹은 ㉯의 곳을 내려선다.

제22문

유리와 불리

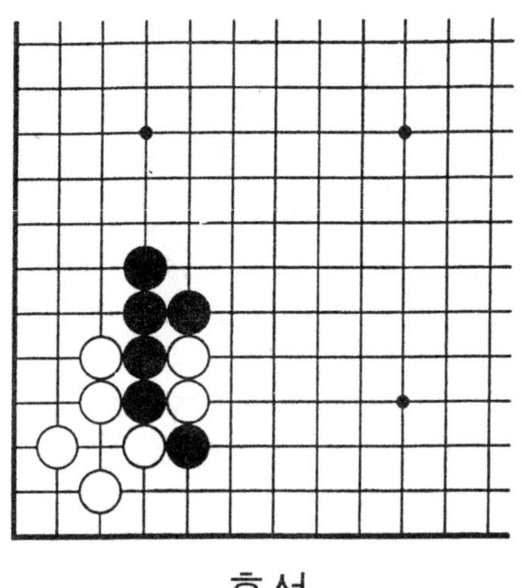

흑선

다음은 축관
계다.
　축이 유리한
경우와 불리한
경우를 나타내
보자.

제23문

수읽기

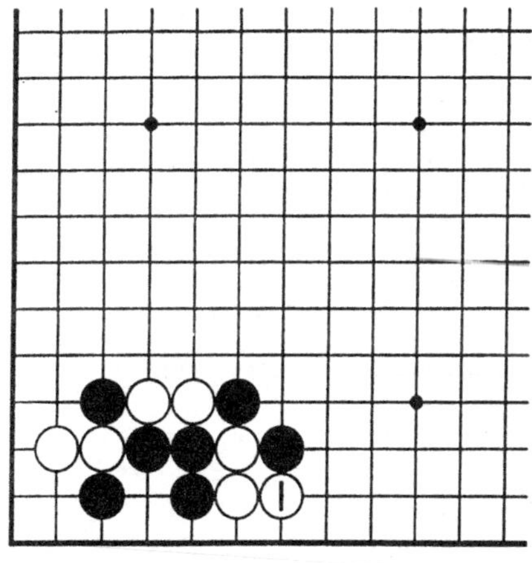

흑선

좌상의 축이
흑이 유리하다
면 어떤 수단이
있을까?

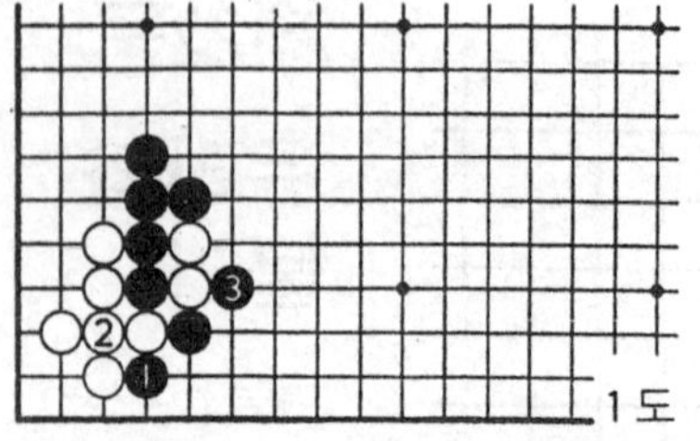

1 도

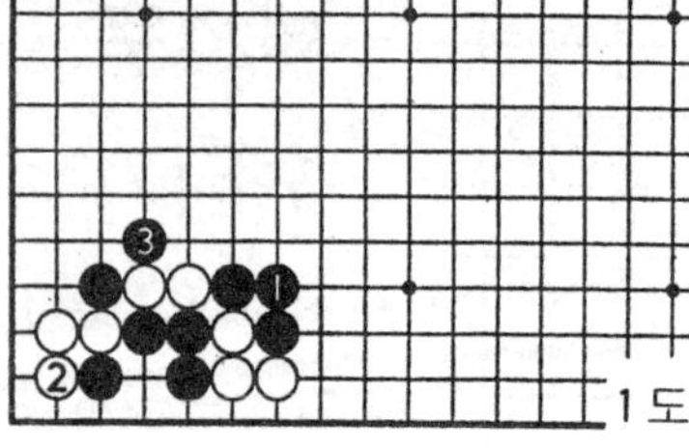

⑧ 이음

2 도

제22문 해답

1 도 (정해) 축이 유리하다면 흑1로 단수한 다음 3으로 축이다.

2 도 (정해) 축이 불리하다면 이하 9까지 둔다.

외곽에 두터운 모양이 생긴다.

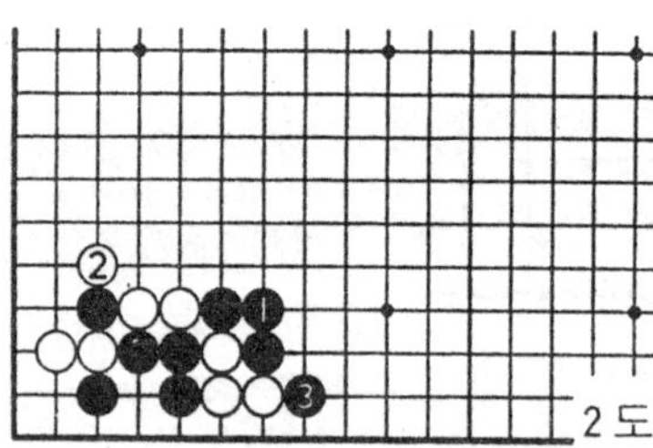

1 도

제23문 해답

1 도 (정해) 축이 유리하다면 흑1이 좋다. 백2에는 흑3으로 축.

2 도 (참고) 흑1에 백2는 3으로 크게 잡는 수가 있다.

2 도

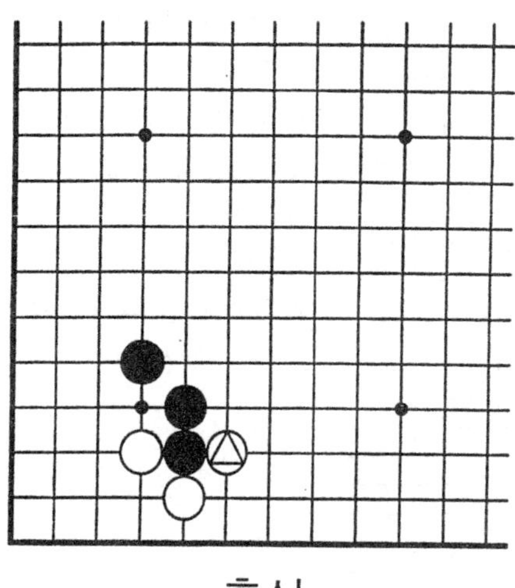

흑선

제24문

끊는 방향

백은 △표의 젖힘이 있다.
축모양으로 두는 수가 달라지는데 어떻게 두어야 하나?

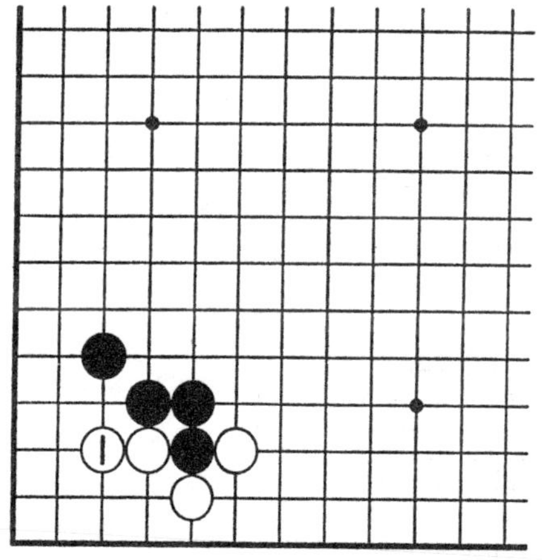

흑선

제25문

끊는 곳

백1로 두었다. 축이 유리하다면 어떻게 두어야 할까?

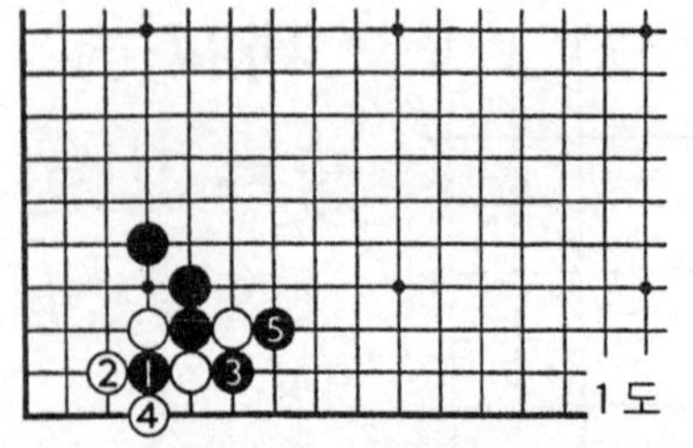

1 도

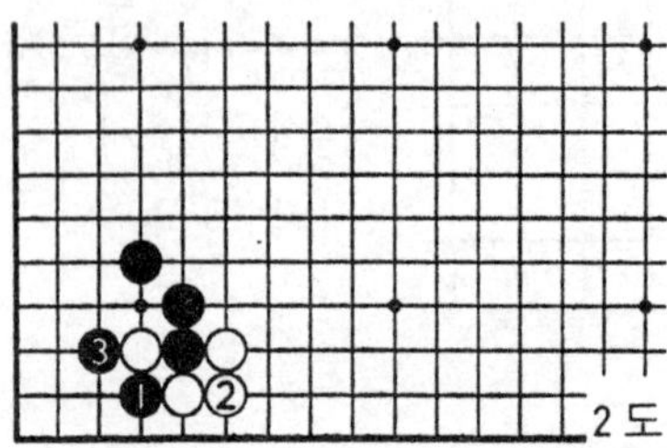

2 도

제24문 해답

1도 (정해) 바깥의 돌을 잡기 위해 안쪽을 끊는다. 흑3, 5로 축이다.

2도 (참고) 백이 외곽을 이으면 흑3으로 모양이 충분하다.

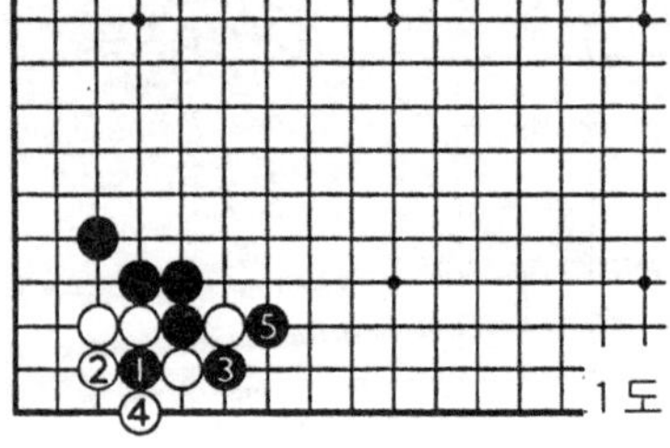

1 도

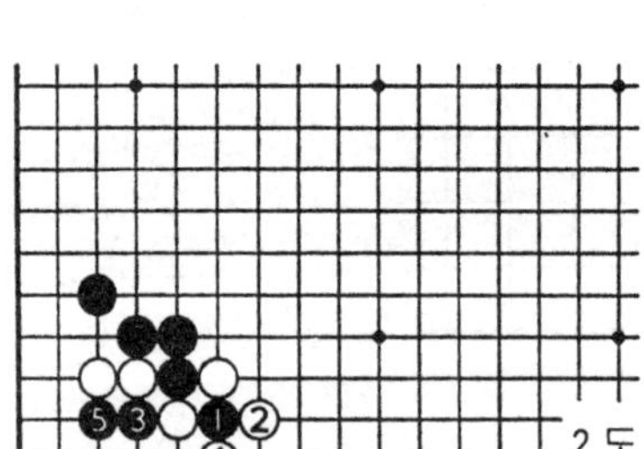

2 도

제25문 해답

1도 (정해) 흑1의 끊음이 있다. 전문과 같다. 흑3, 5로 축이다.

2도 (참고) 축이 흑이 불리하다면 3, 5로 안쪽을 잡는다.

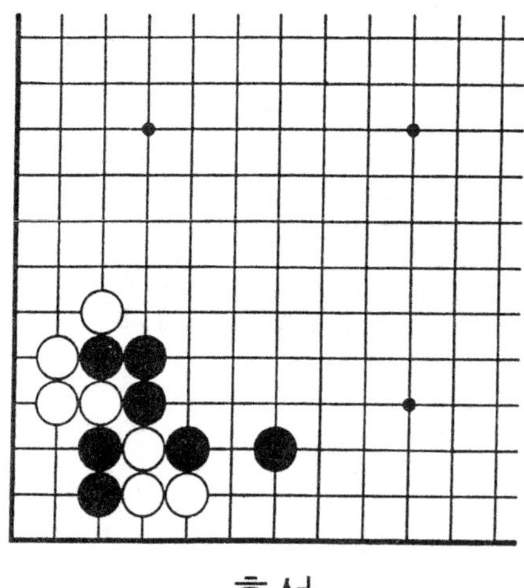

제26문

막는다면?

축관계이다.
어떤 수단이
숨어 있을까?

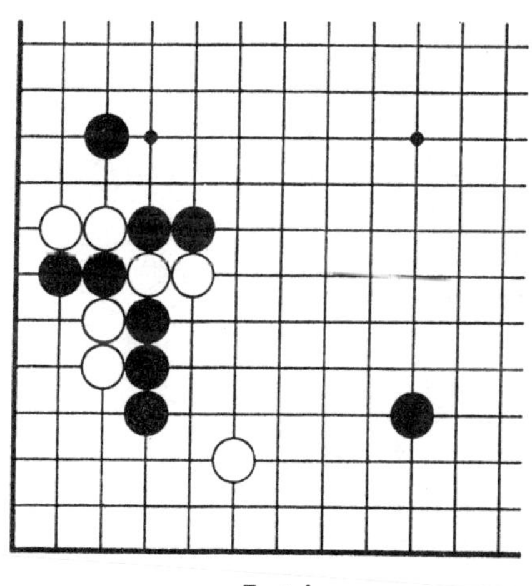

제27문

축

좌변의 백 2 점
을 축으로 잡는
다.

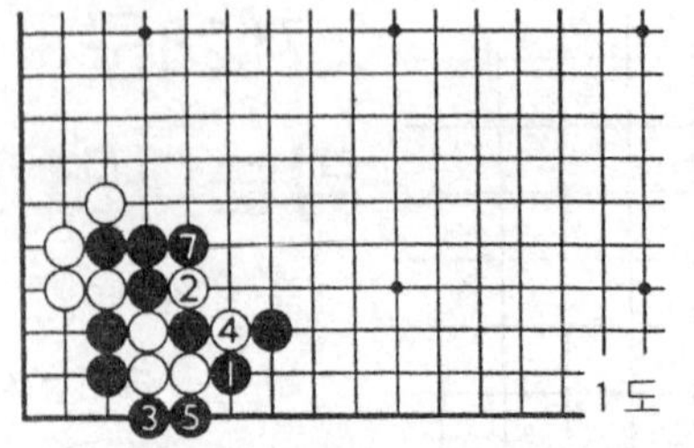

1 도

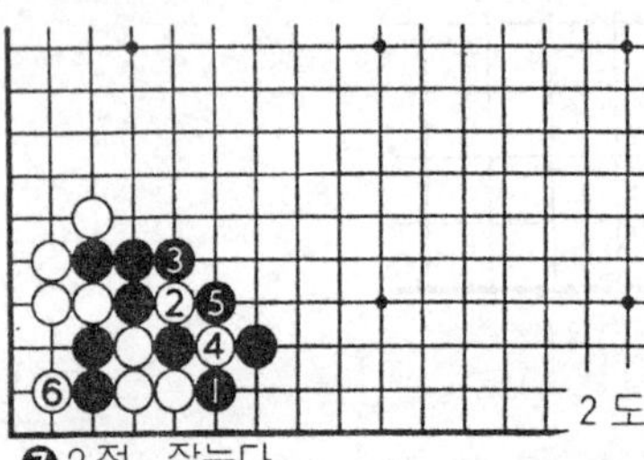

2 도

❼ 2점 잡는다

제26문 해답

  1 도 (정해) 축이 나쁘지 않다면 흑1의 막음이었다. 이하 7 까지 된다.

  2 도 (정해) 축이 나쁘다면 흑 3, 5 의 조임이 있다.

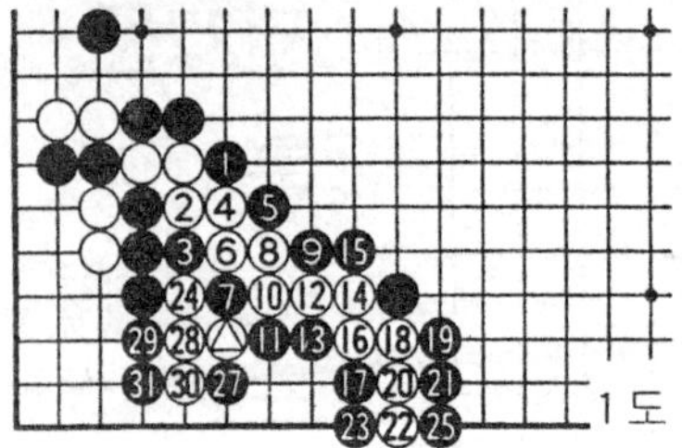

1 도

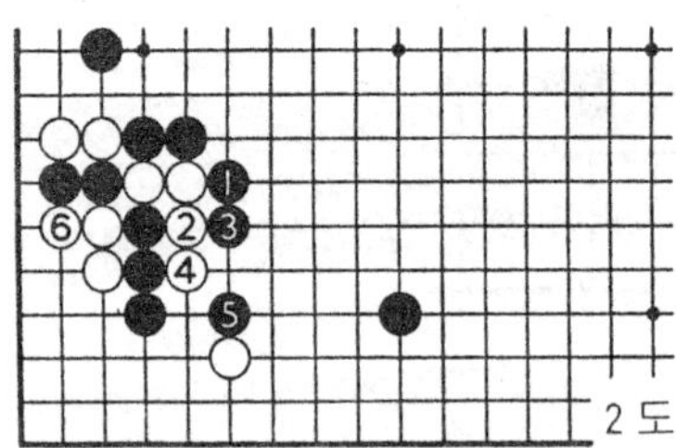

2 도

제27문 해답

  1 도 (정해) 흑 1 에서 출발한다. 흑31까지 백△ 표가 있어도 축에 걸린 모양이다.

  2 도 (실패) 축을 계속할 수 없다면 5 까지 되는 모양이다.

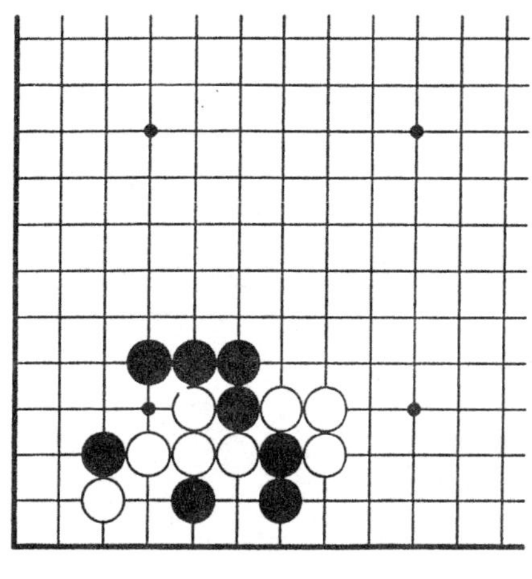

흑선

제28문
고목정석

고목정석의 변화이다.
백의 4점은 잡을 수 없을까?

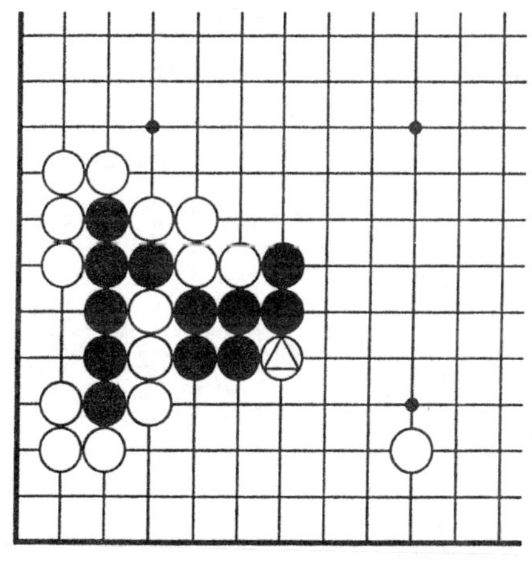

흑선

제29문
축인가?

백△표가 사마처럼 버티고 있다.
축이 될까?

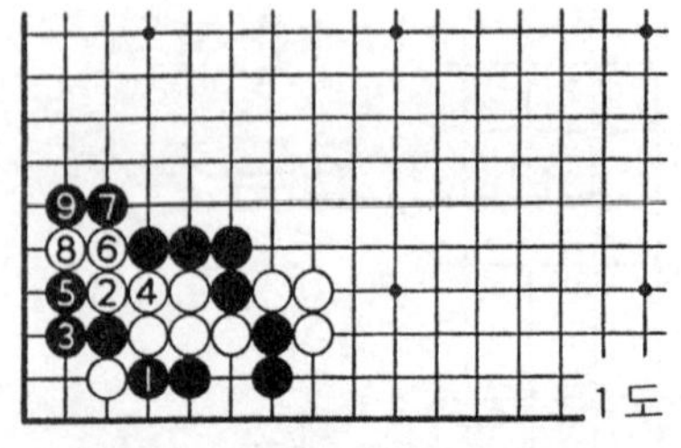

1 도

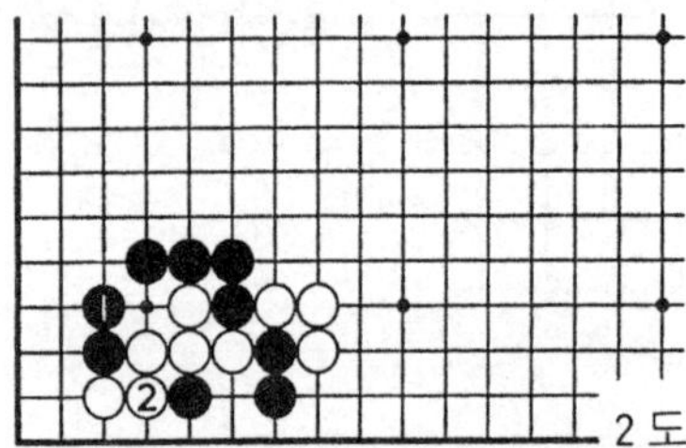

2 도

제28문 해답

1 도 (정해) 흑1의 끊음이다. 백2, 4에는 이하 9까지 축이 된다.

2 도 (실패) 흑1에 는 백2로 그만이다.

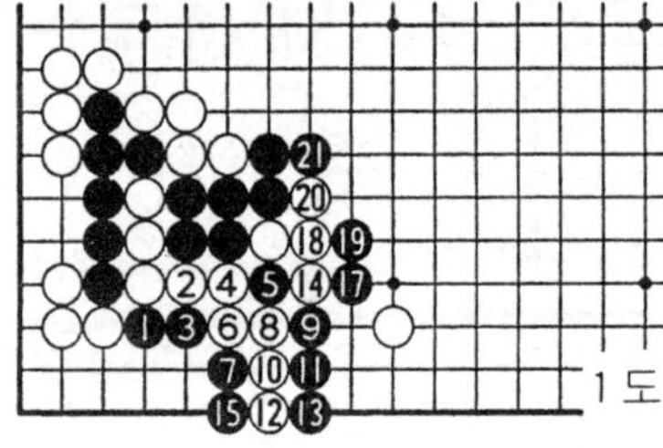

1 도

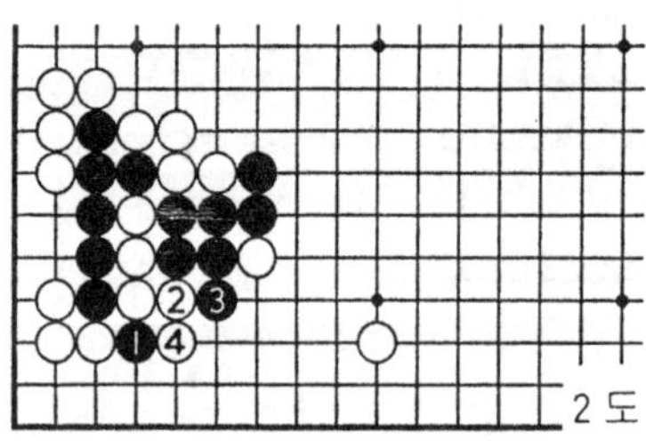

2 도

제29문 해답

1 도 (정해) 흑1의 끊음이다. 도중에 5, 7 9의 수순이 좋다. 흑 21까지 축인데 수수는 많다.

2 도 (실패) 흑1에 백2, 흑3으로 두면 백4까지 된다.

제30문

축의 교묘

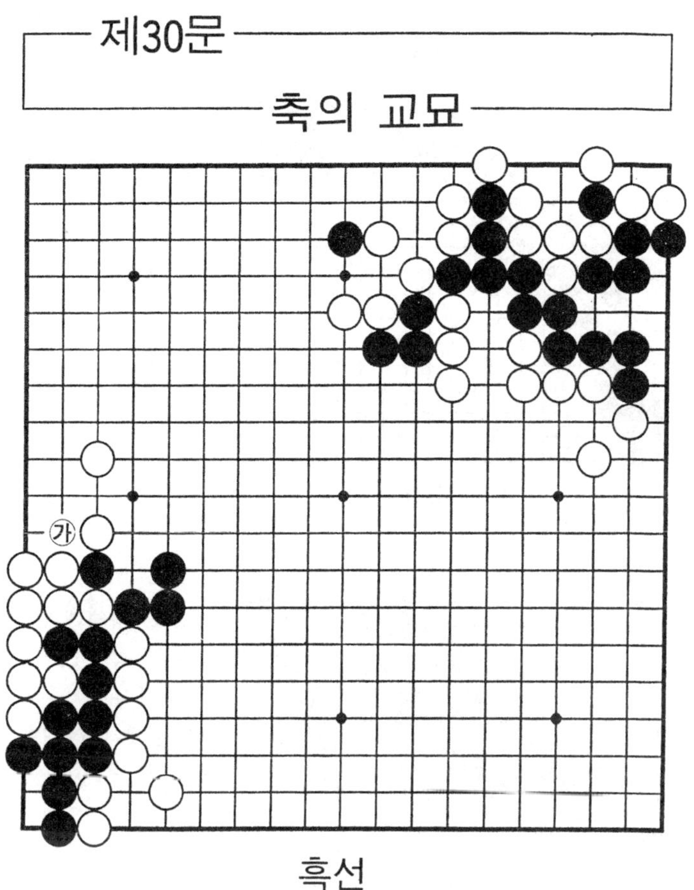

흑선

흑㉮의 단수 다음의 취급이 문제다.
최후까지 수를 읽어야 한다.

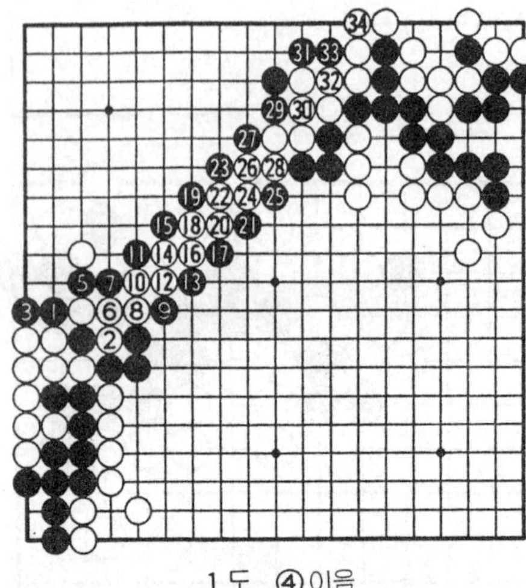

1도　④이음

1도 (정해) 흑
1의 끊음에서 출
발을 한다. 흑7은
당연하다. 29까지
계속된다.

　백34로 이은 다
음이 문제이다.

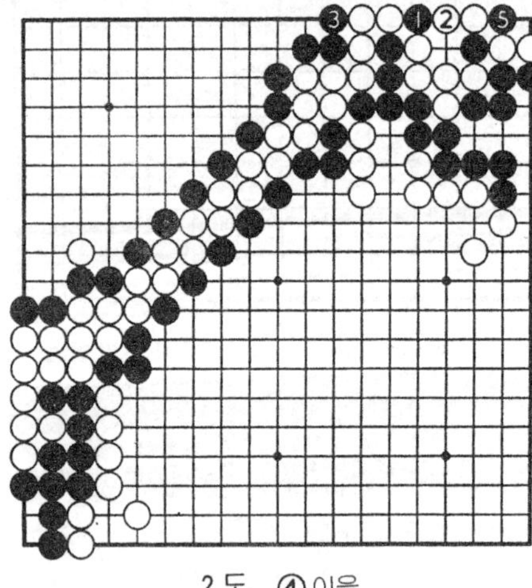

2도　④이음

2도(정해계속)
흑1의 먹여침이
한 수이다.

　백2로 때려내면
흑3의 단수.

　최후는 흑5의
환격이다.

제31문

바꿈

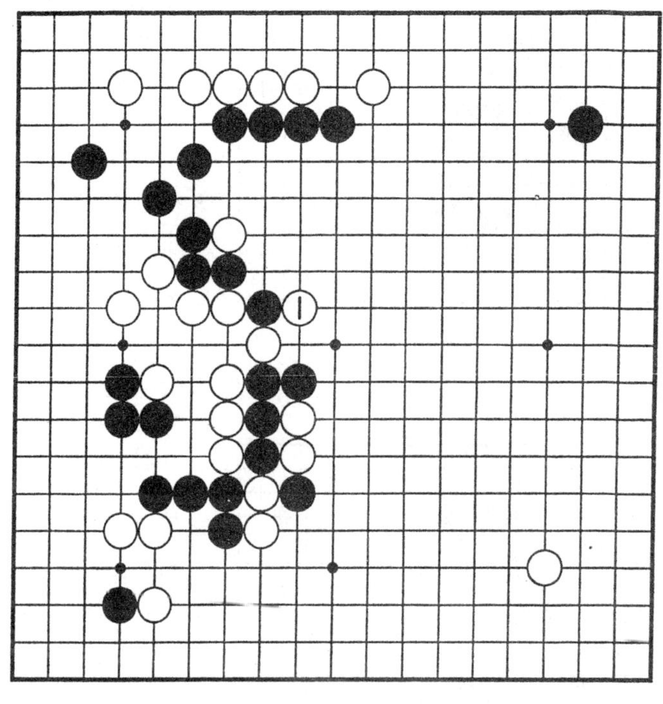

흑선

고단자의 실전 보이다.
백 1 로 두면 흑의 응수는?

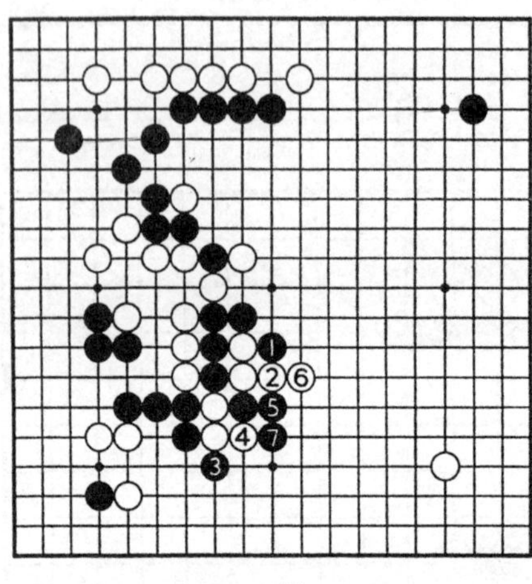

1 도

1 도 (정해) 흑 1의 단순한 젖힘이 좋은 수이다.

이 수를 흑 4로 두면 축으로 잡음은 속수이다.

흑 1에 대하여 백 2의 나감은 흑 3에서 5, 7로 축이다.

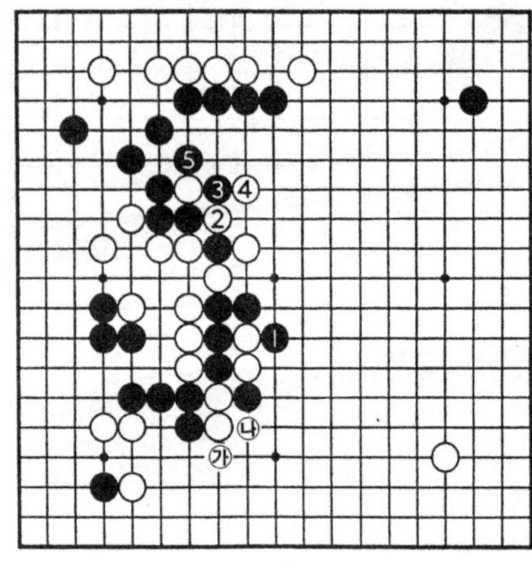

2 도

2 도 (참고) 실전에는 흑 1의 젖힘이다.

흑 3에는 ㉮로 중앙을 잡는 수도 있다.

흑 1로 ㉯의 단수.

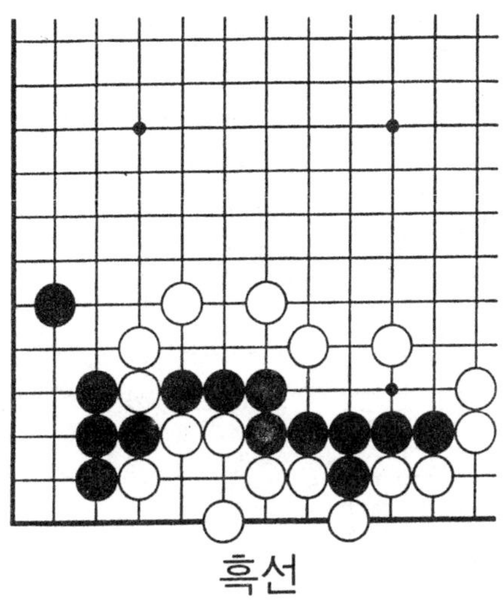

흑선

제32문
뒤를 잡음

뒤를 잡는 수이다.

흑 일단이 크게 잡혀 있는데 이곳엔 뒤를 끊어 잡음이 있다.

흑1, 3의 수순이 좋다.

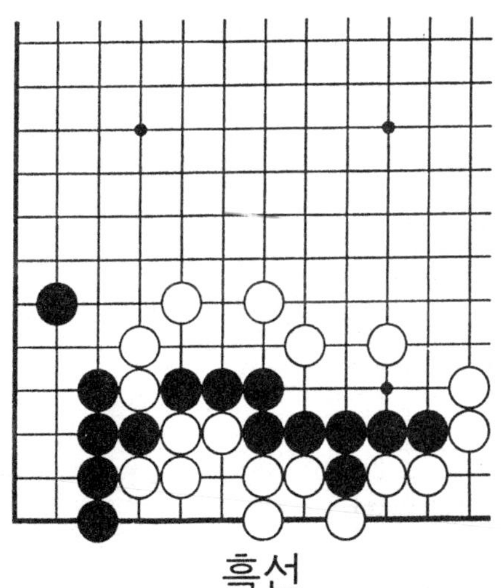

흑선

제33문
급소의 일발

백 4점을 뒤끊음으로 잡는 방법이다.

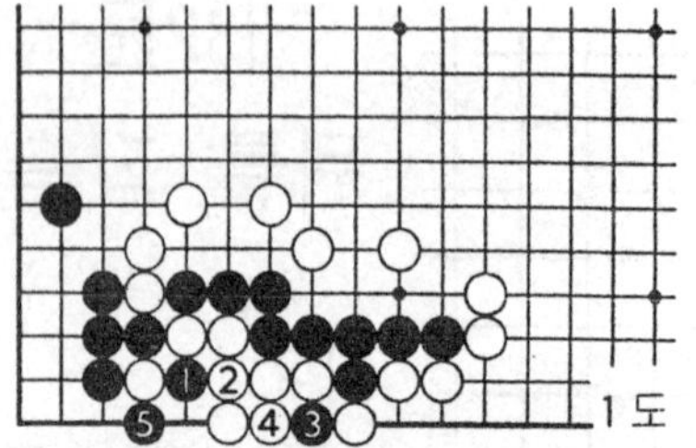

제32문 해답

1 도 (정해) 흑 1 의 단수에서 3 의 먹여침까지. 수순이 좋다.

백 4 에는 흑 5 로 때려낸다.

2 도 (실패) 흑 1 로 두는 것은 백 2 의 이음이 있다. 흑㉮는 백㉯.

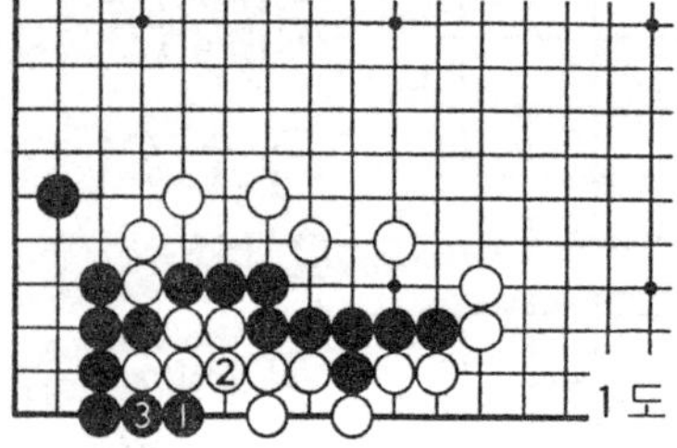

제33문 해답

1 도 (정해) 이것은 간단하다. 흑 1 의 붙임이 있다. 백 2 에는 흑 3 .

2 도 (실패) 흑 1 은 백 2 로 그만이다.

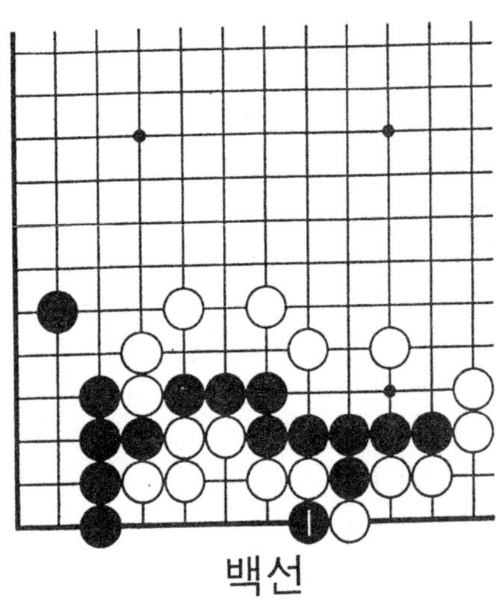

제34문
냉정한 대처

흑1의 집어 넣음에 대하여 백은 어떻게 응 수하여야 할까?

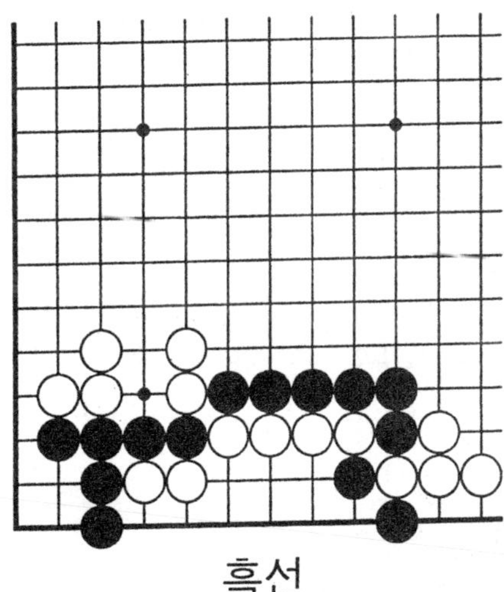

제35문
귀의 삶

흑이 살수 있 는 방법을 찾아 보자.

교묘한 수를 발견해야 한다.

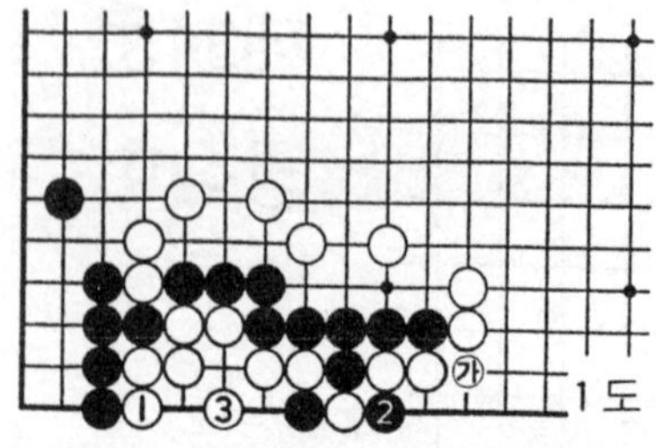

제34문 해답

1 도 (정해) 백 1 의 내려섬이 냉정한 수단이다. 흑 2 에는 3 으로 산다.

2 도 (실패) 백 1 로 따내면 흑 2 로 붙여 뒤 억제를 당한다.

제35문 해답

1 도 (정해) 흑 1 이 묘착이다. 백 2 에는 3 으로 잇는다. 백 2 로 3 은 2 의 곳을 끊는다.

다음 백㉮는 흑㉯.

2 도 (실패) 흑 1 의 끊음은 이하 6 까지 백이 사는 모양이다.

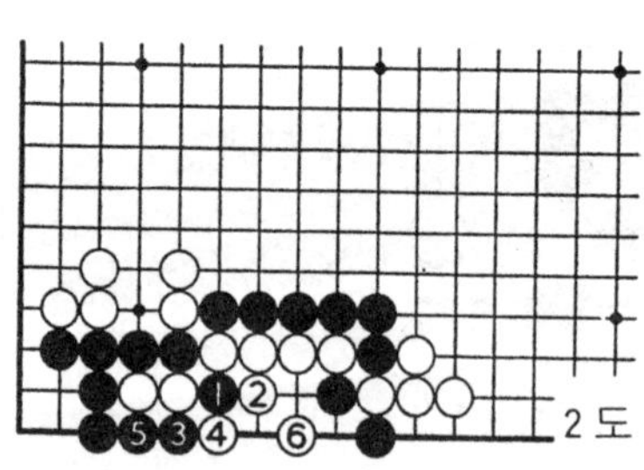

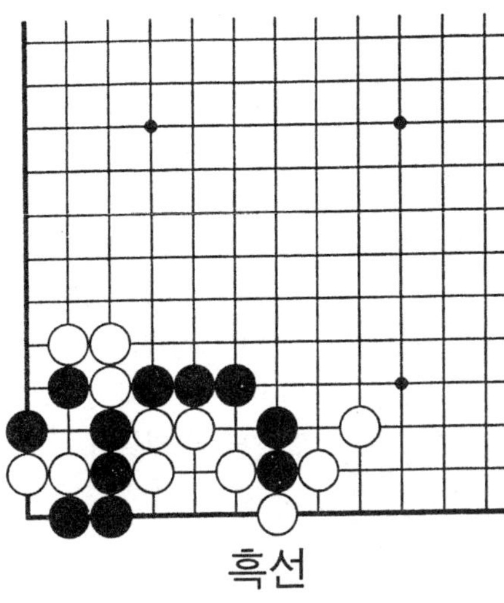

흑선

제36문
안팎의 수

흑이 살 수 있다.

백의 결함을 찾아야 한다. 급소는 어딜까?

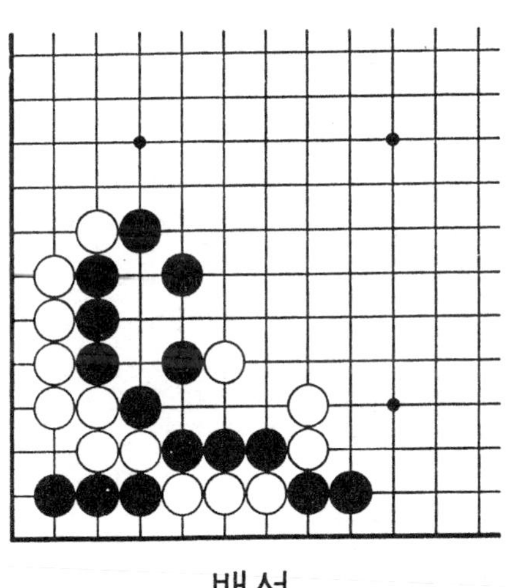

백선

제37문
연단수

이것은 간단하다.

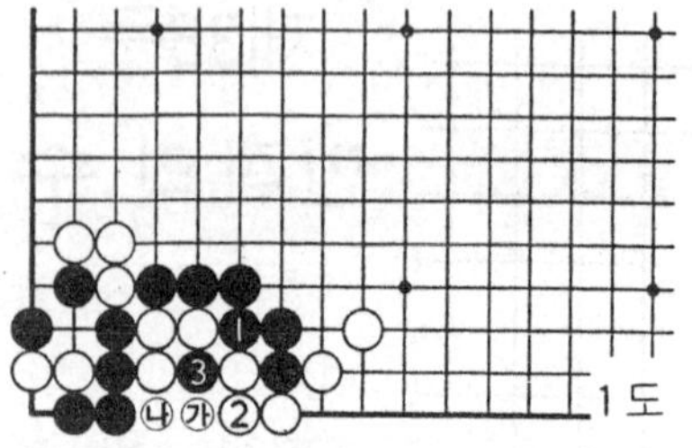

1 도

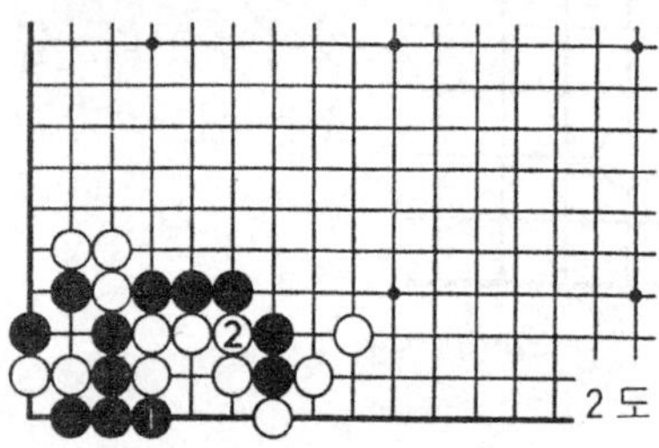

2 도

제36문 해답

1 도 (정해) 흑1의 빈삼각이다. 좋은 수이다.

백2에는 3의 먹여침이 급소다. 다음 ㉮에는 ㉯의 곳을 찌른다.

2 도 (실패) 흑1로 미는 것은 백이 2의 곳을 가만히 잇는다.

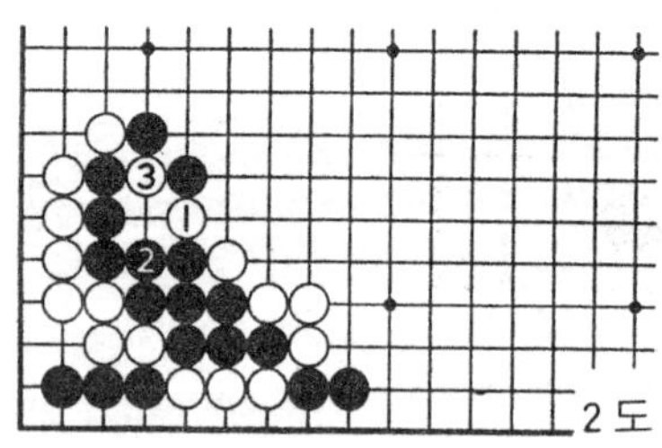

1 도

2 도

제37문 해답

1 도 (정해) 백1의 먹여침이 정수. 흑 2 다음 3의 단수

2 도 (계속) 백1로 끼는 것은 흑2, 다음 3의 먹여치기로 뒤를 떨군다.

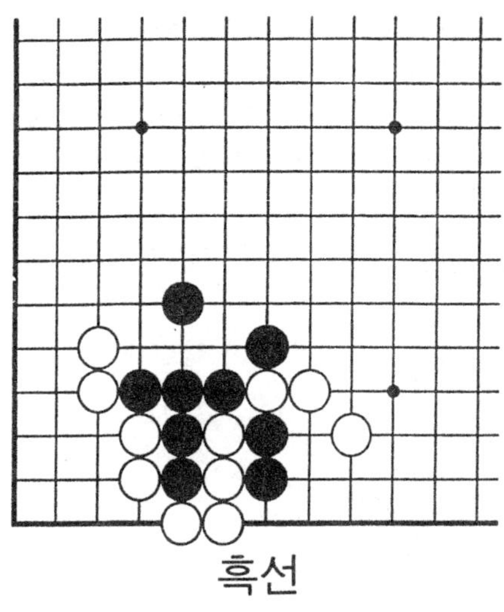

흑선

제38문

좋은 수

뒤를 떨구는 맥이다.

이것은 흑1, 3의 수순이 좋다.

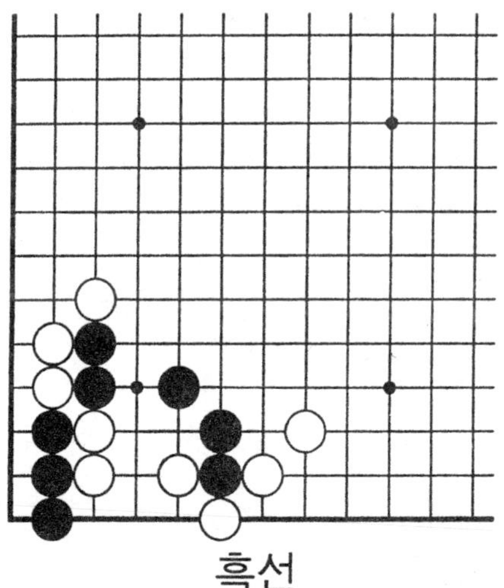

흑선

제39문

맥점은?

제36문과 비슷한 모양이다.

복습하는 형식으로 해결하여야 한다.

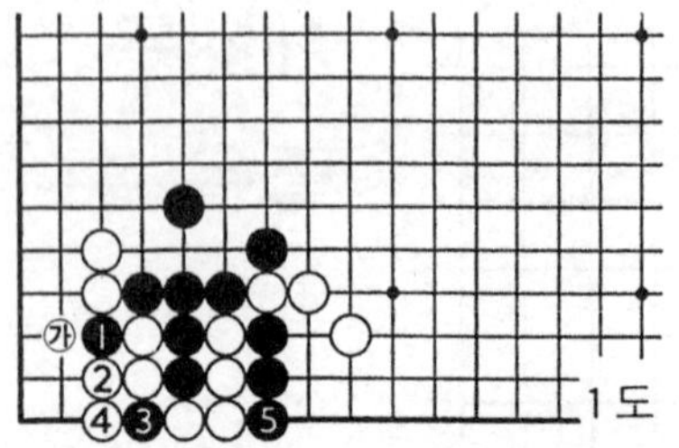

제38문 해답

1도 (정해) 흑1의 끊음으로 둔다. 백2 다음 5의 단수로 그만이다.

2도 (실패) 흑1의 먹여침을 먼저 두면 수가 나지 않는다.

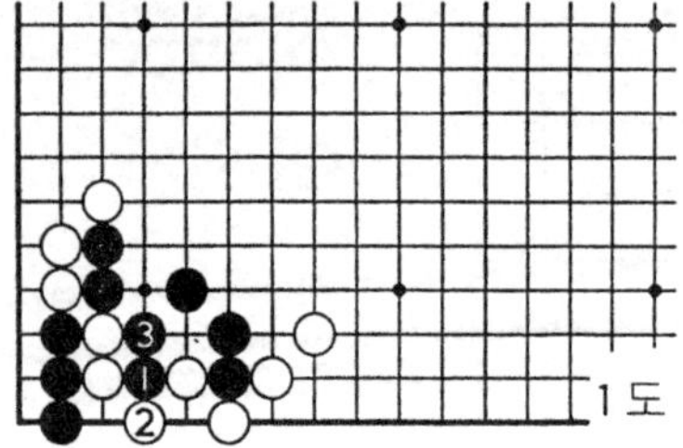

제39문 해답

1도 (정해) 흑1의 끼움이다. 이 한수이다. 백2에는 3으로 잡는다.

2도 (참고) 흑1에 백2는 흑3, 5로 되어 제36문과 같은 모양이다.

엄한 끼움의 맥점이다.

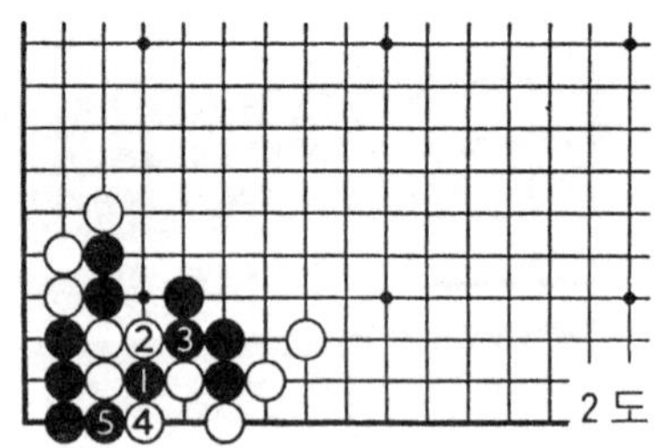

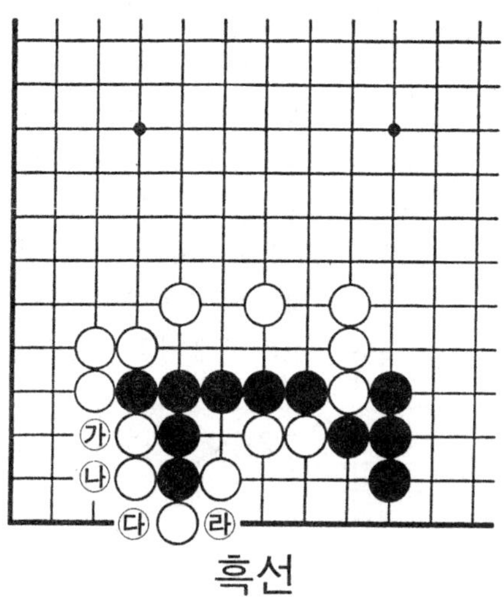

흑선

제40문
어려운
문제

이 문제를 보자. 흑㉮, 백㉯, 흑㉰가 예상되는데,맥점인가?

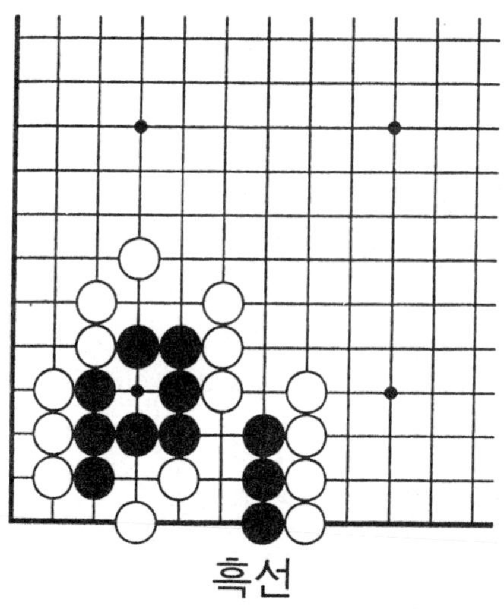

흑선

제41문
그곳은？

한 수로 그곳을 노리는 엿봄은？

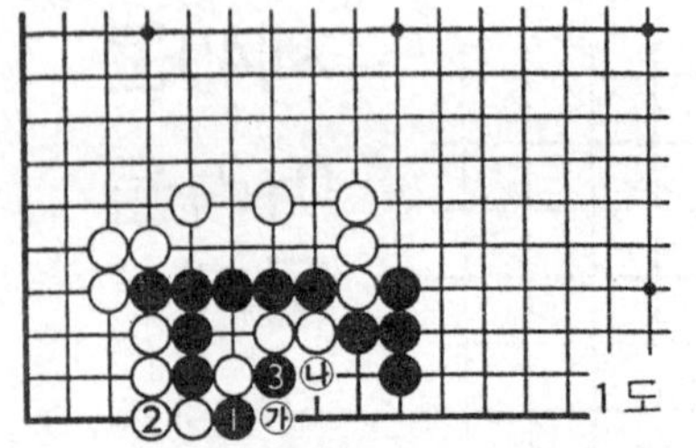

1 도

제40문 해답

1 도 (정해) 흑 1 이 묘착이다. 백 2 에는 3 으로 둔다. 백 ㉮는 흑 ㉯이다.

2 도 (참고) 흑 1 에 대하여 백이 2 로 두는 것은 흑 3 이하 제39문 과 같은 맥점이다.

응용문제이다

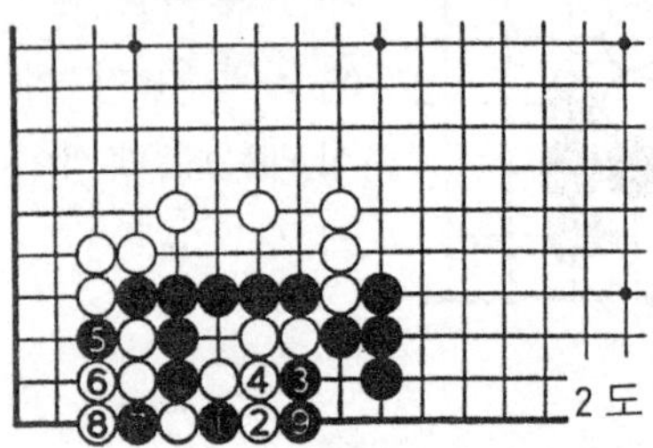

2 도

제41문 해답

1 도 (정해) 흑 1 이 좋은 수다. 백 2 에는 3 으로 둔다. (백 ㉮는 흑 ㉯이다)

흑 1 로 ㉯는 백 2 에 3 으로 두어도 안된다.

2 도 (실패) 흑 1 은 백 2, 4 로 안된다.

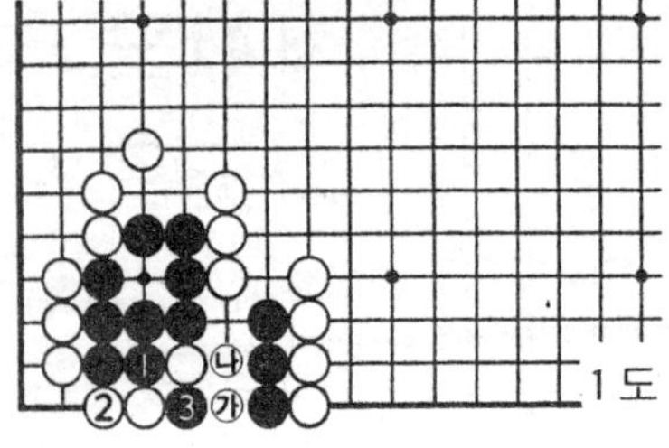

1 도

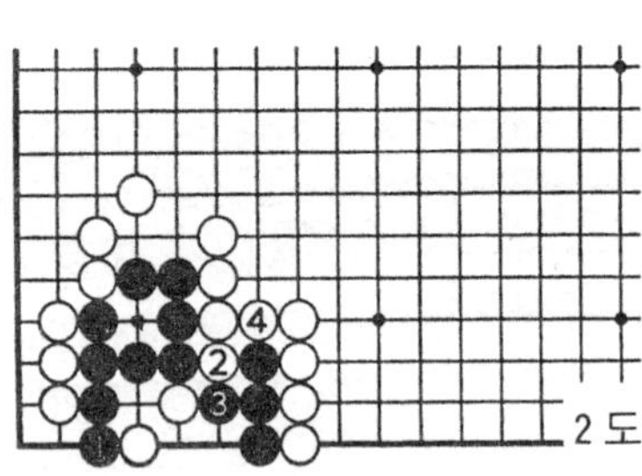

2 도

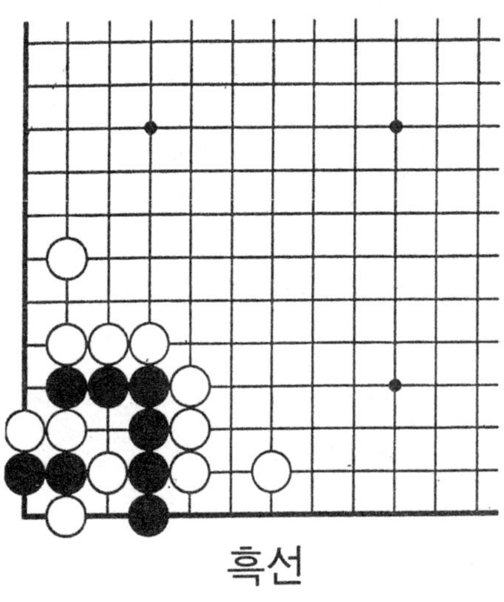

제42문

요주의

어떻게　두어
야 할까?
　두는 방법은?

흑선

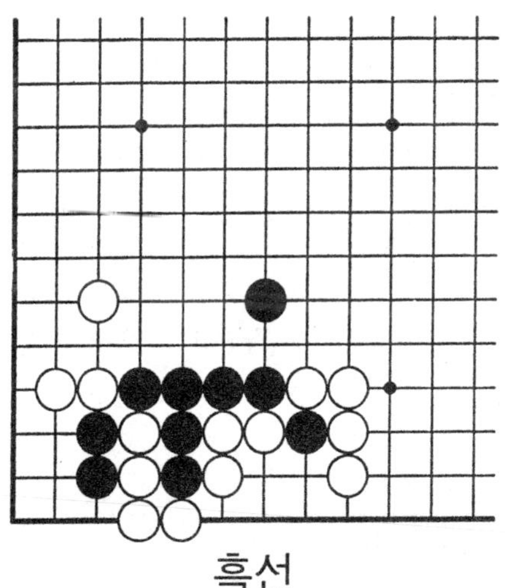

제43문

급소

급소가 되는
좋은 수는?

흑선

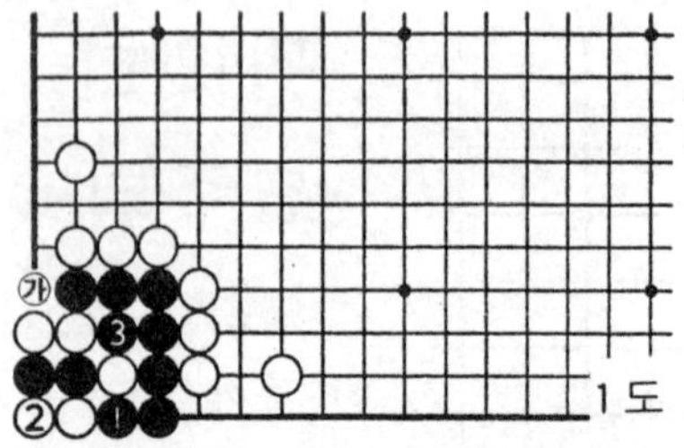

1 도

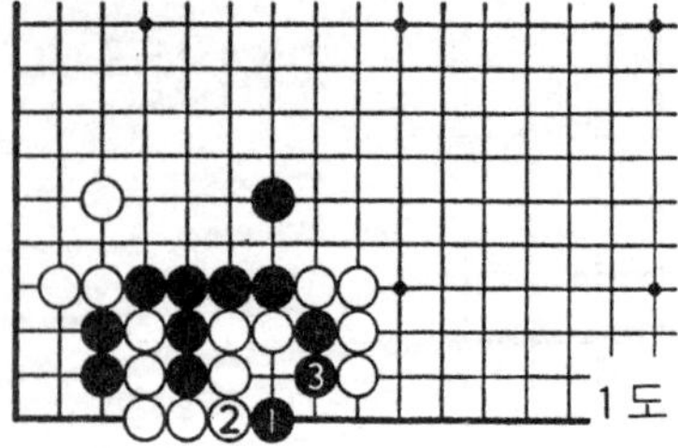

2 도

제42문 해답

1 도 (정해) 흑 1 이 좋다. 백 2 에는 3 으로 간단히 조인다.

2 도 (계속) 백 1 로 건너가도 흑 2 로 때려내면 사는 모양이다.

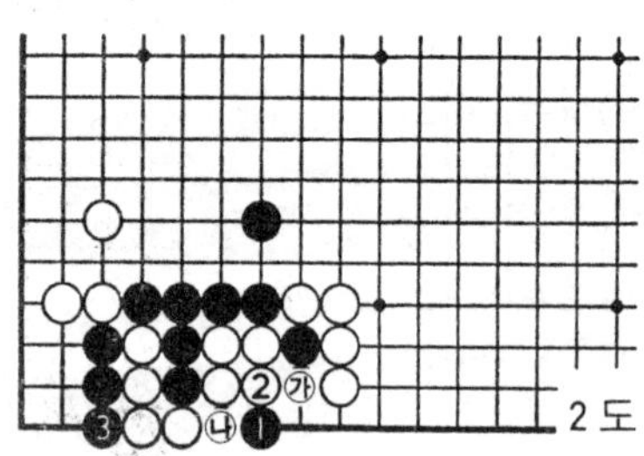

1 도

제43문 해답

1 도 (정해) 흑 1 이 맥점이다.

백 2 에는 3 으로 내려 전체를 잡는다.

2 도 (변화) 흑 1 에 백이 2 로 받으면 3 으로 바깥을 조인다. 백 2 로 ㉮ 는 흑 ㉯.

2 도

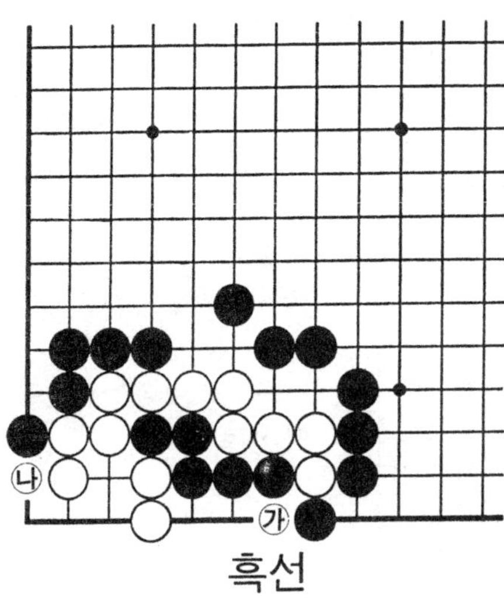

제44문
양쪽

백은 ㉮의 약
점과 ㉯의 곳의
약점이 있다.
삶을 막는 수
는?

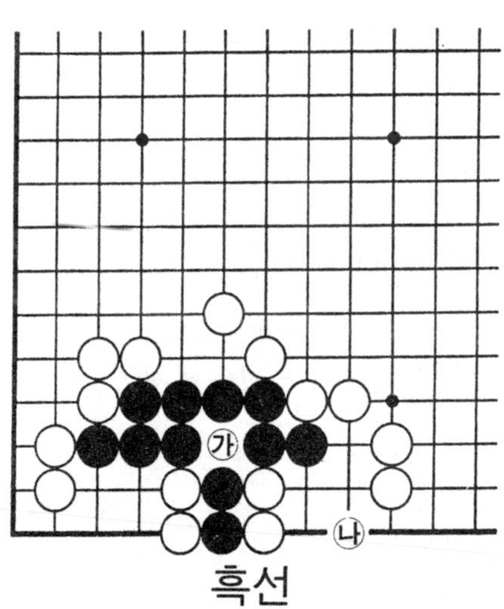

제45문
패 ?

제42문을 다
소 복잡하게 한
문제이다.
흑㉮는 백㉯
이다.

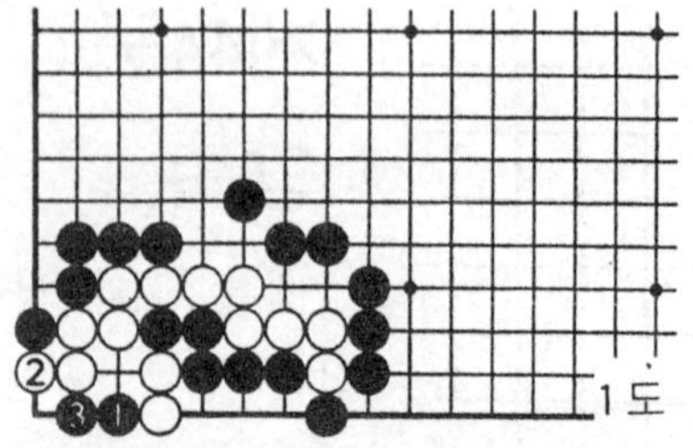

1 도

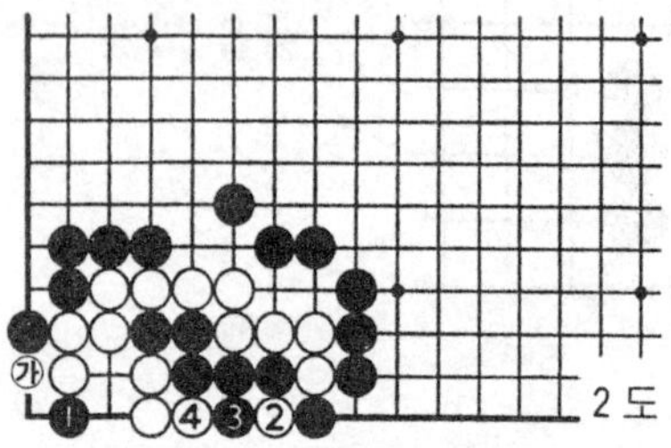

2 도

제44문 해답

1 도 (정해) 흑1의 치중이 멋진 맥점이다.

흑3 까지 백이 죽는다.

2 도 (실패) 흑1의 붙임은 백2 이하로 뒤떨구기를 당한다.

흑1로 2의 이음은 백㉮로 산다.

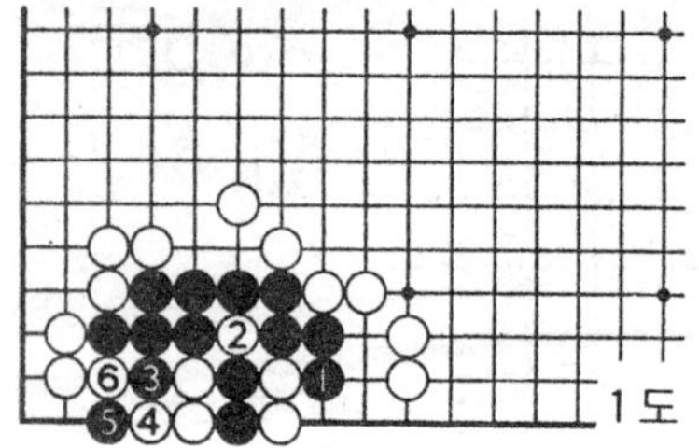

1 도

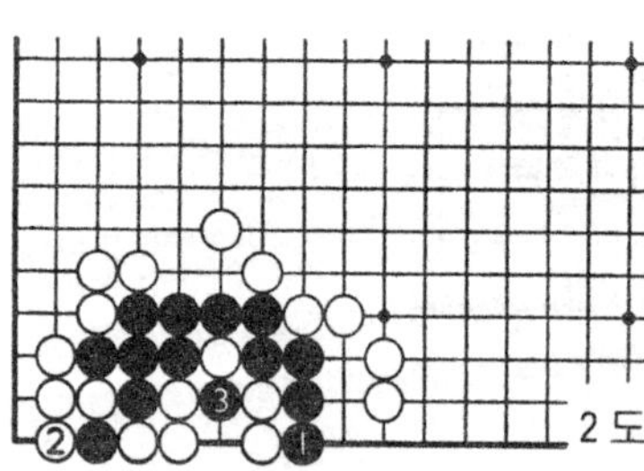

2 도

제45문 해답

1 도 (정해) 흑1로 둔다.

백2에는 3, 5가 수순이다.

2 도 (계속) 1 도 다음에 흑1, 3으로 3점을 잡아서 산다.

제46문

좁은 곳 이음

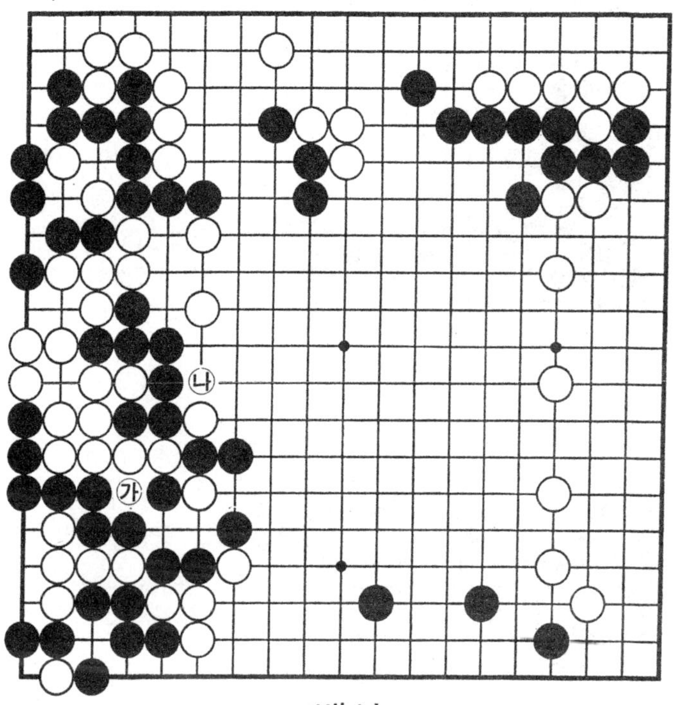

백선

국면은 백이 선수이다. 흑㉮로 두면
좌변의 백이 뒤떨구기를 당한다. 백이 이
를 막으며 ㉯를 둘 수 있는 수는?

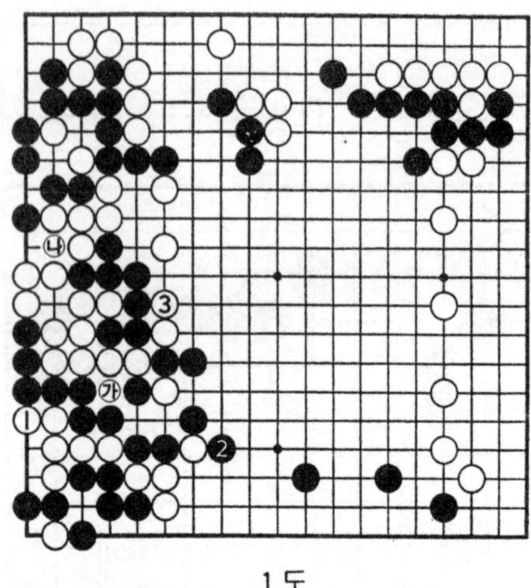

1 도

1 도 (정해) 흑 ㉮와 ㉯의 뒤떨구기를 막는 백 1 의 곳이 급소이다.

이점이 활용의 묘수이다.

실전에서는 흑 2 의 젖힘이었는데 다음 백 3 의 미는 수가 있었다. 중앙의 7점이 떨어진다.

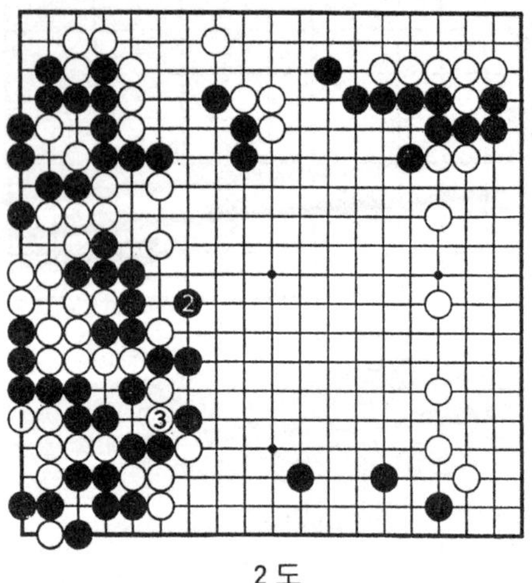

2 도

2 도 (참고) 백 1 에 대하여 흑 2 로 중앙을 지키면 백은 3 으로 찌른다.

제47문
되치기

되치기와 자충을 유도하여 백을 잡는 수단이다.

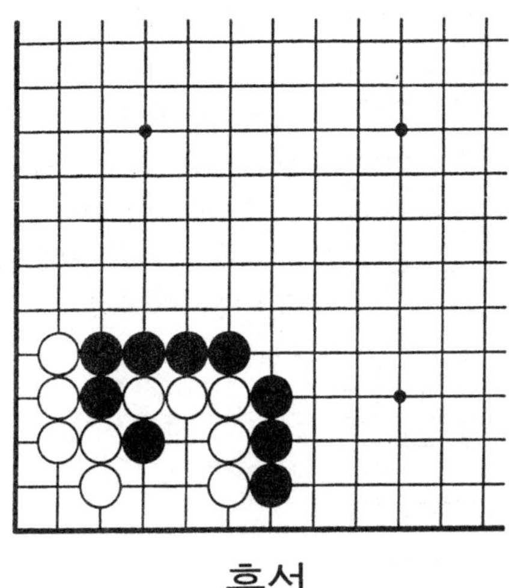

흑선

제48문

2 점을
끊는 방법

백을 잡아야 한다.
어떤 생각이 있을까?

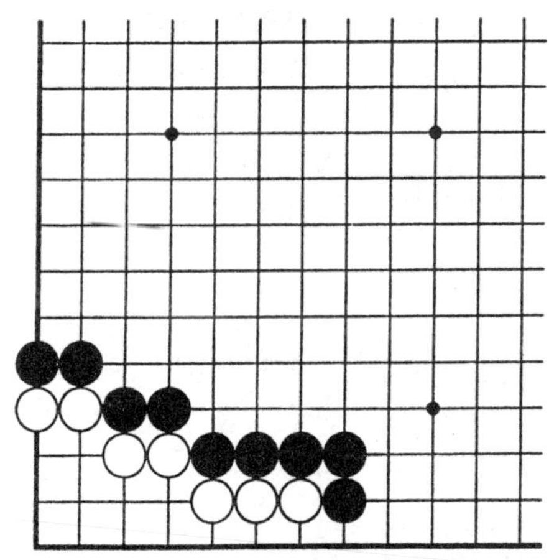

흑선

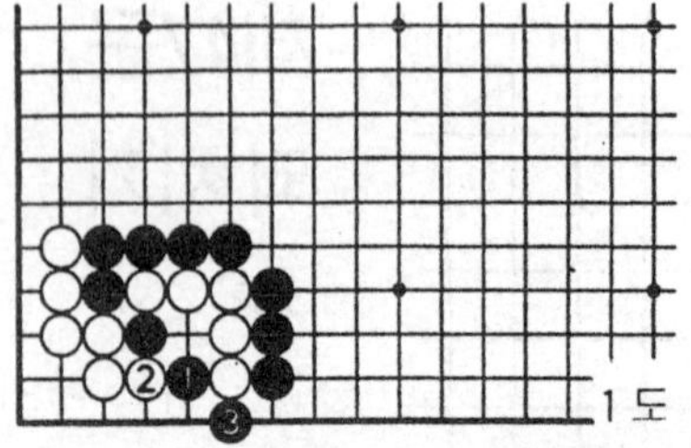

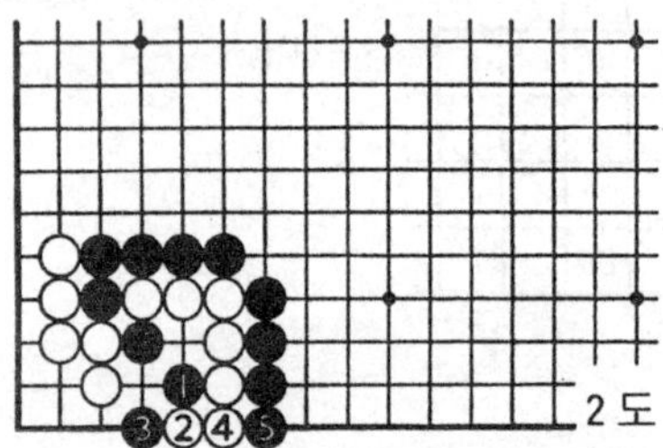

제47문 해답

1도 (정해) 흑1의 마늘모가 맥이다. 백2에 흑3의 수가 맥이다. 간단한 맥점이다.

2도 (변화) 백2로 젖히면 다음 흑5까지 된다.

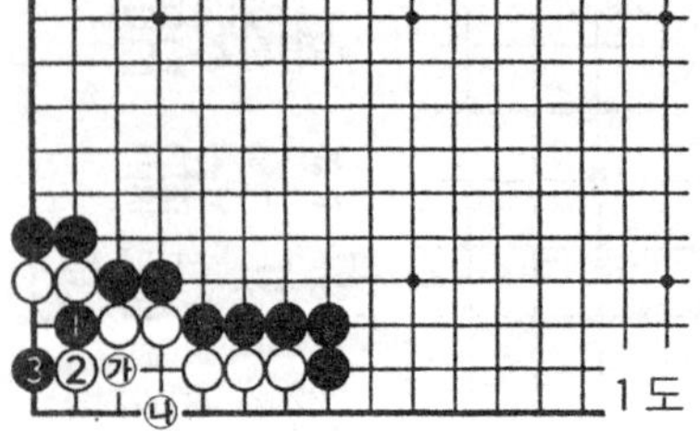

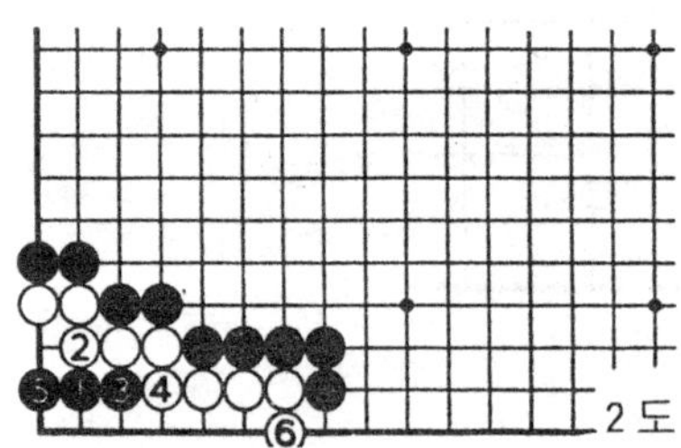

제48문 해답

1도 (정해) 흑1의 끊음이다. 백2에는 3의 젖힘이 호수.

이것이 상투 수단이다. 백㉮에는 흑㉯의 치중이 있다.

2도 (실패) 흑1의 치중 다음 백6까지 산다.

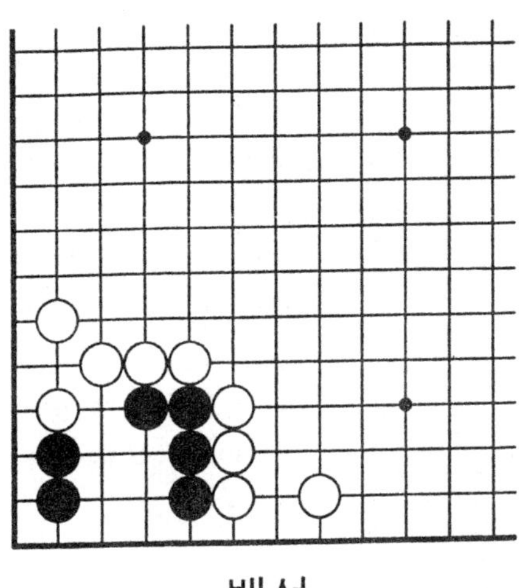

백선

제49문
귀신같은 수

제47문과 비슷한 수이다.
지혜있게 움직여야 한다.

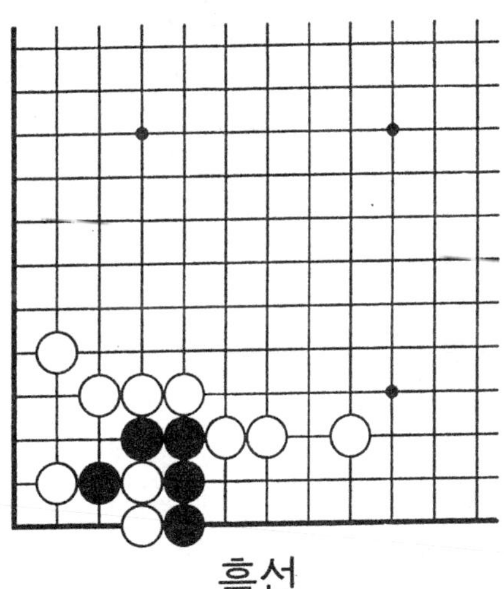

흑선

제50문
무관계

흑 선수로 살아야 한다.
응용의 수이다.

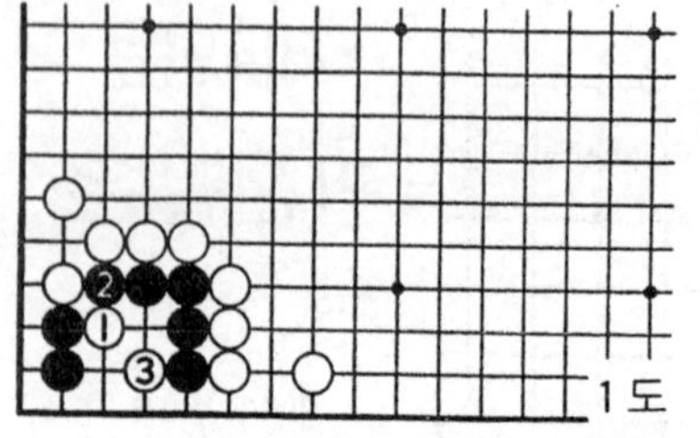

1 도

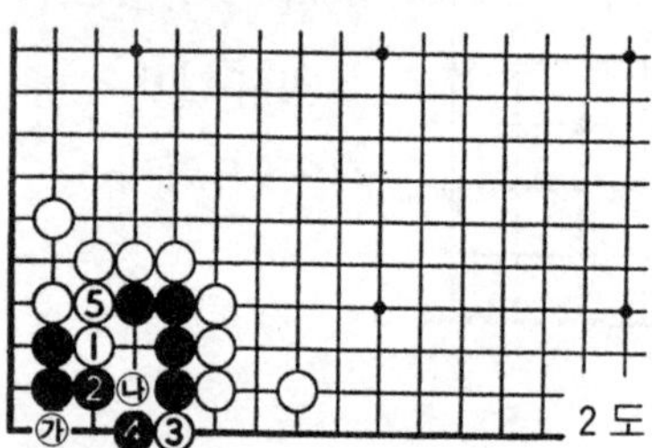

2 도

제49문 해답

1 도 (정해) 백 1 의 젖힘이 강한 수이다. 흑 2 에는 백 3 이 맥점이다.

2 도 (참고) 백 1 에 대하여 흑 2 로 두면 백 3 의 젖힘이 있다. 흑 4 일때 백 5 의 수가 있다. 흑㉮에는 백㉯이다.

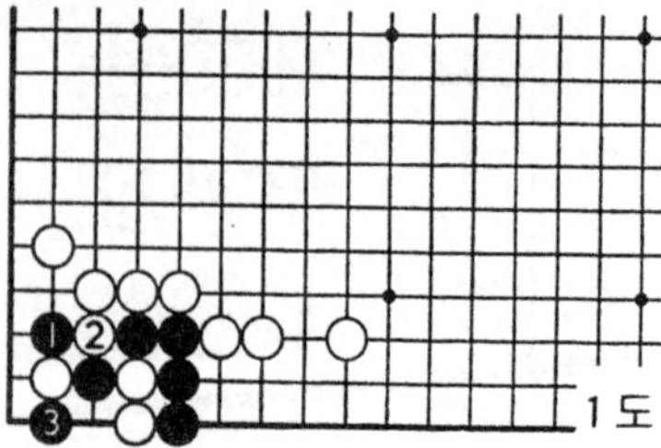

1 도

제50문 해답

1 도 (정해) 흑 1 의 젖힘이다. 백 2 에는 흑 3 으로 젖히는 수가 있다.

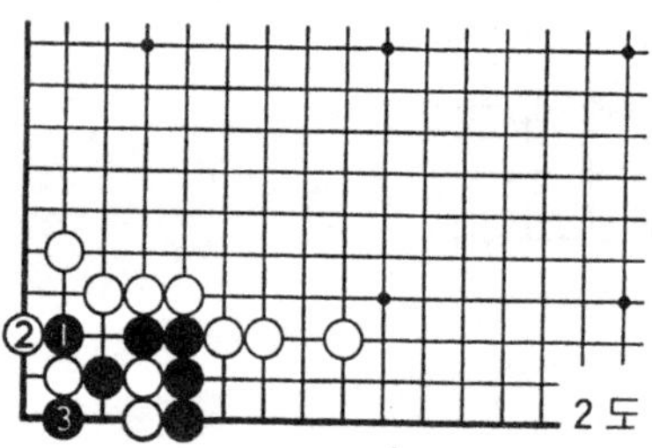

2 도

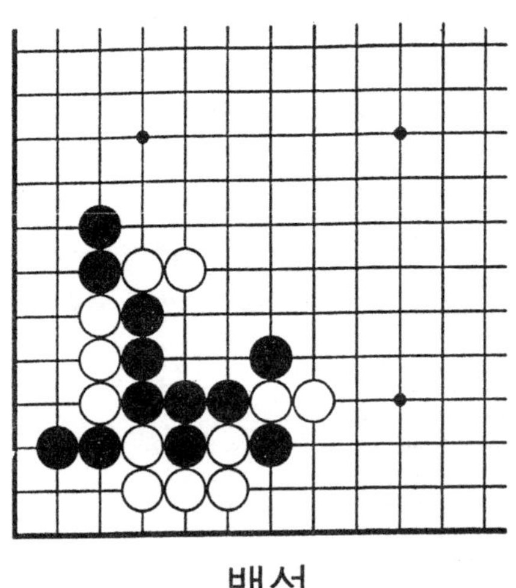

백선

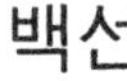

제51문
일견

이 정도에서
는 한 눈에 알
수 있어야 한다.

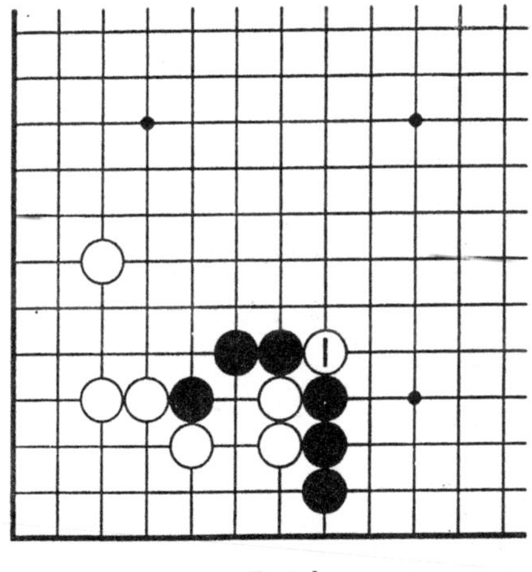

흑선

제52문
헛 수

백1의 끊음
은 어떨까?
이런 수에는
아주 좋은 수가
있다.

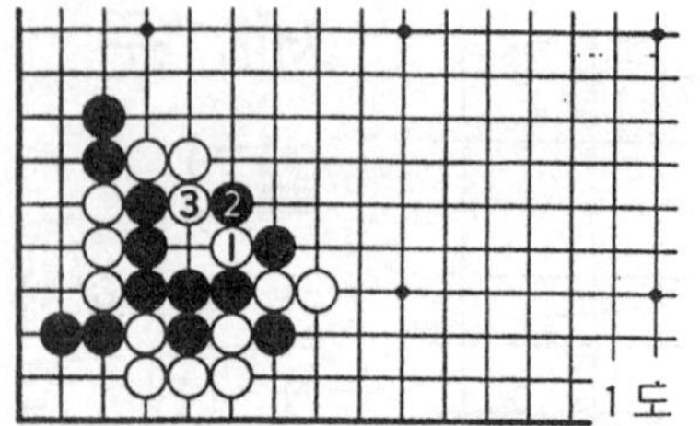

1 도

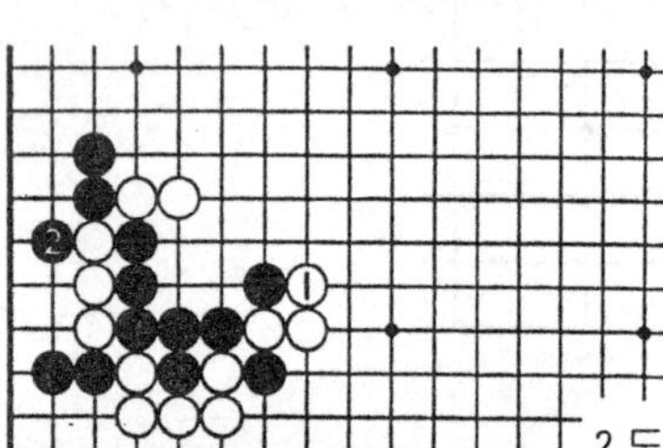

2 도

제51문 해답

1 도 (정해) 백 1 의 끊음이다.

흑 2 에는 3 으로 둔다.

2 도 (참고) 백 1 로 구부리는 것은 흑 2 로 둔다.

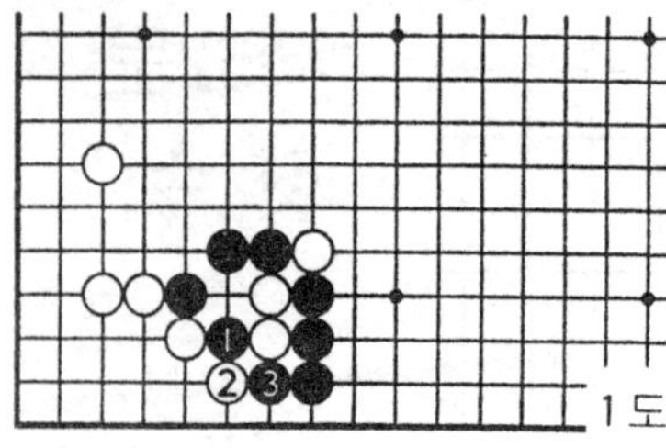

1 도

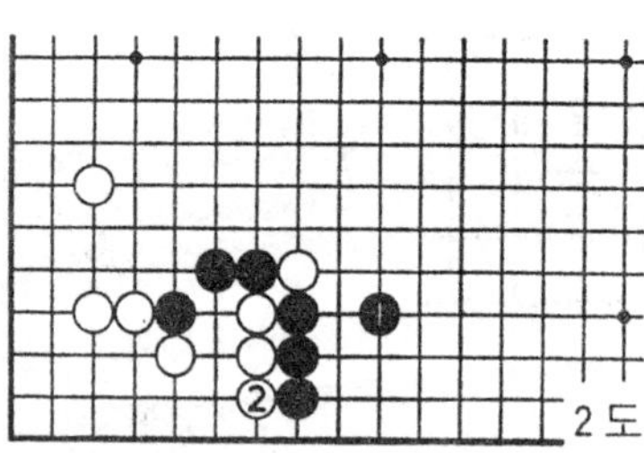

2 도

제52문 해답

1 도 (정해) 흑 1 의 젖혀 끼움이다. 백 2 에는 3 으로 끊는다.

2 도 (실패) 흑 1 로 지키는 수는 백 2 의 지킴이 있어 좋지 않다.

제53문
명쾌하다

흑의 3점을
잡는 수가 있다.

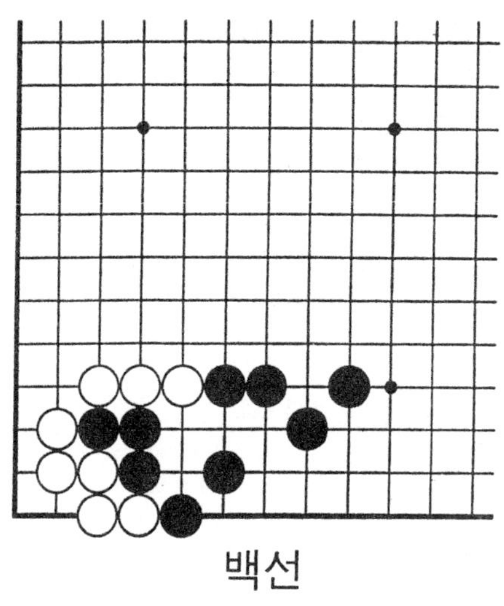

백선

제54문
길은 맥

중앙의 백 5
점을 잡는 수이
다.

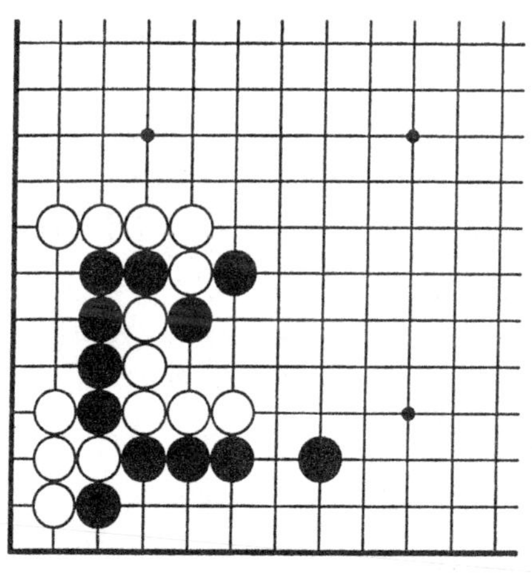

흑선

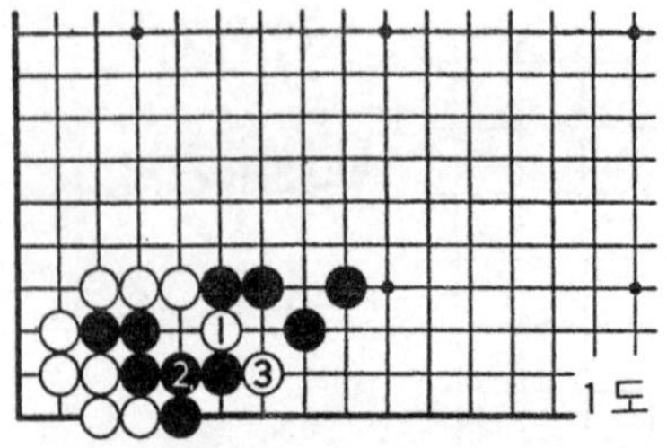

1 도

제53문 해답

1 도 (정해) 백 **1** 의 젖힘이 좋은 수. 흑 **2** 에는 **3** 의 젖힘이다.

2 도 (실패) 백 **1** 로 그냥 나가는 것은 흑 **4** 까지 수확이 없다.

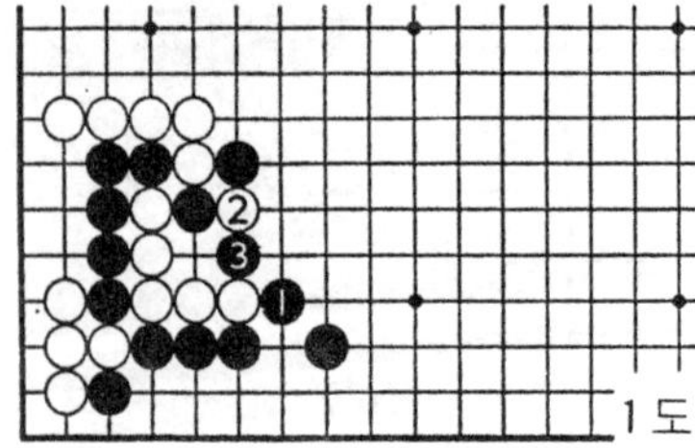

2 도

제54문 해답

1 도 (정해) 흑 **1** 로 두어야 백 5점을 잡을 수 있다. 백 **2** 의 끊음엔 흑 **3** 의 맥점이 있다.

2 도 (변화) 백 **2** 는 이하 **5** 까지 되따내는 모양이다.

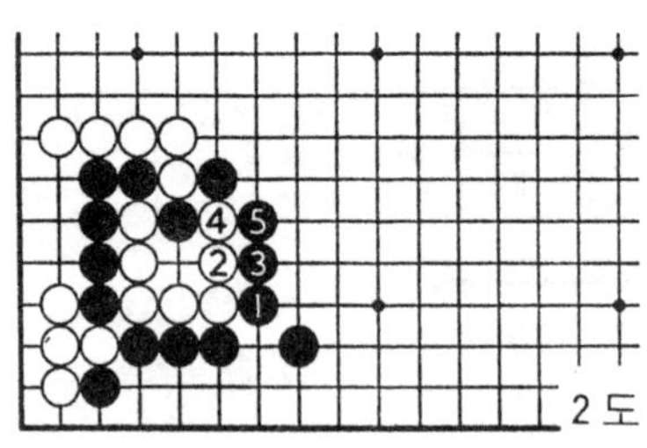

1 도

2 도

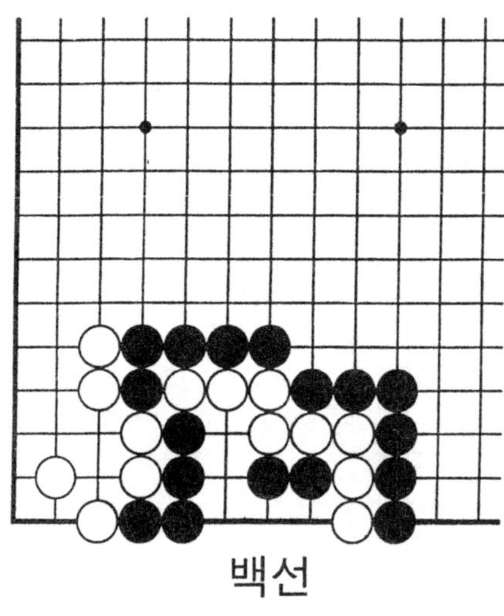

제55문
환격

백이 공격하
여 이기는 수단
은?

이 모양에서
어떤 수가 있을
까?

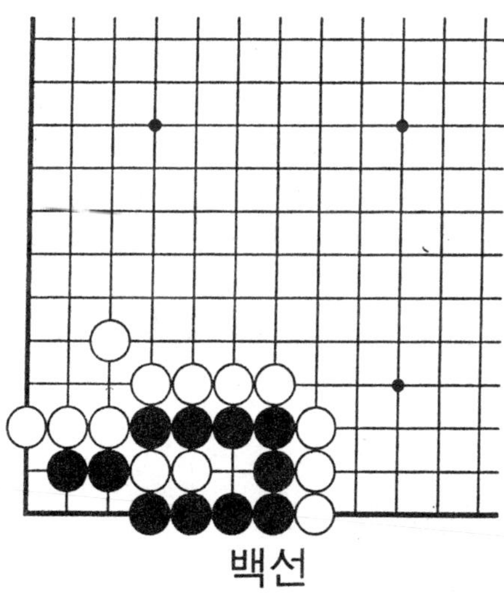

제56문
집어넣음

흑을 잡아야
한다.

이런 경우는
참으로 특수한
경우다.

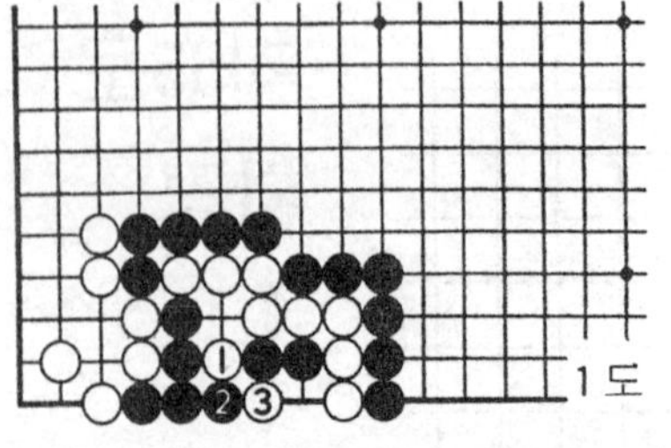

1 도

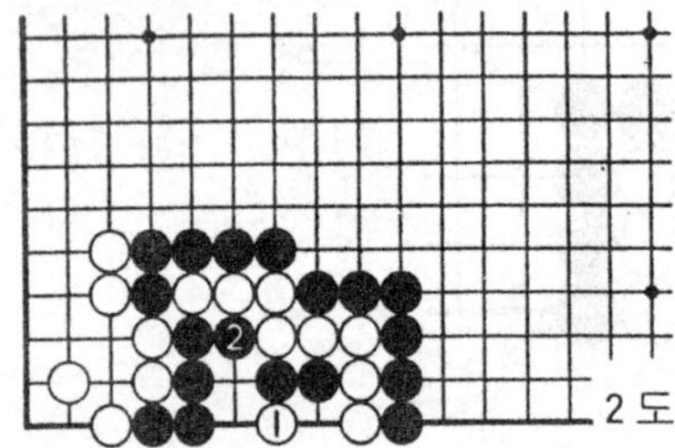

2 도

제55문 해답

1 도 (정해) 백 1 의 젖힘이다. 혹 2 에는 백 3 으로 환격을 당한다.

2 도 (실패) 단순히 백 1 의 붙임은 혹 2 로 그만이다.

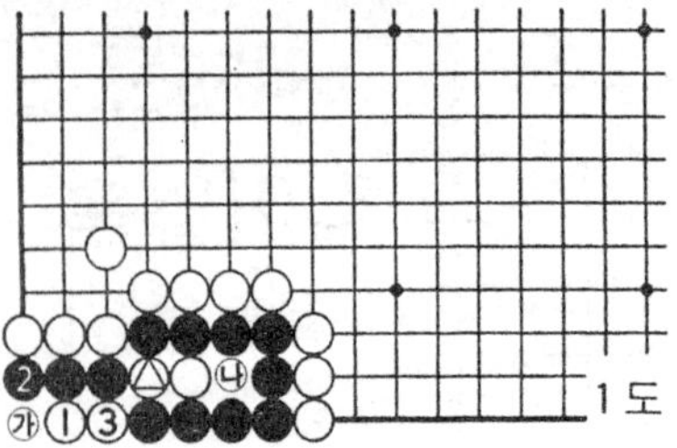

1 도

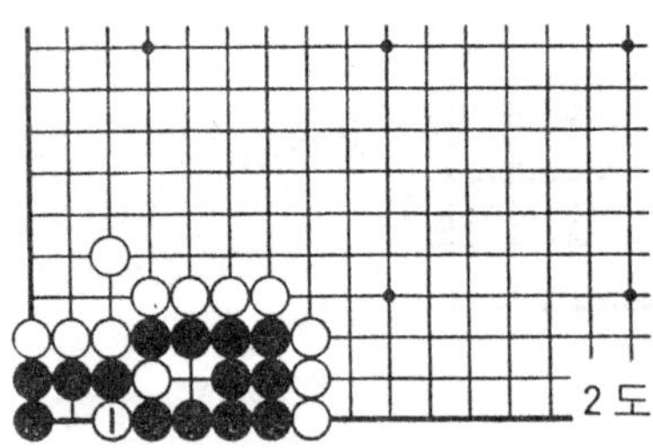

2 도

제56문 해답

1 도 (정해) 백 1 은 당연하다. 혹 2 에는 3 으로 미는 것이 일격. 이 다음에 혹은 ㉮, 혹은 ㉯의 곳을 두어야 한다. 환격이다.

2 도 (계속) 백 1 로 두는 수가 있다.

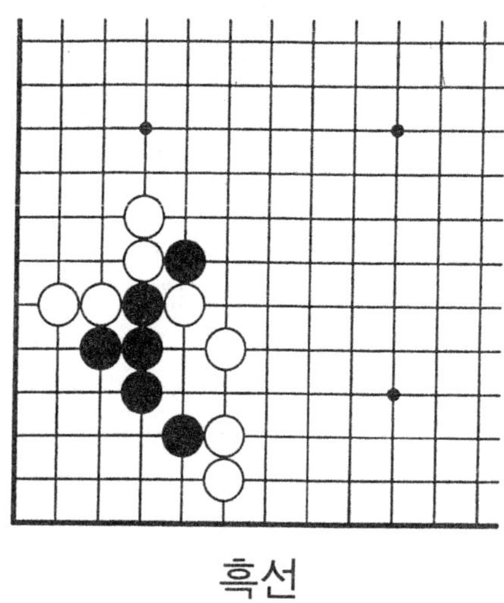

흑선

제57문
상운동

백의 포위망을 돌파하는 수단이다.

맥점은?

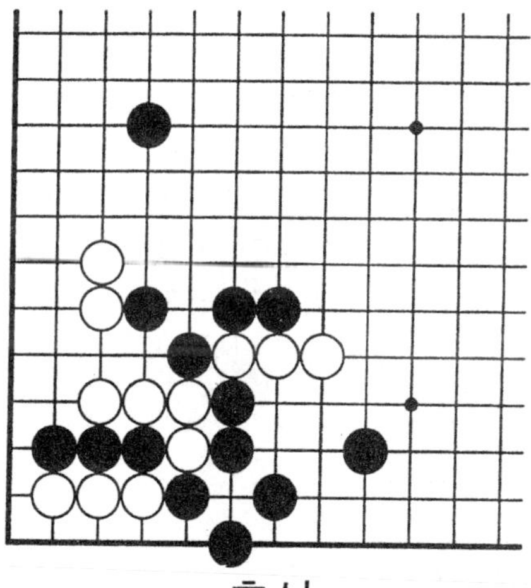

흑선

제58문

절단

좌변을 분단하는 수가 있다.

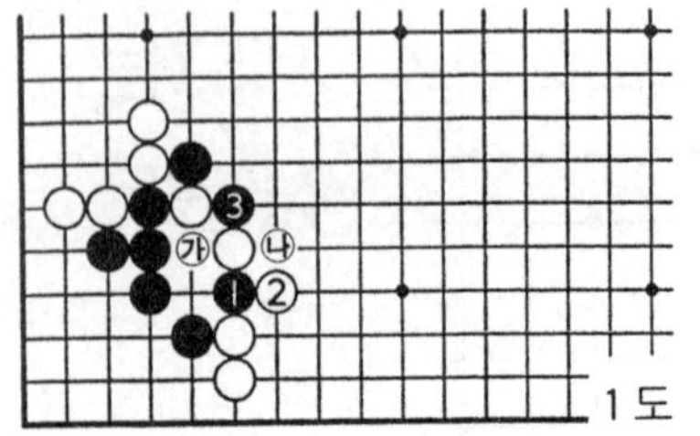

1 도

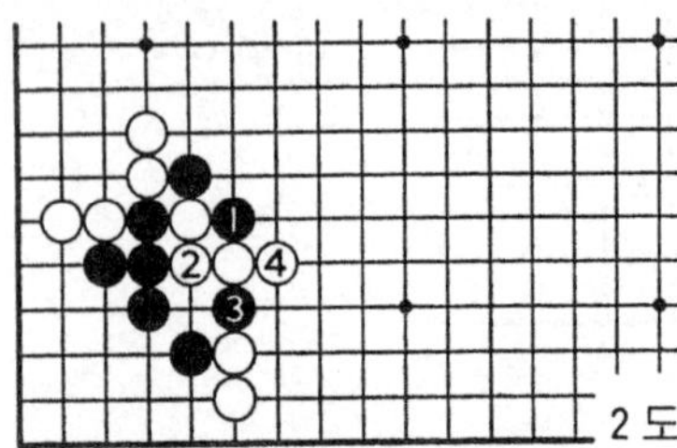

2 도

제57문 해답

1 도 (정해) 흑 1 의 젖힘이 있다. 백 2 다음에 3 의 곳을 둔다. 이것으로 돌파한다. 백㉮이면 흑㉯가 된다.

2 도 (실패) 흑 1 로 먼저 두는 것은 백 4 까지 된다. 수순이 좋아야 한다.

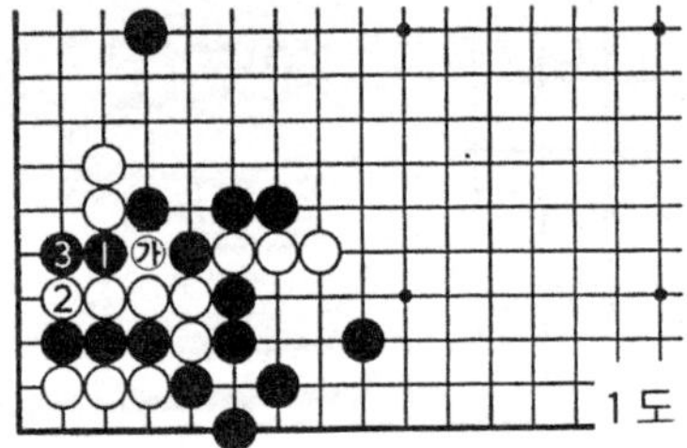

1 도

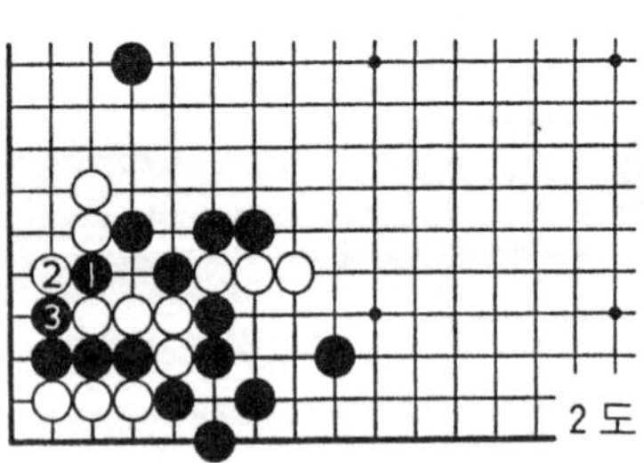

2 도

제58문 해답

1 도 (정해) 흑 1 의 젖힘이 맥점이다. 백 2 에는 3 까지 분단이다. ㉮의 곳을 끊지 못한다.

2 도 (참고) 백 2 로 받는 것은 3 으로 응수하여 안된다.

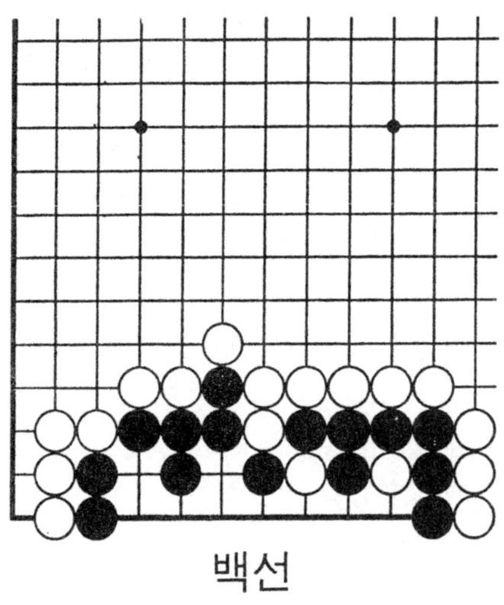

제59문
수순

흑의 자충을
필요로 하는 수
가 필요하다.

백선

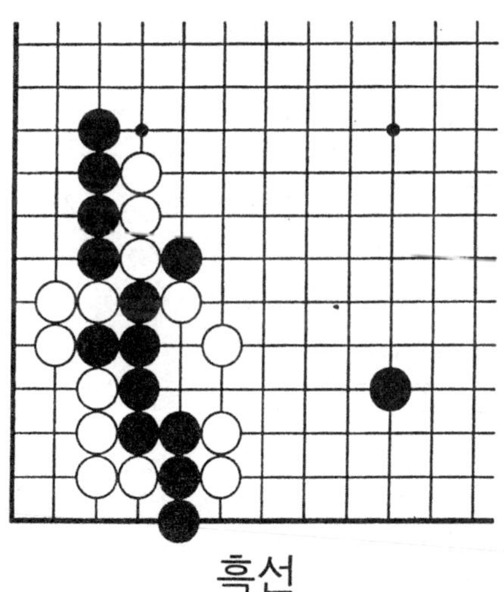

제60문
복습

제57문을 다시
한 번 복습하자.

흑선

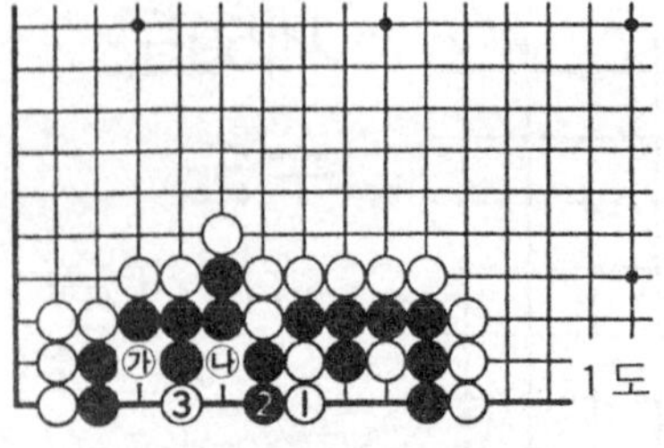

1 도

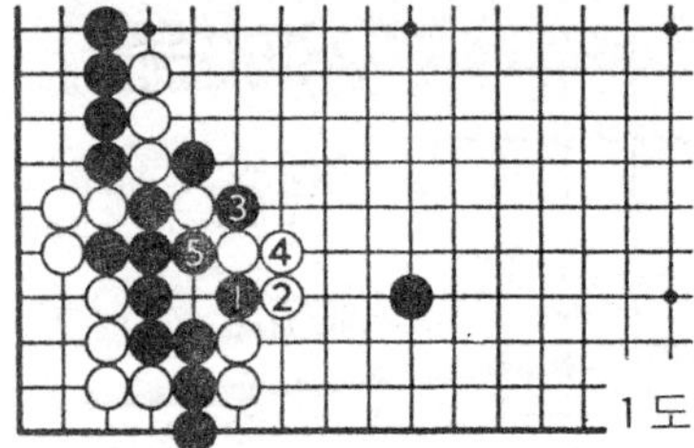

2 도

제59문 해답

1도 (정해) 흑1의 내려섬이 있다. 흑2에는 3의 곳이 급소이다. ㉮와 ㉯의 약점이 그 곳이다.

2도 (실패) 단지 백 1은 4로 때리는 수가 좋아 실패다.

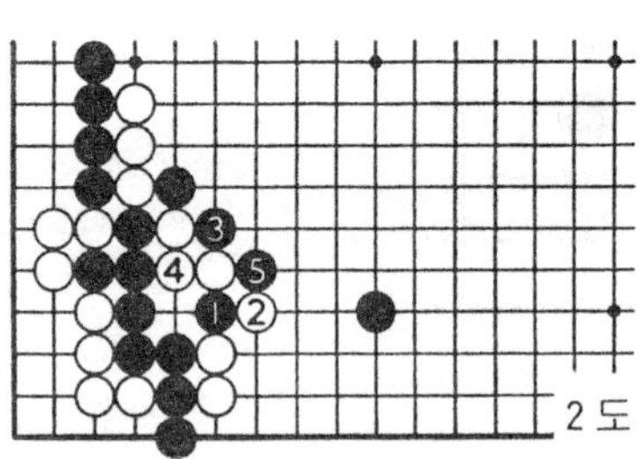

1 도

제60문 해답

1도 (정해) 흑1의 젖힘이다. 백2에는 3, 5로 타개한다.

2도 (참고) 백4로 받으면 5로 끊어서 3 점을 잡는다.

2 도

제61문
젖힘의 견본

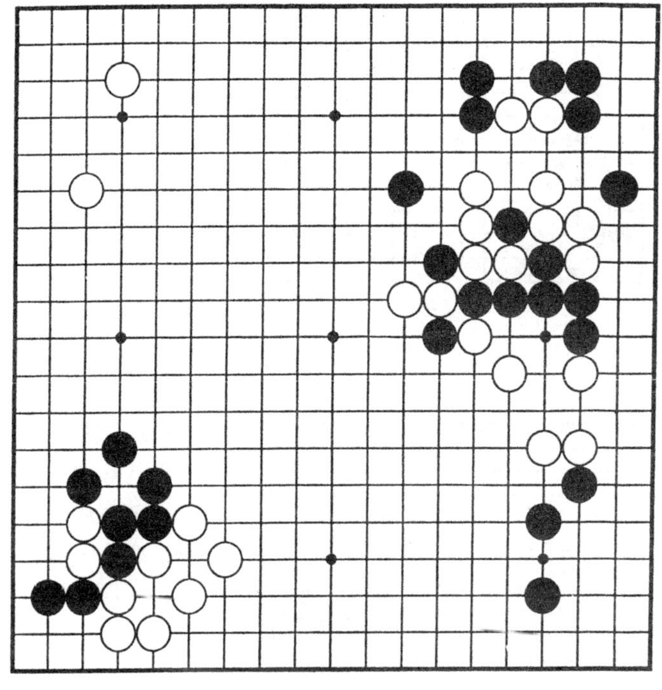

흑선

실전에 강해지기 위한 견본이다.
제57문과 제60문의 맥을 응용하는 방법.

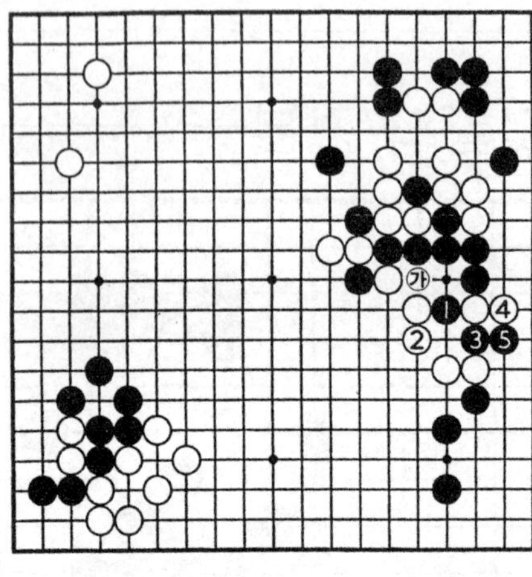

1 도

1 도 (정해) 흑 1의 젖힘이 수단을 엿보는 맥이다. 백 2 에는 흑 3, 5 까지. 다음 흑은 ㉮의 곳을 두어 패다.

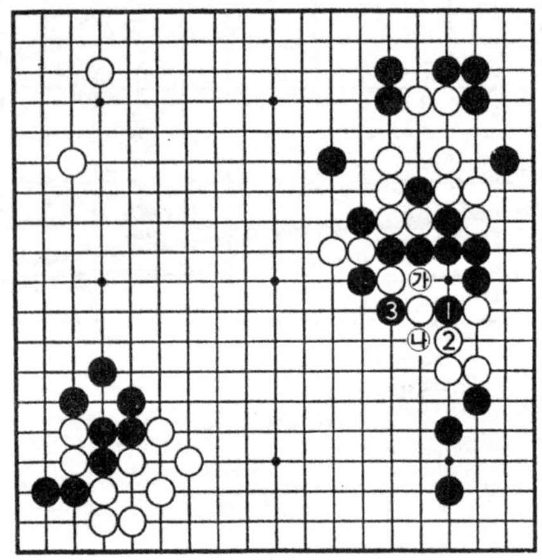

2 도

2 도 (참고) 흑 1 에 백이 2 로 받으면 3 으로 단수하는 맥점이 있다. ㉮의 이음은 ㉯로 끊는다.

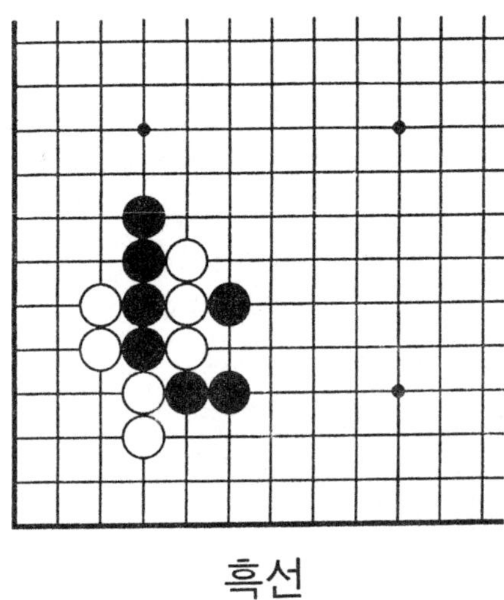

흑선

제62문
장문

백 3점을 잡
는 수가 있다.

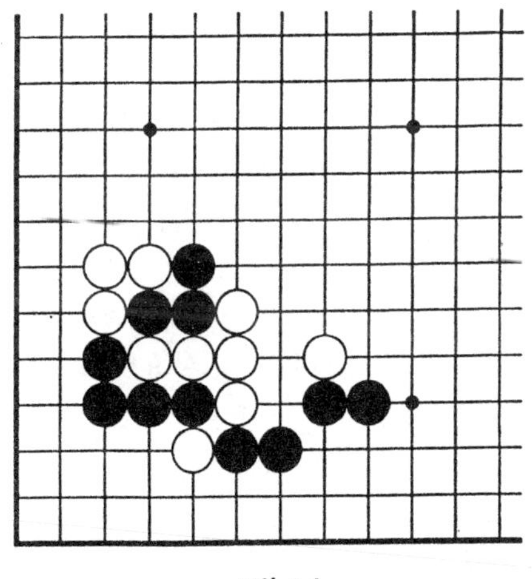

백선

제63문
씨움의
맥점

흑 3점을 잡
는 수는?

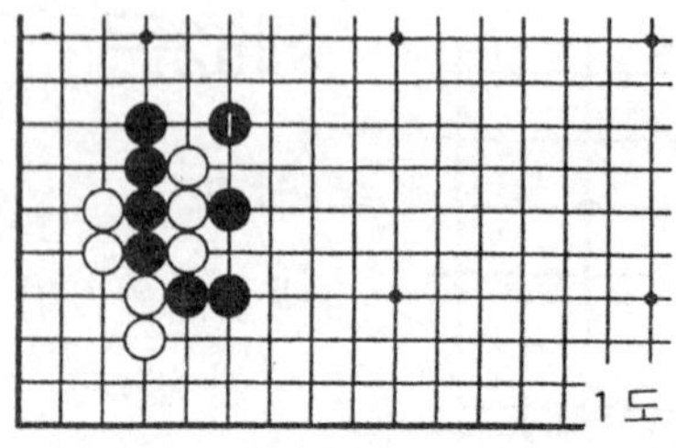

1 도

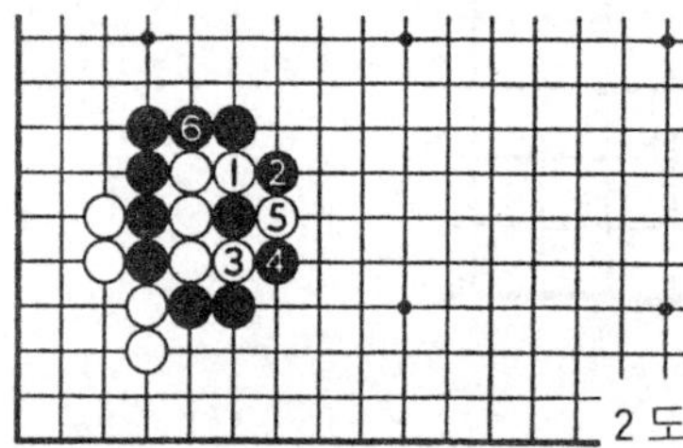

2 도

제62문 해답

1도 (정해) 흑1의 장문이 있다. 백은 도망을 갈 수 없다.

2도 (참고) 1도 다음, 백1이하로 움직여 나가면 흑6까지 된다.

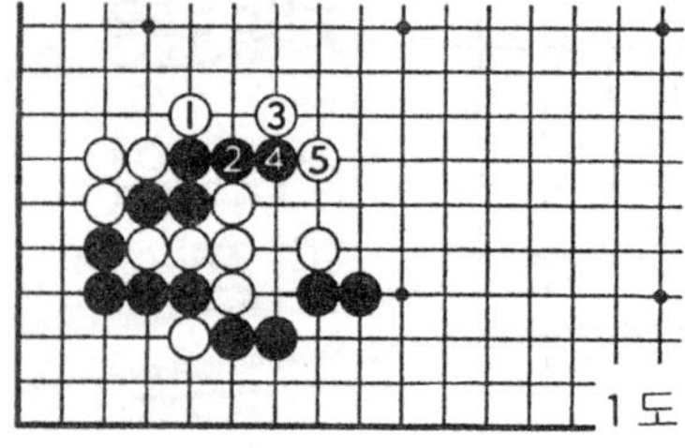

1 도

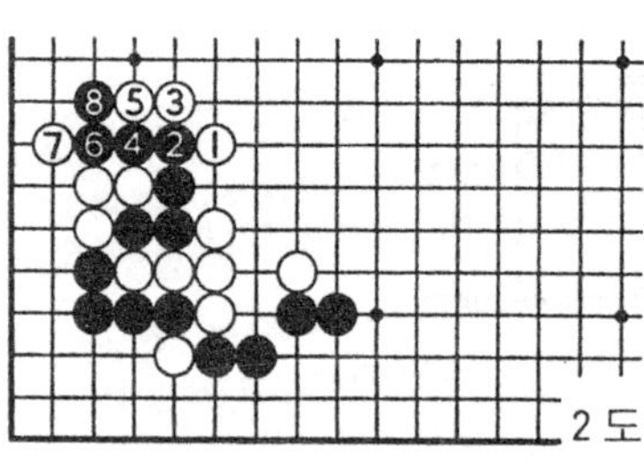

2 도

제63문 해답

1도 (정해) 백1 단수 다음에 3의 씌움까지는 외길이다.

흑4는 백5로 그만이다.

2도 (실패) 백1로 씌우는 것은 8까지 나가 안된다.

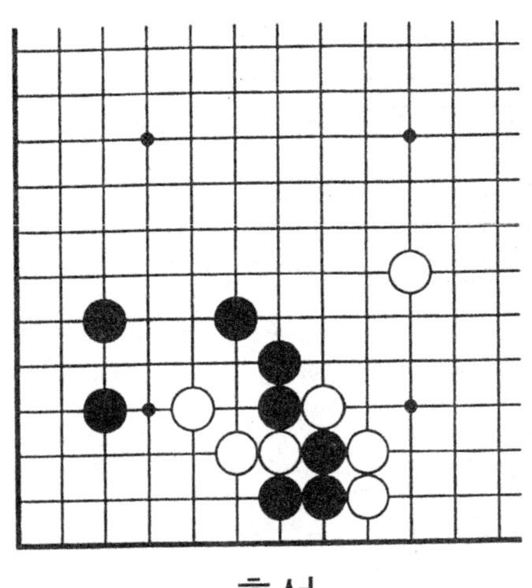

흑선

제64문
묘업

흑의 3점을 돕는 수단은? 한 눈에 알 수 있는 수가 필요하다.

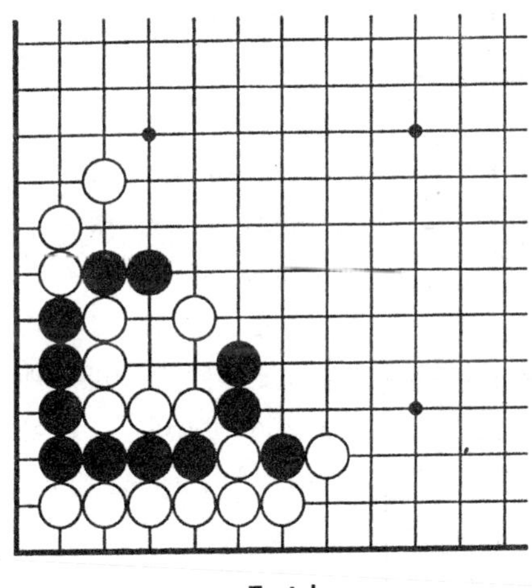

흑선

제65문
현묘

바둑의 현묘함을 느끼게 하는 곳이다.

흑1, 3이 좋다.

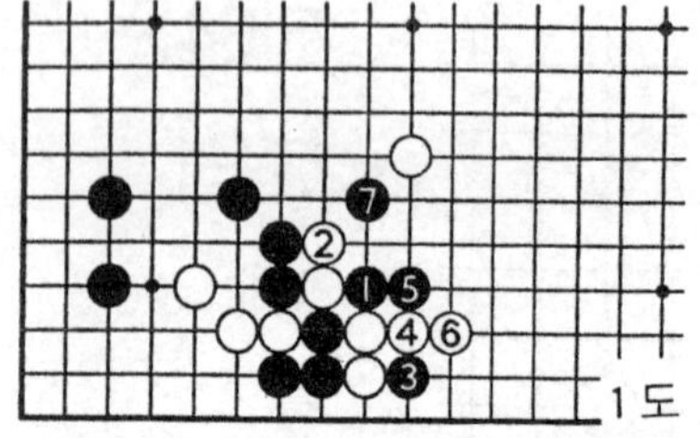

1 도

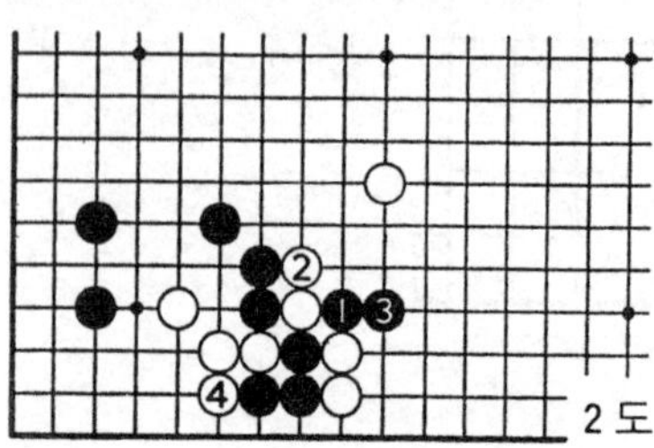

2 도

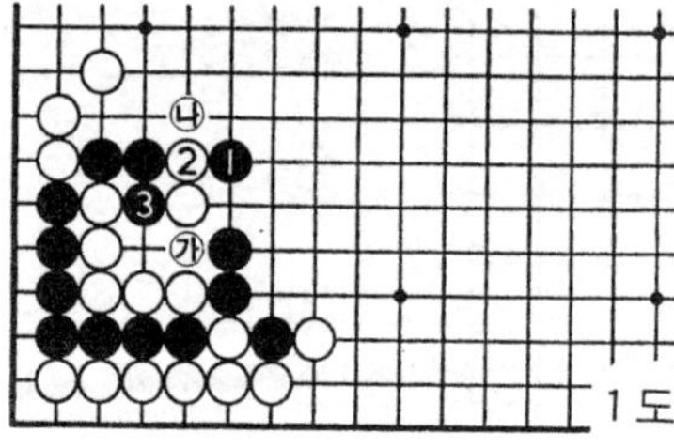

1 도

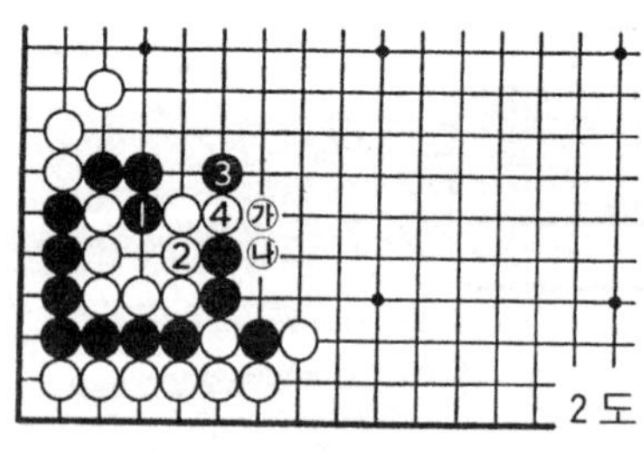

2 도

제64문 해답

1도 (정해) 흑1, 3 이 참으로 좋은 수단이다.

흑7의 장문으로 2점을 잡는다.

2도 (실패) 그냥 흑1, 3으로 두는 것은 백4로 된다.

제65문 해답

1도 (정해) 흑1이 좋은 수. 백2에는 3으로 되돌아 오는 것이 수순이다. 다음에 백㉮는 흑㉯로 잡는다.

2도 (실패) 먼저 흑1로 나가는 것은 백4까지 실패다. 흑이 ㉮는 백이 ㉯로 둔다.

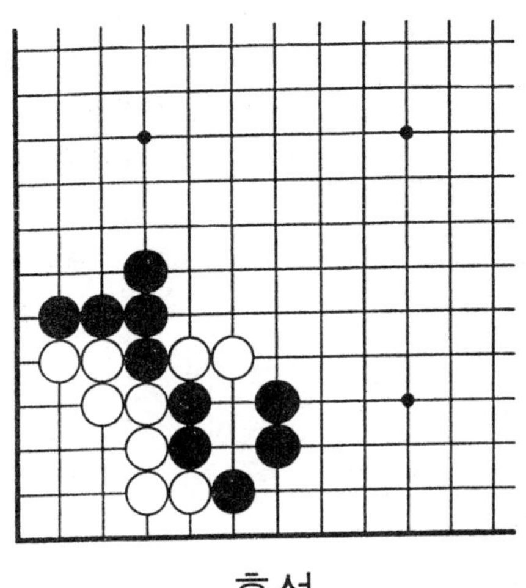

제66문
직감

백 2점을 잡
아야 한다.

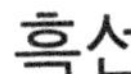

흑선

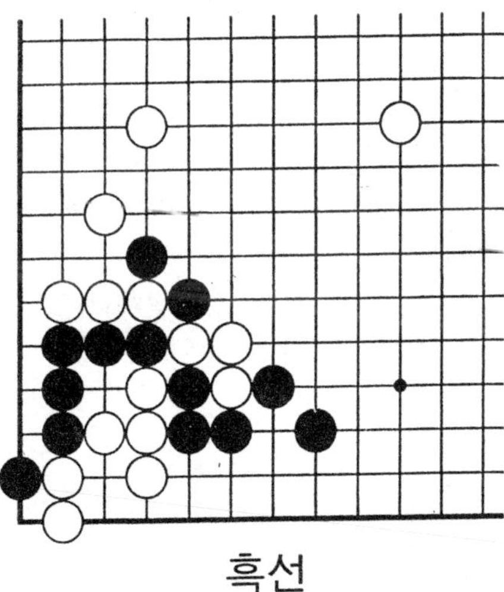

제67문
옛모양

백 3점을 잡
는 수는?
좌하귀의 백
은 자동으로
죽는다.

흑선

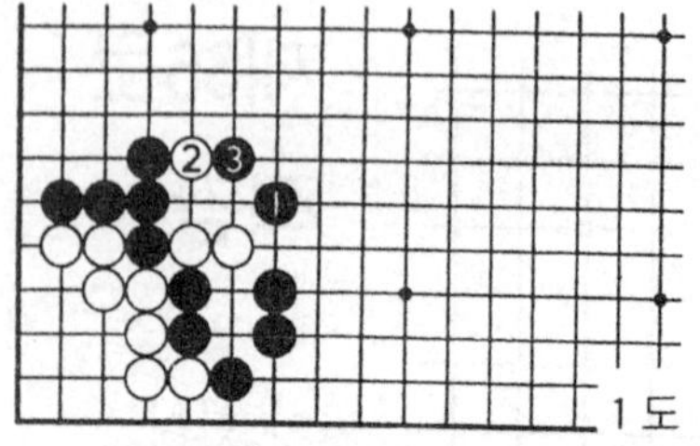

1 도

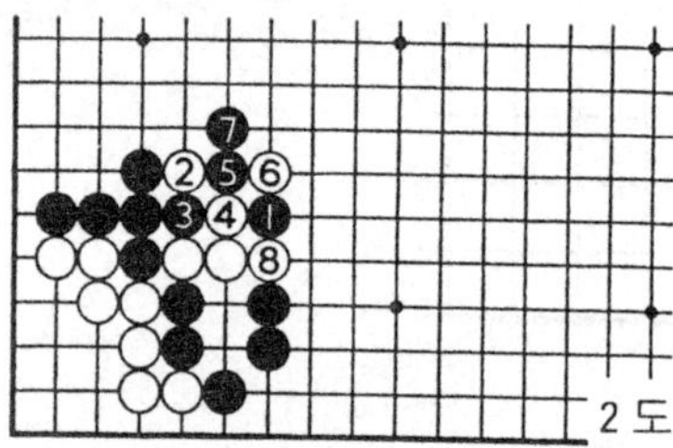

2 도

제66문 해답

1 도 (정해) 혹 1 의 장문이다. 백 2 에는 혹 3 의 마늘모가 좋은 수다.

2 도 (실패) 백 2 때 3 으로 나가는 것은 6, 8 로 뚫린다.

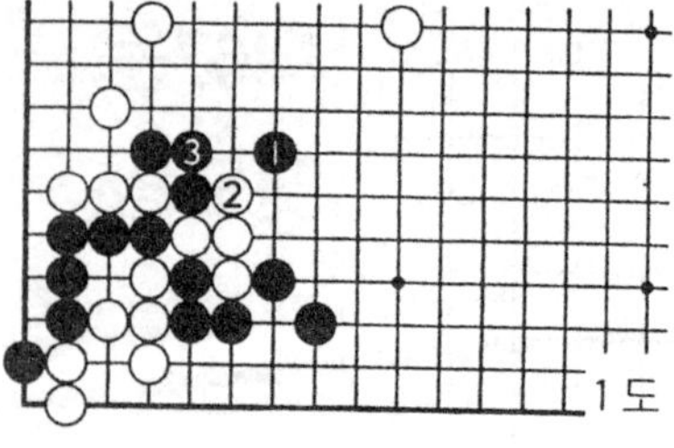

1 도

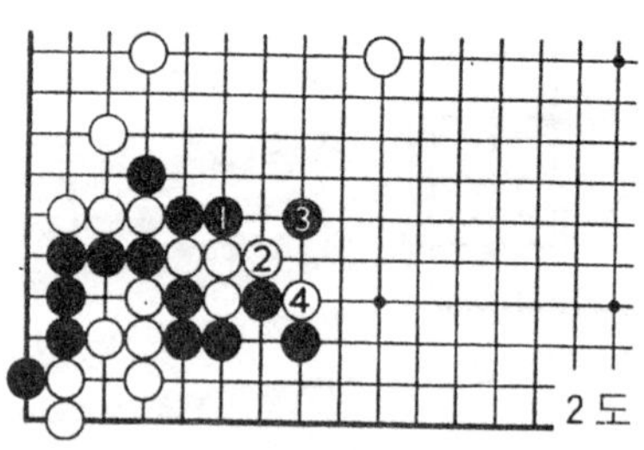

2 도

제67문 해답

1 도 (정해) 혹 1 의 장문이 있다. 백 2 에는 혹 3 으로 그만이다.

2 도 (실패) 혹 1 로 그냥 미는 것은 백 4 까지 되어 안된다.

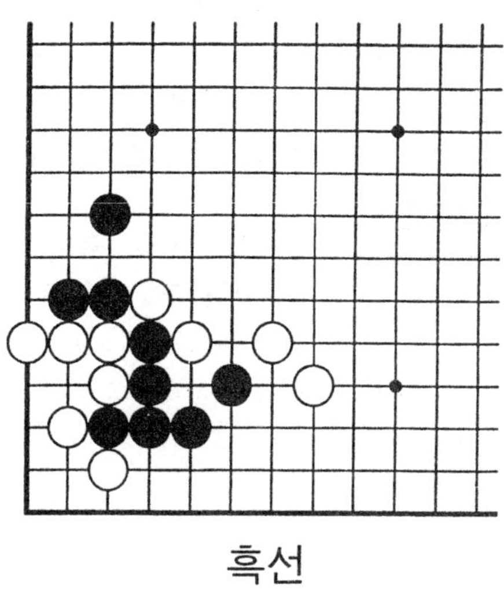

흑선

제68문
교묘함

흑의 수순이
교묘하다.

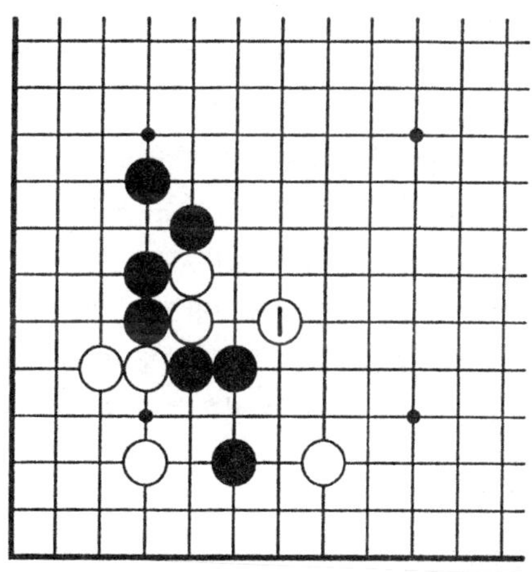

흑선

제69문
건너붙임

백1의 씌움
에 흑은 어떻게
둘까?

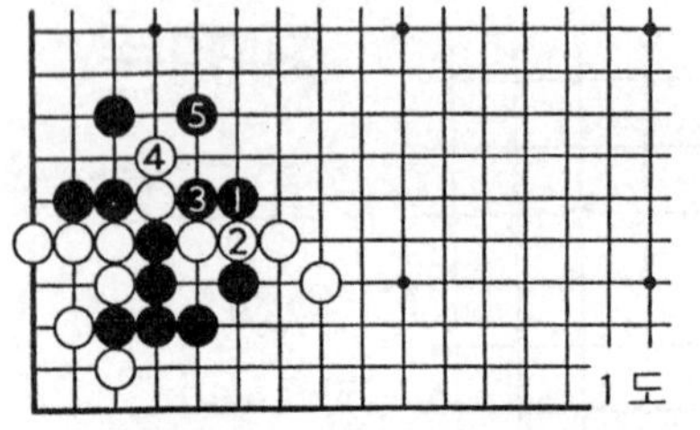

1 도

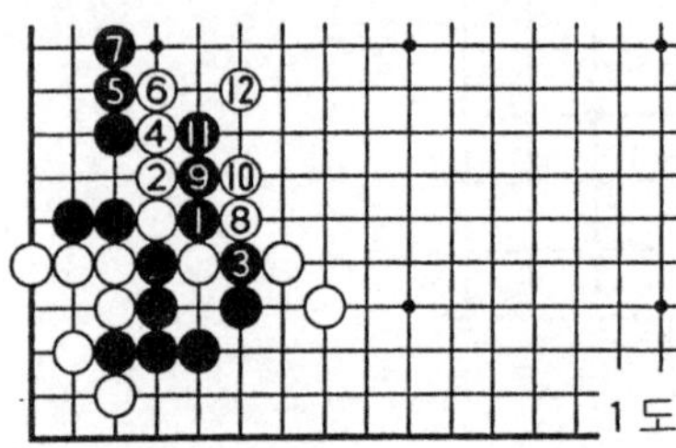

1 도

제68문 해답

1도 (정해) 흑1이 좋은 수. 백2에는 3의 끊음에서 5까지 된다.

2도 (실패) 흑1, 3은 속맥이다. 백4, 6 다음 8의 끊음으로 곤란하다.

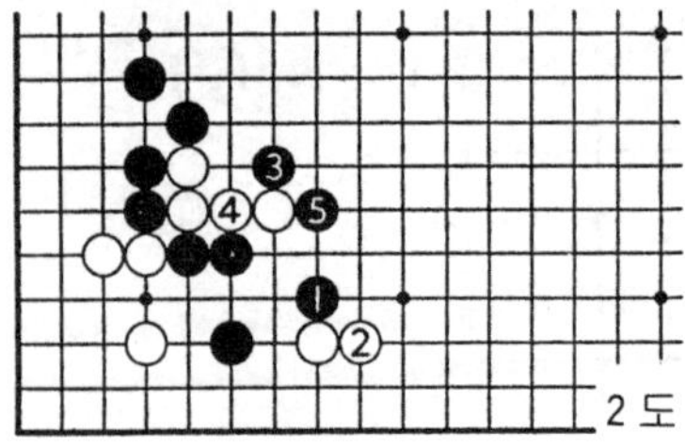

2 도

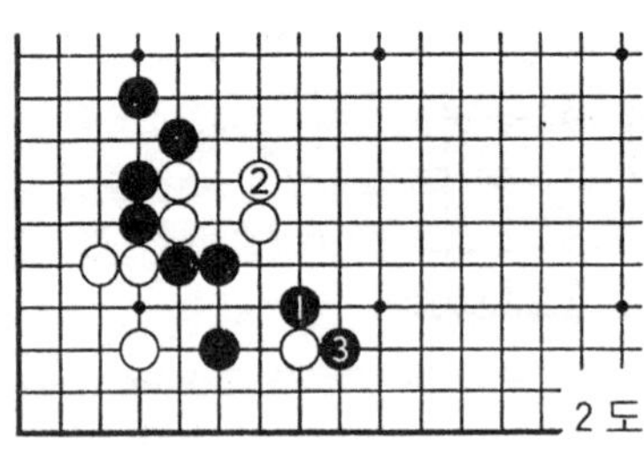

2 도

제69문 해답

1도 (정해) 흑1의 붙이는 모양. 백2에는 3의 건너붙임이 맥이다. 백4에는 5의 젖힘이 있다.

2도 (참고) 흑1에 백2로 쌍립을 하면 흑3의 젖힘은 맞보기이다.

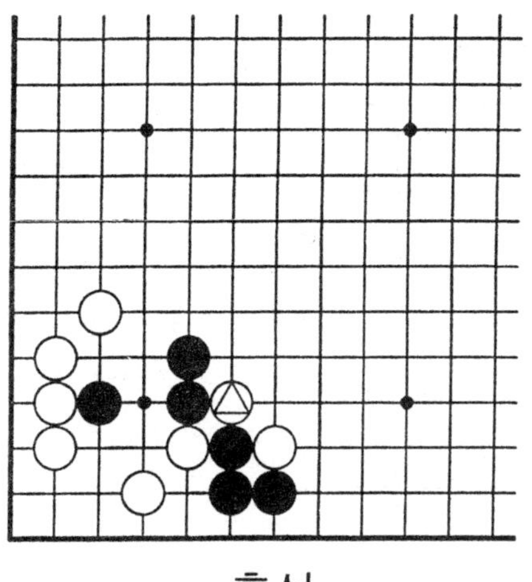

흑선

제70문
결박

백△표의 끊음이 전체를 나누고 있다.

흑의 교묘한 타개 수단은？

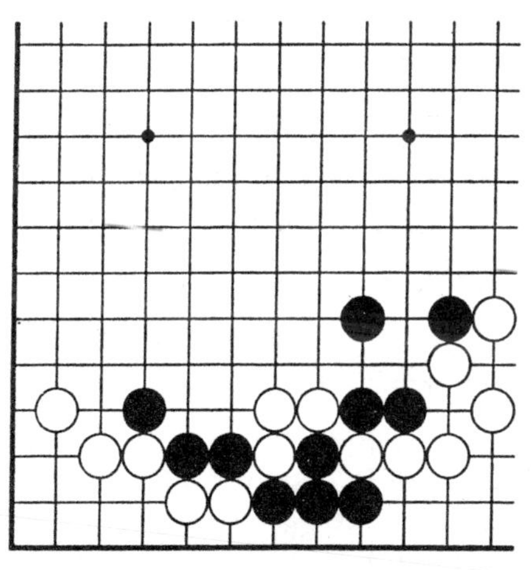

흑선

제71문
추적

백 3점을 잡아야 한다.

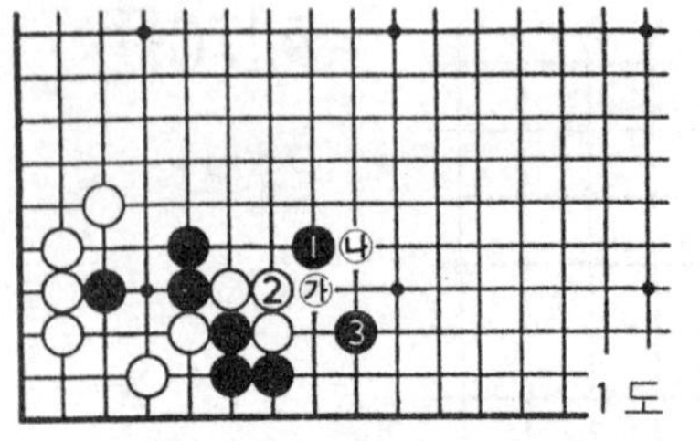

1 도

2 도

제70문 해답

　1도 (정해) 혹1이 묘수이다. 백2에는 3으로 잡는다. 다음에 백⑦는 혹⑭.

　2도 (참고) 혹1에 백2는 혹3의 단수 다음에 5로 젖힌다.

1 도

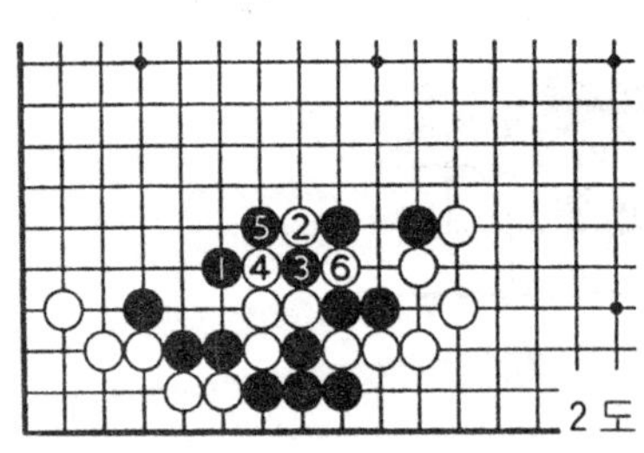

2 도

제71문 해답

　1도 (정해) 혹1은 당연하다. 백2에는 3의 붙임이 좋은 수.

　2도 (실패) 혹1 다음에 3으로 두는 것은 백6으로 관통되어 실패다.

제72문

평이하다

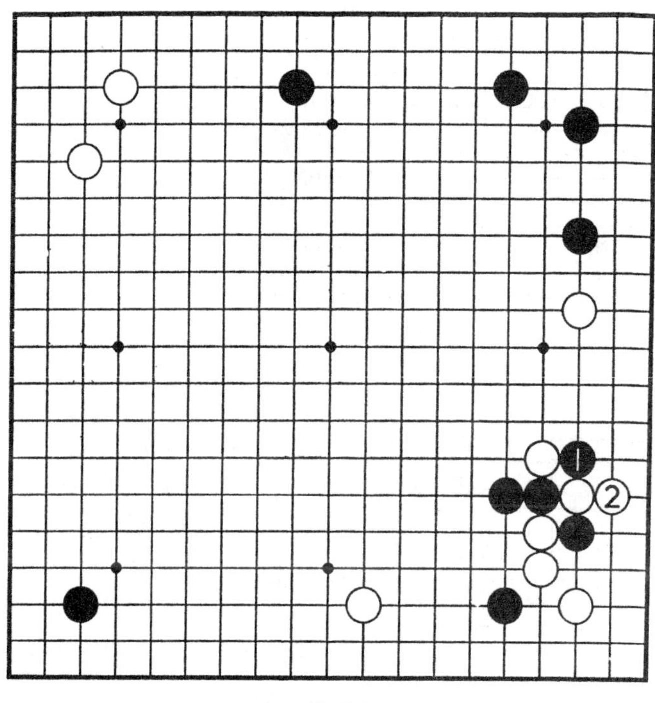

실전의 예이다. 흑1의 단수 다음에 백
이 2의 곳을 내려섰다.
흑은 어떻게 두어야 할까?

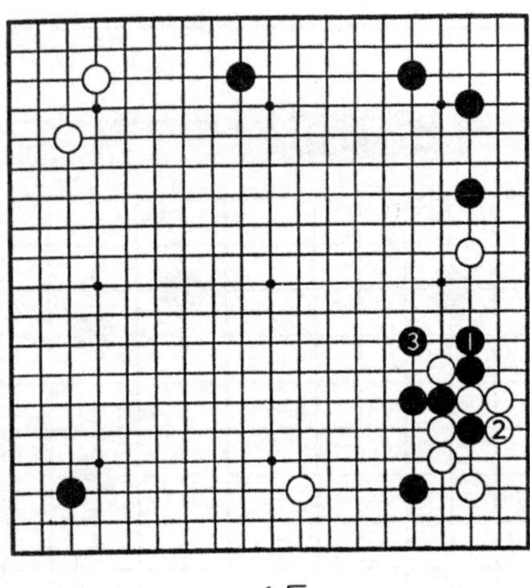

1도

1도 (정해) 흑 1의 뻗음이다. 백 2에는 3의 장문이 있다.

실전에서 자주 활용되는 수이다.

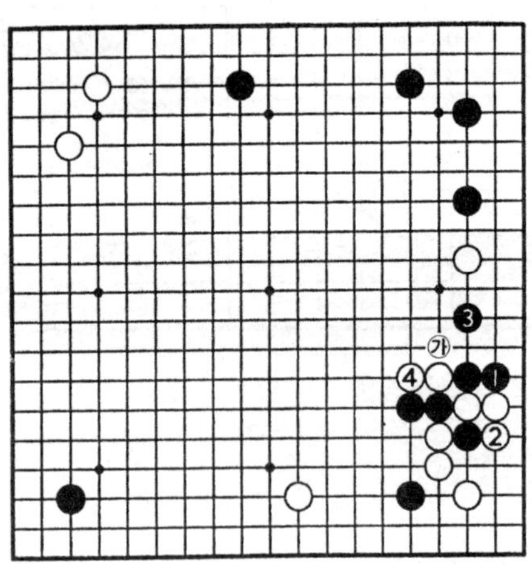

2도

2도 (실패) 흑 1로 내려서는 것은 속맥이다. ㉮의 곳 축과 관련이 된 수이다.

흑1은 이맥이다.

제 2 편

실전에서의 맥점

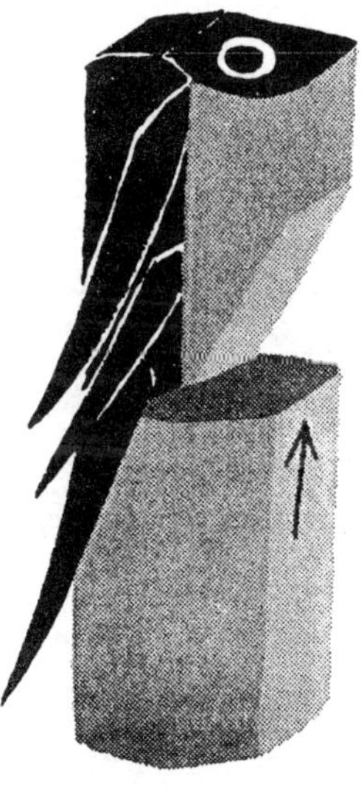

　본편에서는 크고 작은 분야의 맥점을
나타내 보았다.
　실전에 많이 나오는 수나, 활용이 되는
수의 맥점을 나타내었다.
　수순과 맥의 변화를 3수정도 계속하
여 생각해 보자.

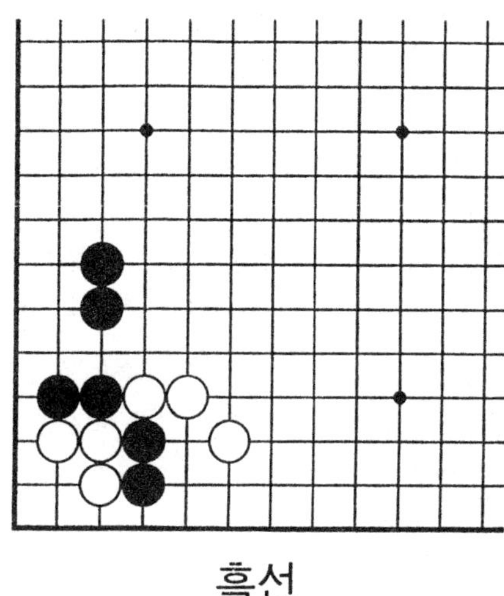

흑선

제73문
치중

치중의 맥이다. 흑으로 3점을 잡는 수는?

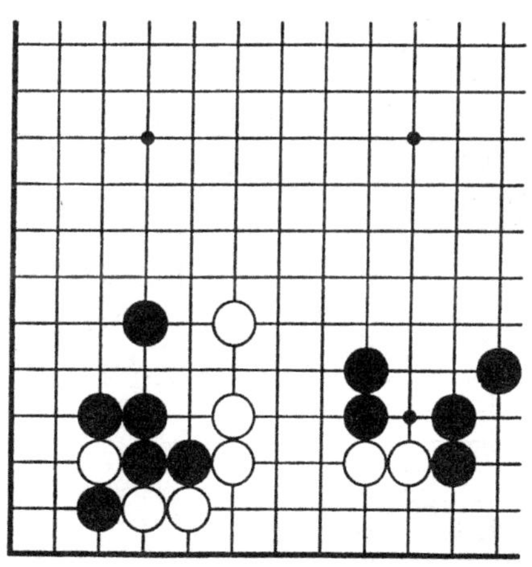

흑선

제74문
회심

백을 공격하는 급소는?

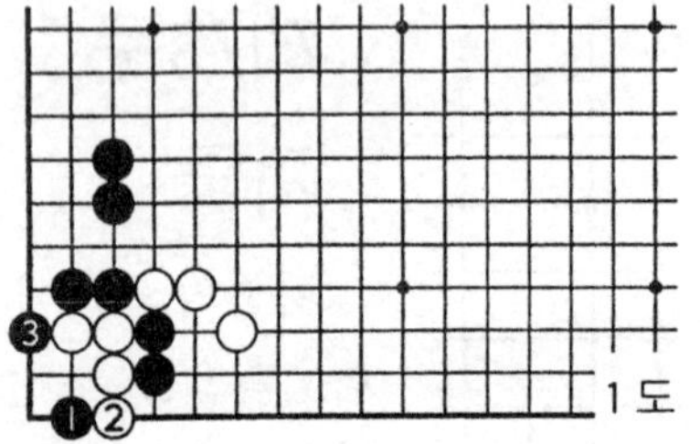

1 도

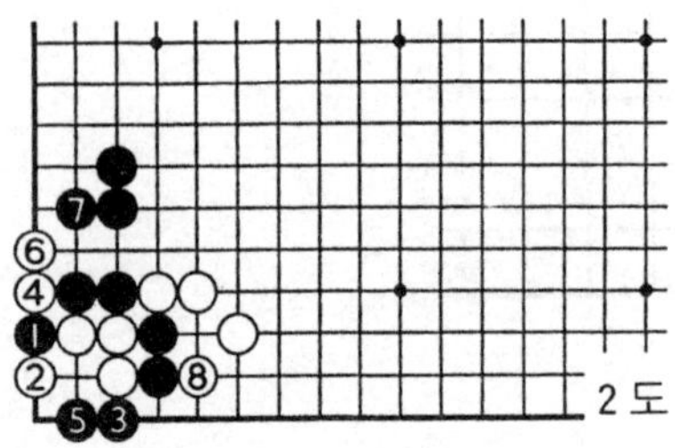

2 도

제73문 해답

1 도 (정해) 혹 1 의 치중이 급소이다. 백 2 에는 혹 3 이 젖히는 맥이다.

2 도 (실패) 혹 1 부터 젖히면 백 2 다음 8 까지 실패다.

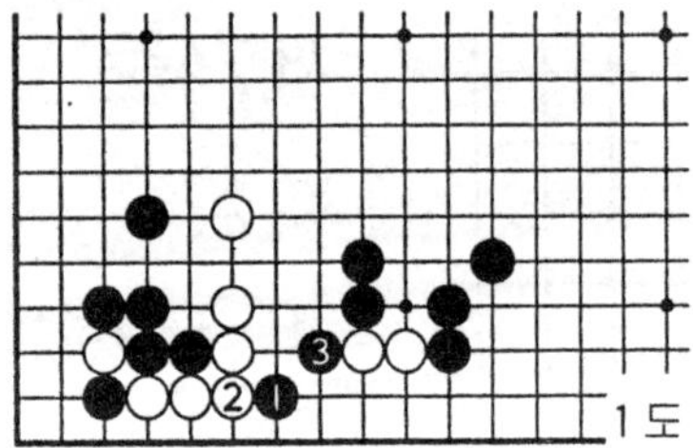

1 도

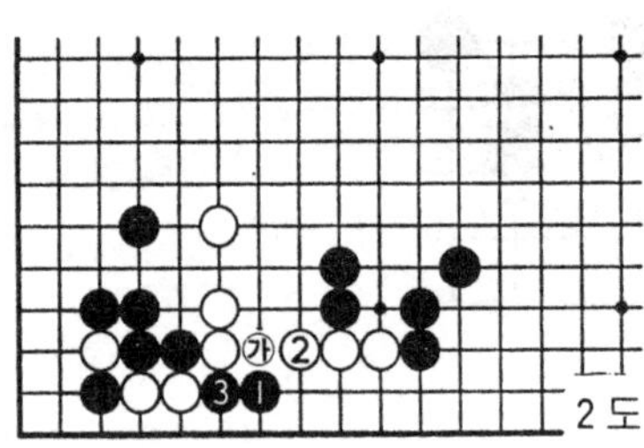

2 도

제74문 해답

1 도 (정해) 혹 1 이 급소이다. 백 2 에는 3 의 곳을 둔다.

2 도 (참고) 혹 1 에 대하여 백 2 는 3 의 끊음이 있다. 나중에 ㉮ 의 뚫음을 노린다.

제75문

평행봉

이런 모양에서
는 어떻게 두어
야 하나?

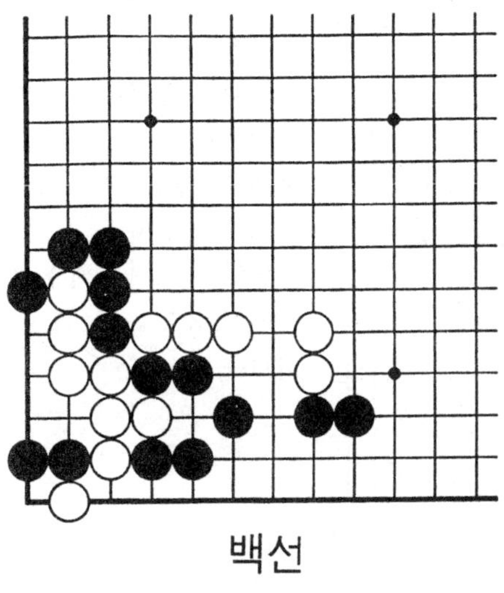

백선

제76문

폭을 뜀

흑이 선수다.
어디를 두어야
급소일까?

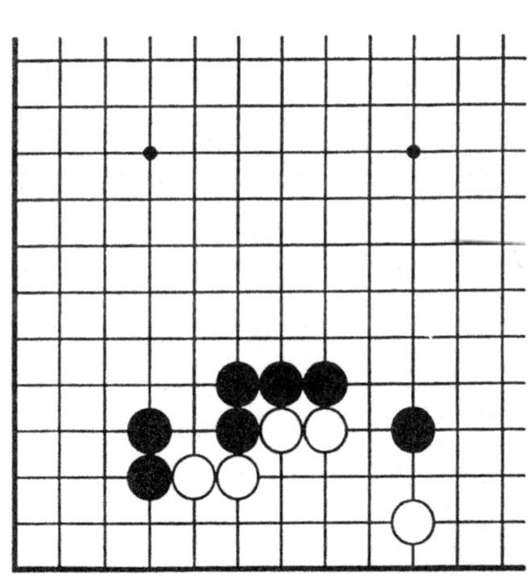

흑선

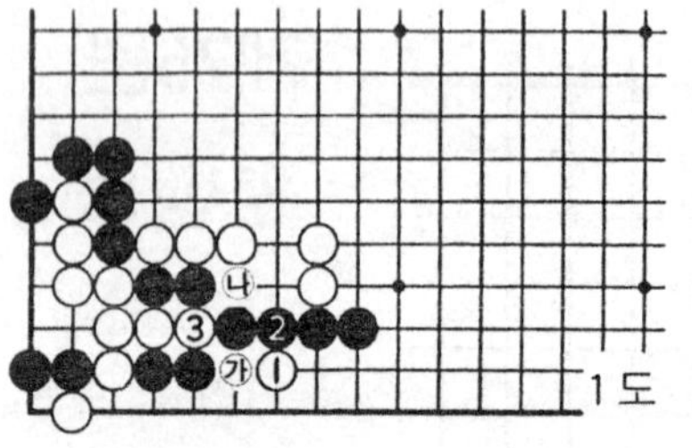

1 도

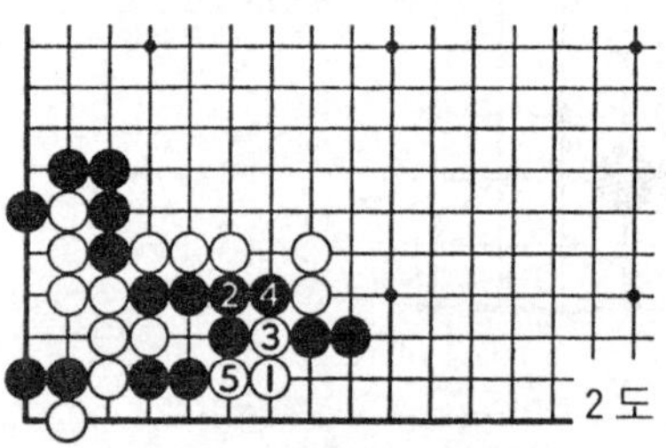

2 도

제75문 해답

1도 (정해) 백1의 치중이 맥점이다. 흑2 에는 백3으로 둔다. 다 음에 ㉮와 ㉯의 급소를 맞보기로 한다.

2도 (참고) 백1에 대하여 흑2는 3, 5로 전체를 잡는다.

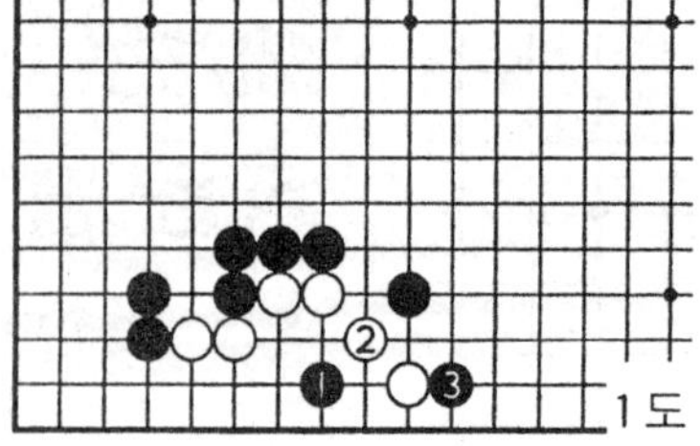

1 도

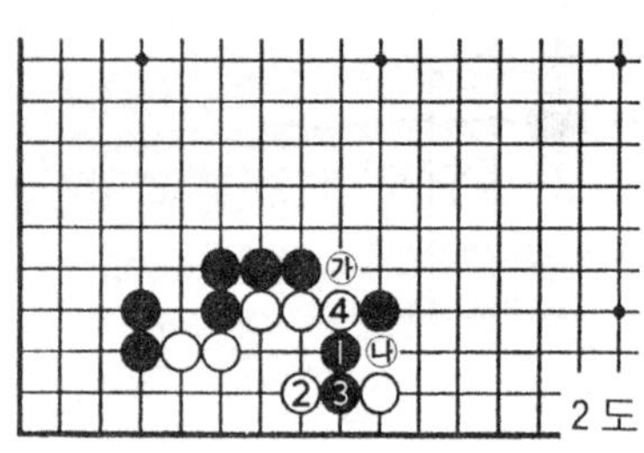

2 도

제76문 해답

1도 (정해) 흑1의 치중이 급소이다. 백2 에는 3의 붙임이 엄한 수이다.

2도 (참고) 흑1은 속맥이다. 백2는 모양. 흑3에는 백4로 ㉮와 ㉯가 맞보기.

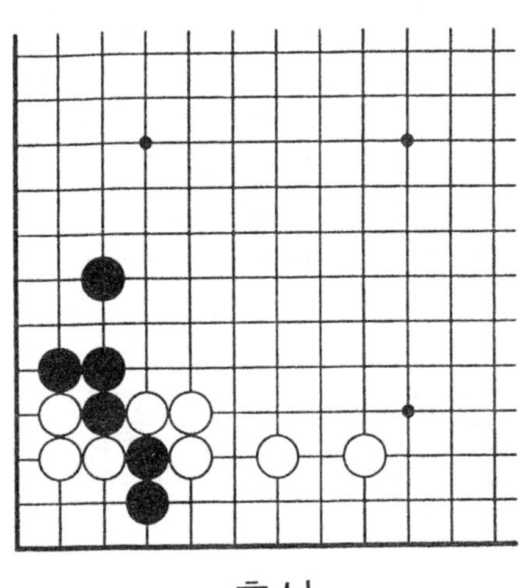

흑선

제77문
경쾌한 끝내기

백의 3점을 잡는 수는 없다. 경쾌한 끝내기는?

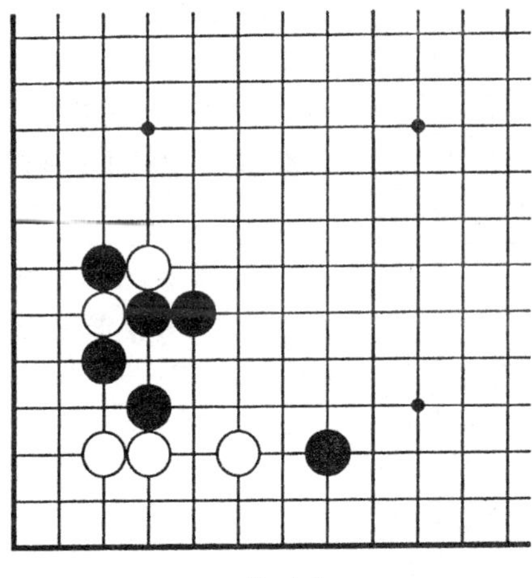

흑선

제78문
상용

이런 모양에서는 어떻게 누어야 할까?

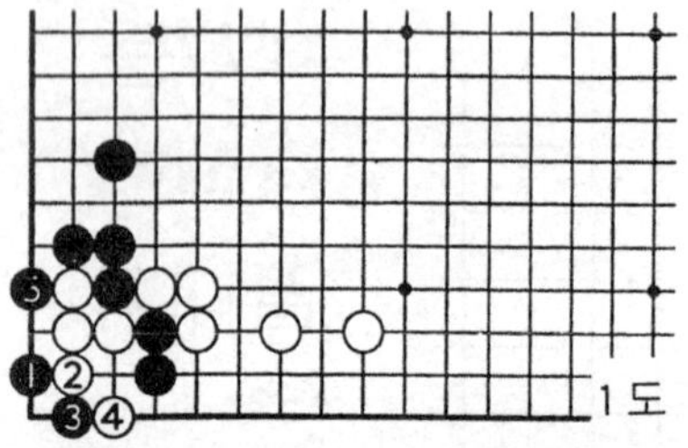

1 도

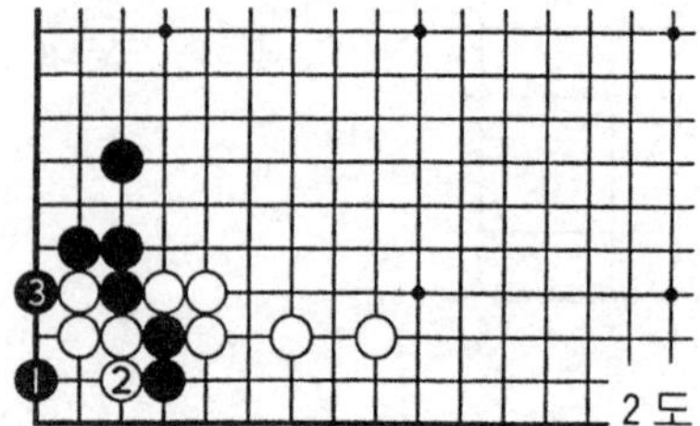

2 도

제77문 해답

1도 (정해) 흑 1 의 치중이 급소. 백 2 에는 흑 3, 5 로 패가 난다.

2도 (변화) 흑 1 에는 백 2, 흑 3 까지.

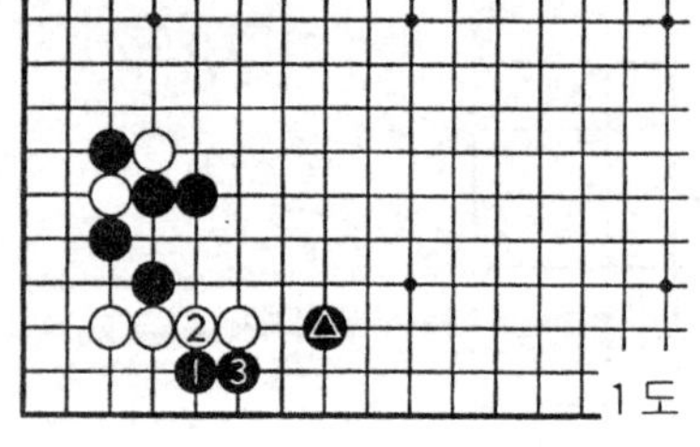

1 도

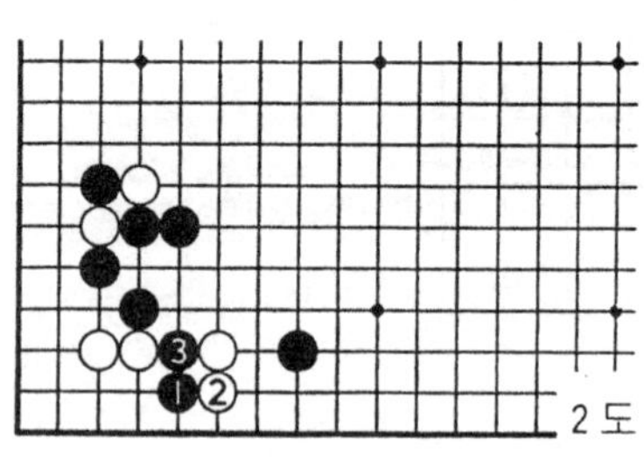

2 도

제78문 해답

1도 (정해) 흑 1 의 치중이 강력한 노림이다. 흑 ● 표와 콤비네이션을 이룬다.

2도 (참고) 백 2 에는 무리. 흑 3 으로 나간다.

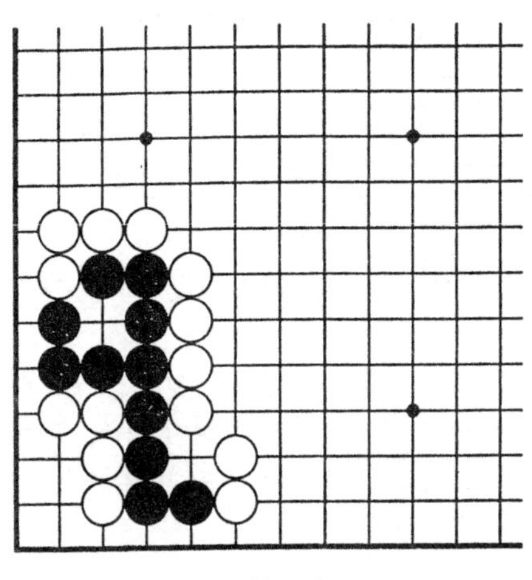

흑선

제79문
2연발

흑은 한집밖에 없다.

2수의 치중으로 결판이 난다.

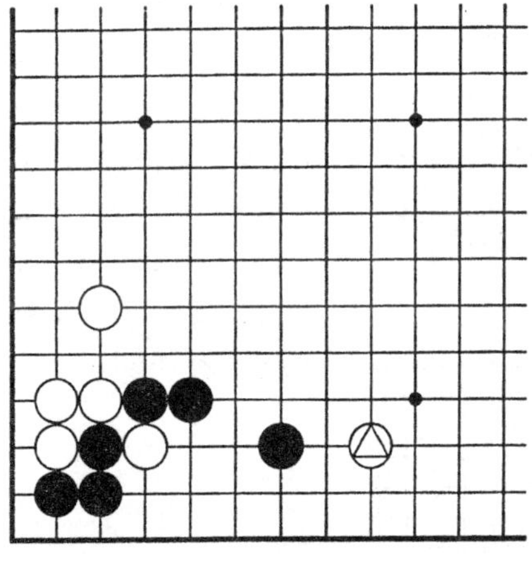

백선

제80문
끊는 맛

흑의 눈목자에서 나타난 정석이다.

백△ 표를 이용한 노림은?

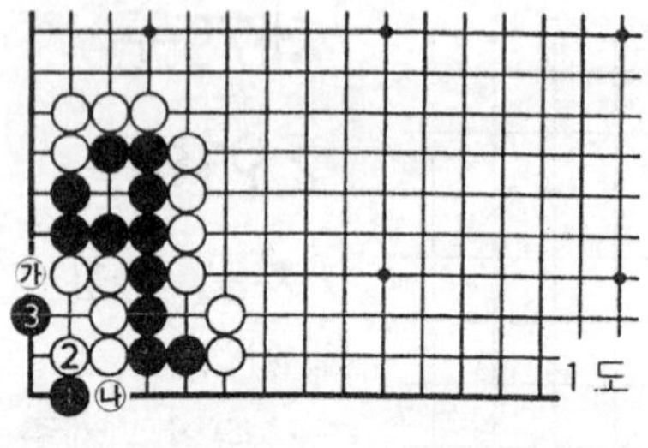

1 도

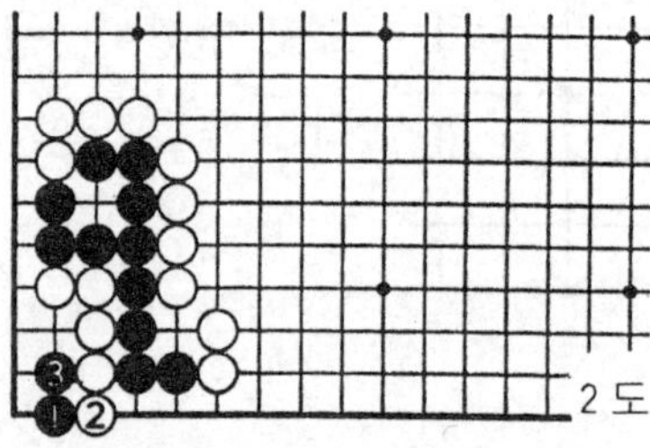

2 도

제79문 해답

1도 (정해) 흑1의 치중이 급소. 백2에는 계속하여 3으로 치중한다.

㉮와 ㉯의 곳이 맞보기.

2도 (참고) 흑1에 대하여 백이 2로 내려서면 3의 곳을 둔다.

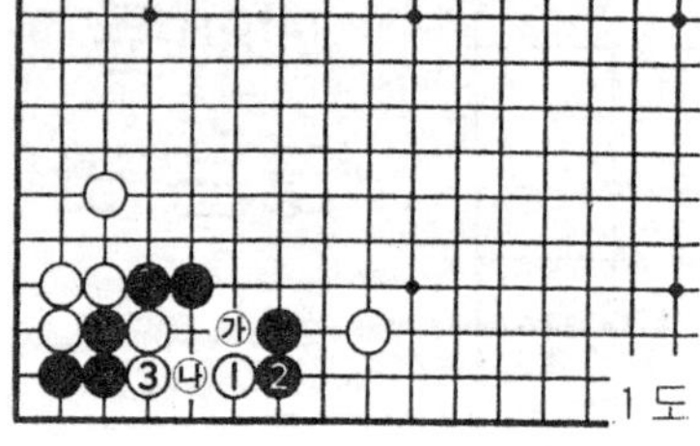

1 도

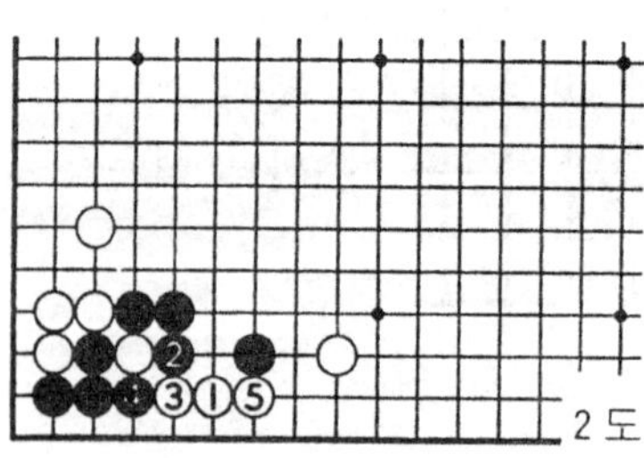

2 도

제80문 해답

1도 (정해) 백1이 묘수. 흑2에는 3의 곳을 둔다. 다음 ㉮는 ㉯와 맞보기.

2도 (참고) 흑2에는 백3, 5로 근거를 빼앗음이 강렬하다.

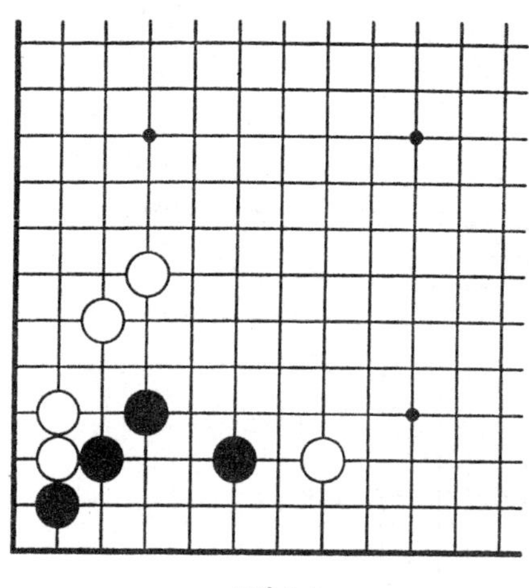

제81문

공격의 설계

흑의 근거를
빼앗는 노림은?

백선

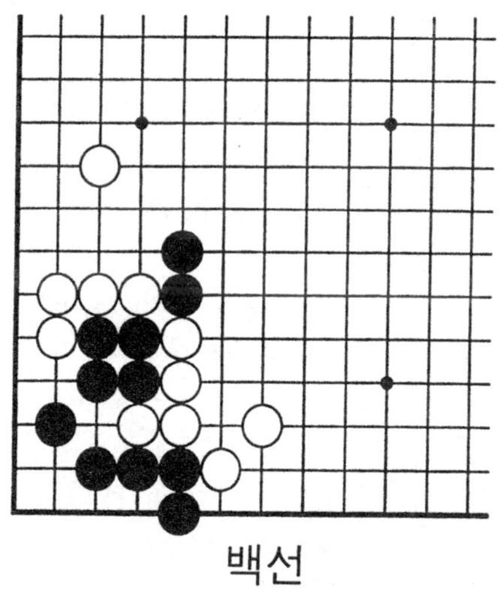

제82문

맥은 하나 !

흑의 결함을
찾아서   4점을
잡으면 성공이다.

백선

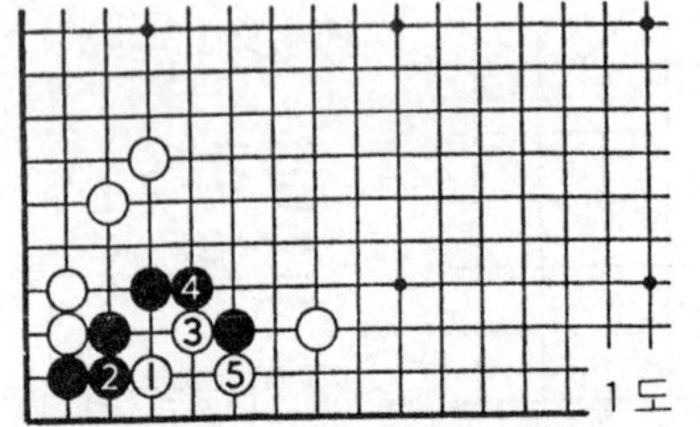

1 도

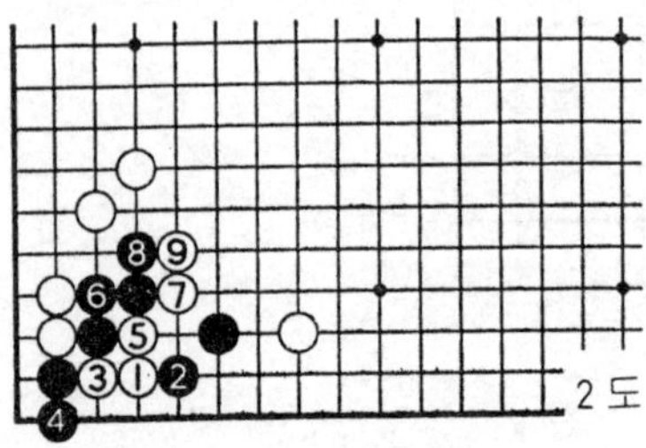

2 도

제81문 해답

1도 (정해) 흑1의 엿봄이 맥이다. 흑2에는 백3, 5까지 된다. 상용의 맥점이다.

2도 (참고) 백1에 대하여 흑2로 받으면 이하 9까지 무리한 모양이다.

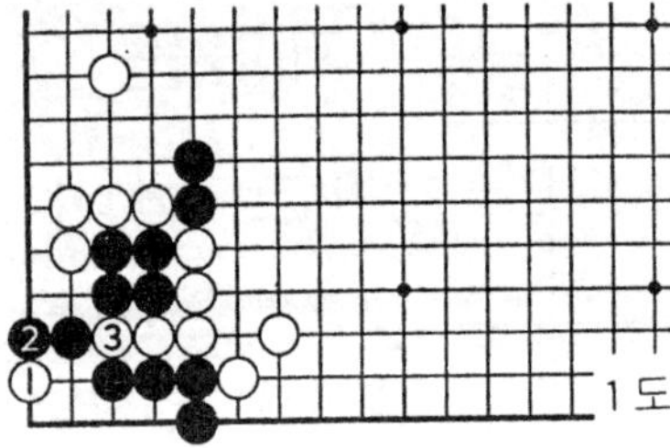

1 도

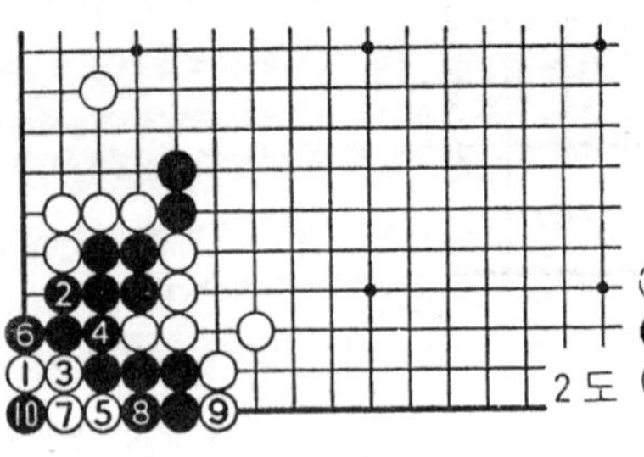

2 도

제82문 해답

1도 (정해) 백1의 치중이 맥점이다. 백2에는 3으로 둔다. 4점이 떨어진다.

2도 (참고) 백1에 흑2는 흑6의 최선으로 다음패가 난다.

⑪ 7의 곳
⑫ 3의 곳
⑬ 따냄

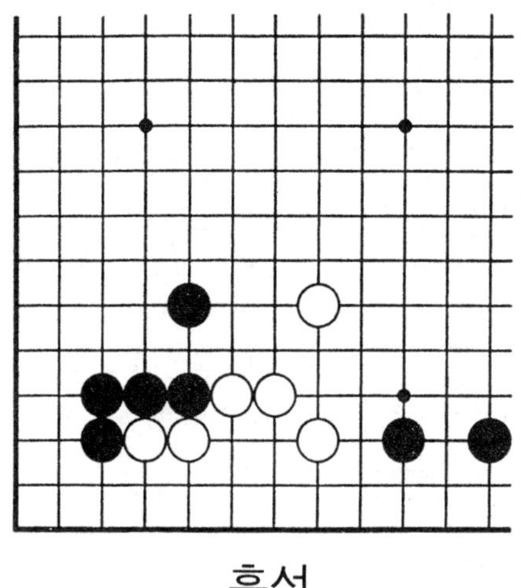

흑선

제83문
바퀴

백의 엷은 모양에서의 급소는?

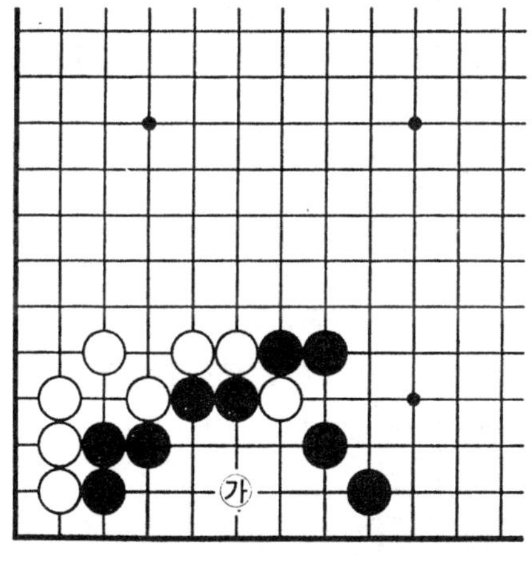

백선

제84문
철봉

끝내기 수단이다.

㉮의 곳이 급소일까?

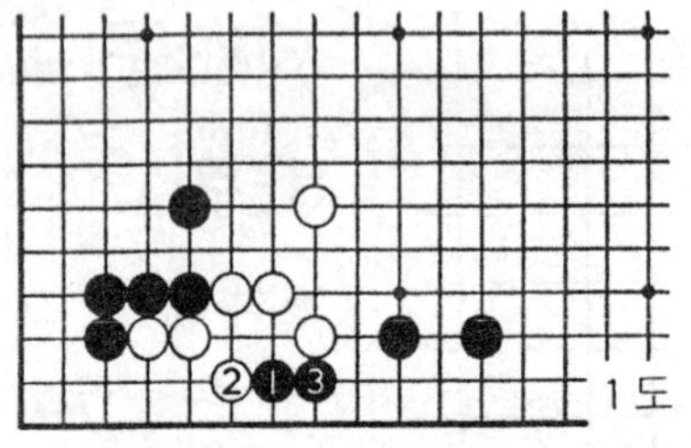

1 도

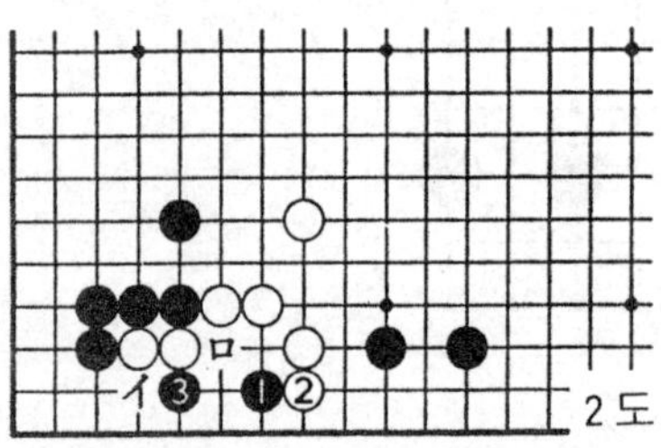

2 도

제83문 해답

1도 (정해) 흑1의 치중이 급소이다.

백2에 3으로 근거를 빼앗는다.

2도 (참고) 흑1에 백2의 내려섬. 다음에 흑3의 붙임이 맥이다. 백㉮는 흑㉯로 된다.

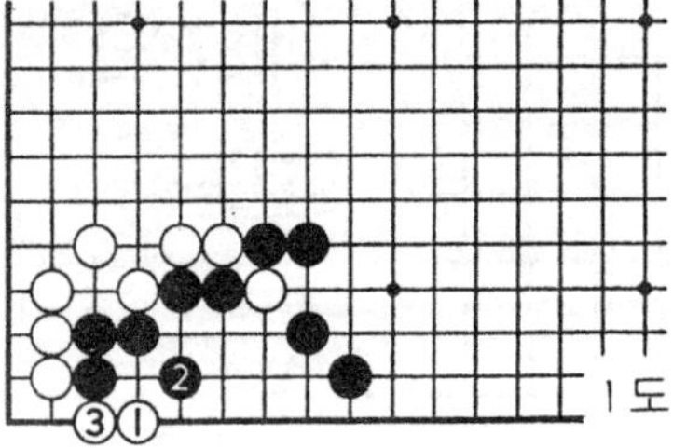

1 도

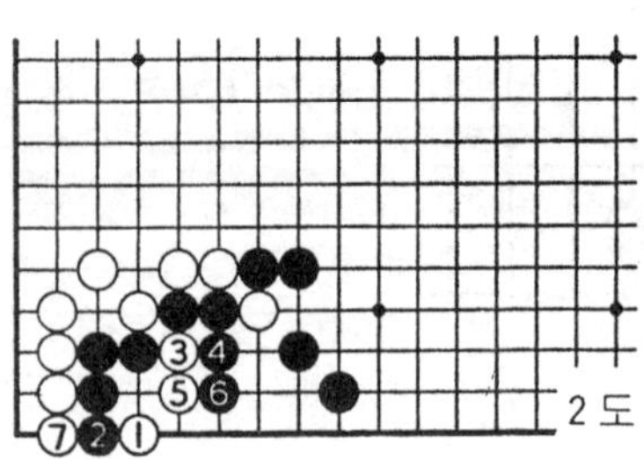

2 도

제84문 해답

1도 (정해) 백1로 선을 두는 수가 있다. 흑2에는 3으로 끝내기를 한다.

2도 (참고) 백1에 흑2는 무리이다. 백3에서 7까지의 수가 있다.

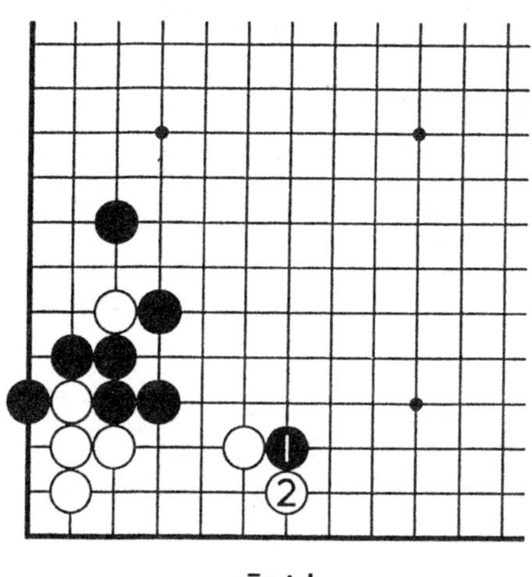

흑선

제85문
사격

흑1에 백2로 젖혀왔다.
　흑은 어떻게
두어야 할까?

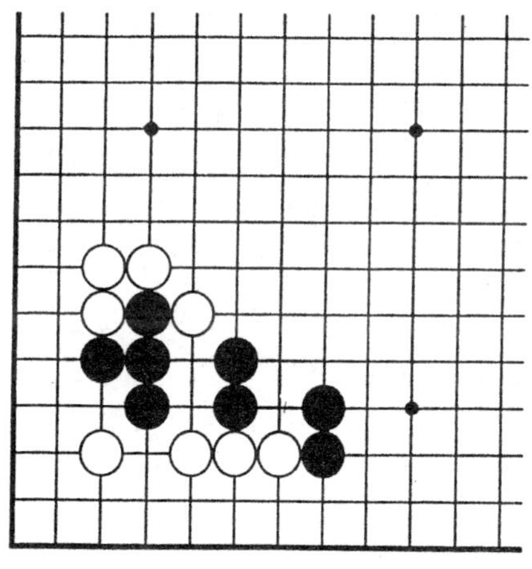

흑선

제86문
마술

백모양에　가하는 예리한 공격의 맥점이　있다.
　어느 곳일까?

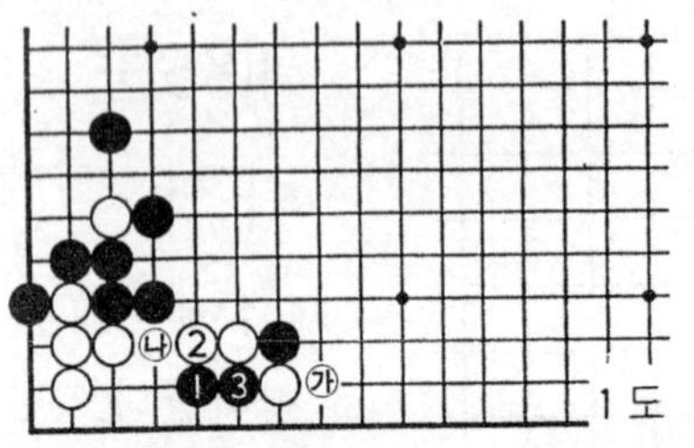

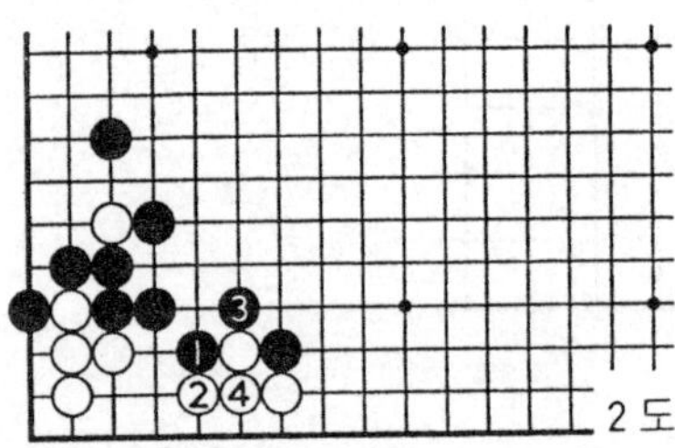

제85문 해답

1도 (정해) 흑1의 치중이 묘착. 백이 엷은 모양이다. 백2에, 흑3 다음에 ㉮와 ㉯가 맞보기.

백2로 3은 흑 ㉯ 이다.

2도 (참고) 흑1, 3은 부족하다.

백4가 좋은 수이다.

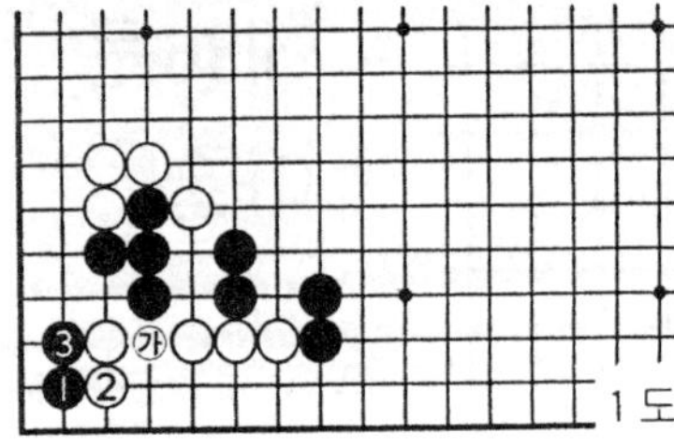

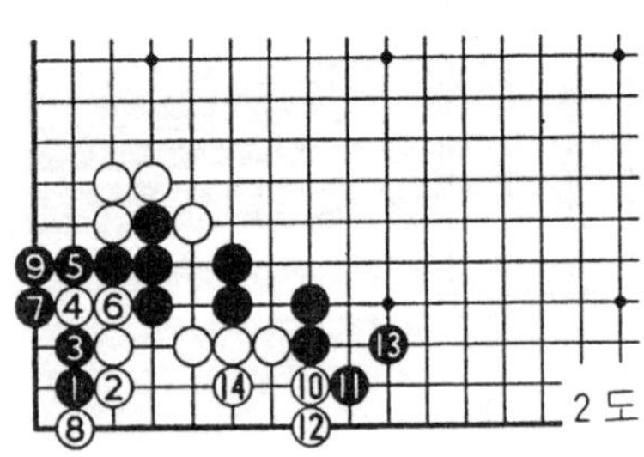

제86문 해답

1도 (정해) 흑1의 치중이 급소. 백2, 흑3으로 된다. 백2로 3은 흑㉮의 곳이 있다.

2도 (참고) 1도 다음의 변화이다. 백14 까지 산다.

바깥 흑이 두텁다.

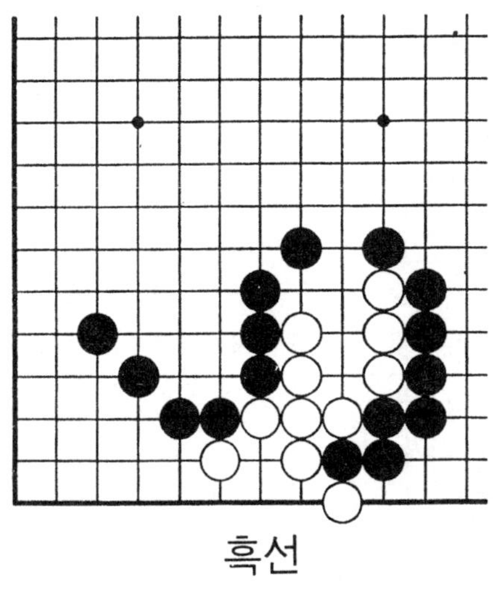

흑선

제87문
끝내기의
맥

백을 죽이는
맥점이다.
끝내기의 최
선의 수순은?

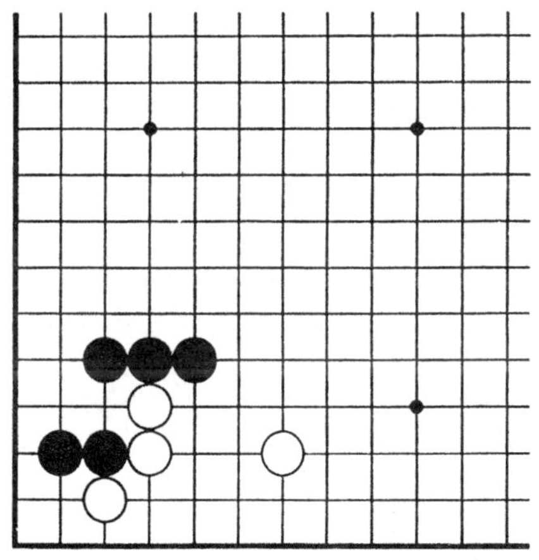

흑선

제88문
실전형

정석이후의 변
화다.
흑의 노림은?

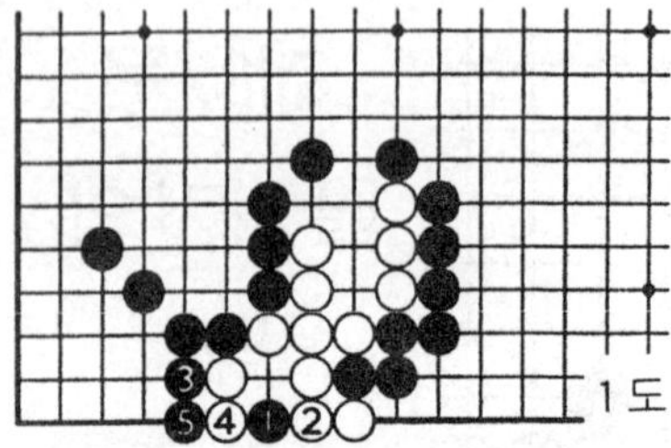

제87문 해답

1도 (정해) 흑1의 치중이 급소이다.

백2에는 흑3, 5로 둔다. 실전에서 매우 큰 수이다.

2도 (실패) 단순히 흑1의 내려섬은 ㉮의 곳 끝내기가 남는다.

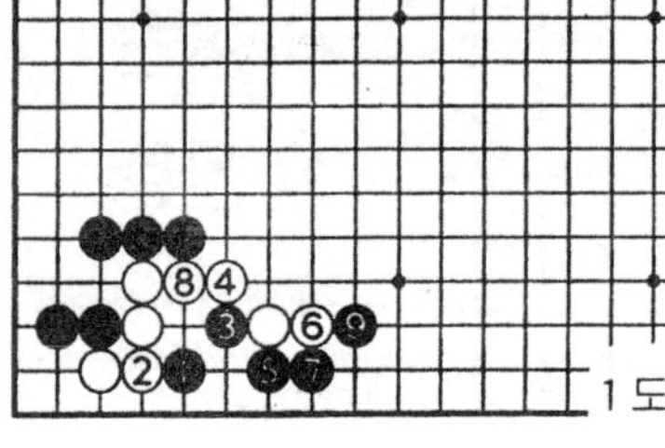

제88문 해답

1도 (정해) 흑1의 치중이 날카롭다.

백2에 흑3의 마늘모 다음 9까지.

2도 (참고) 흑1에 백2는 3의 곳을 둔다.

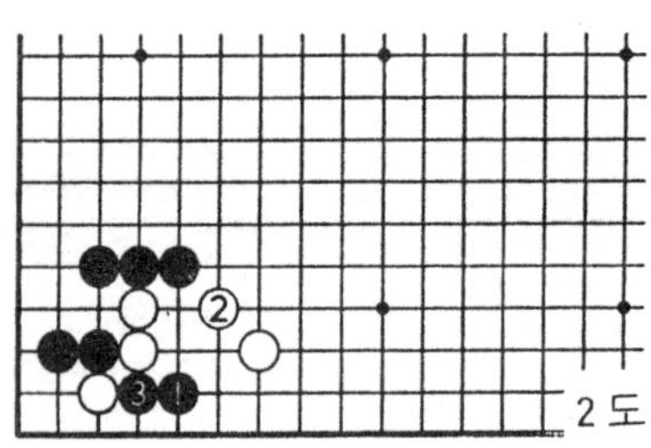

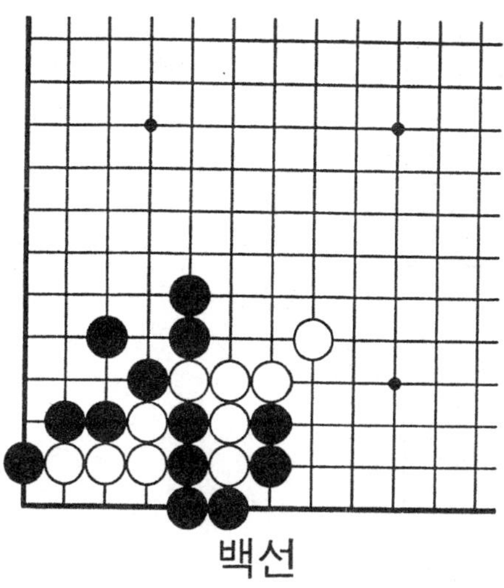

제89문
곡예

이런 모양에서 좋은 수는 없을까?

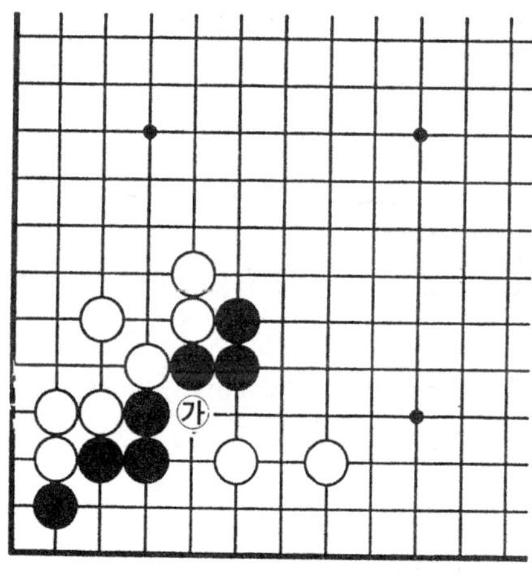

제90문
모양

㉮의곳 끊음을 방지하는 상용의 맥이 있다.

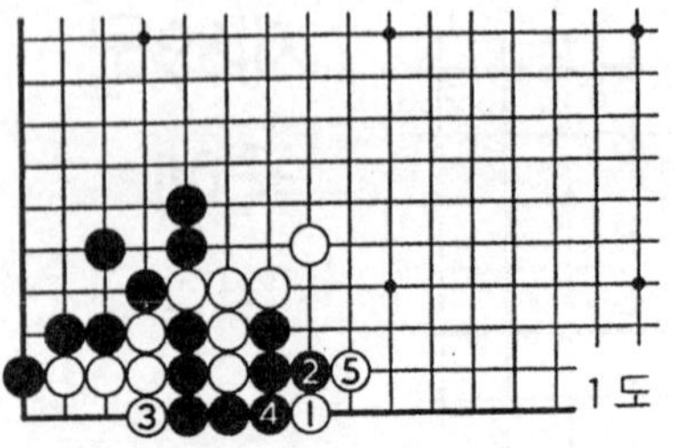

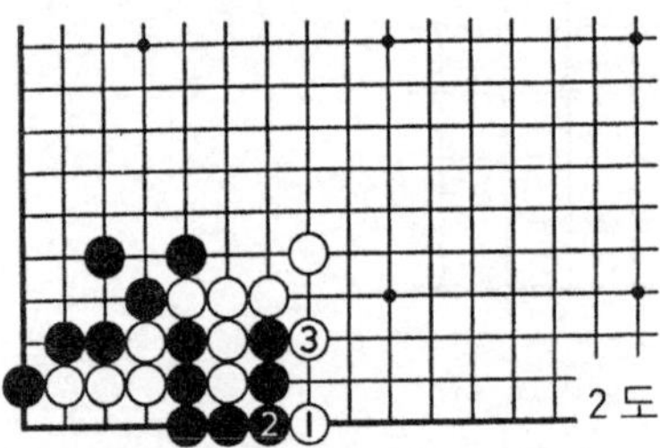

제89문 해답

1도 (정해) 백1의 치중이 급소이다. 흑2에는 백5까지 흑을 잡는다.

2도 (참고) 백1에 흑2는 3의 젖힘이 급소이다.

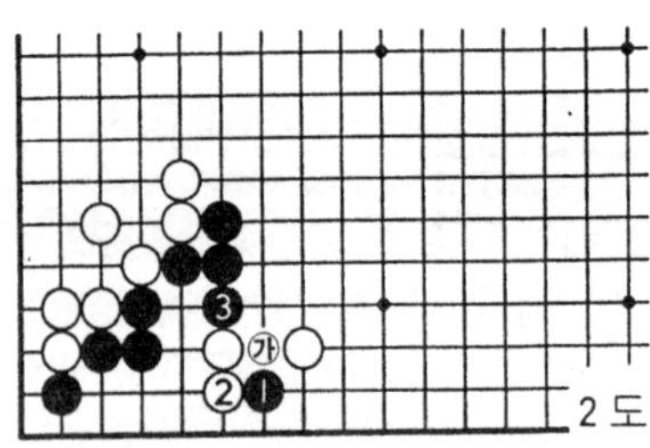

제90문 해답

1도 (정해) 흑1의 치중, 백2에는 3의 곳으로 ㉮의 끊음을 노린다.

2도 (참고) 흑1에 백2는 3으로 내려서 다음에 ㉮의곳 끊음을 노린다.

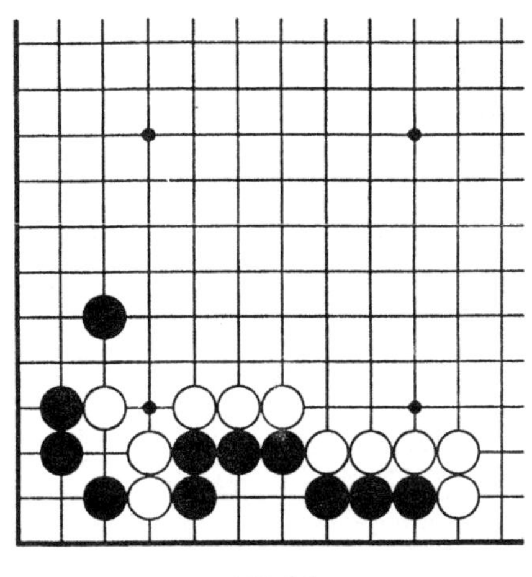

백선

제91문
부딪힘

상용의 맥점
이 있다.
오른쪽의 3
점을 잡는 수는?

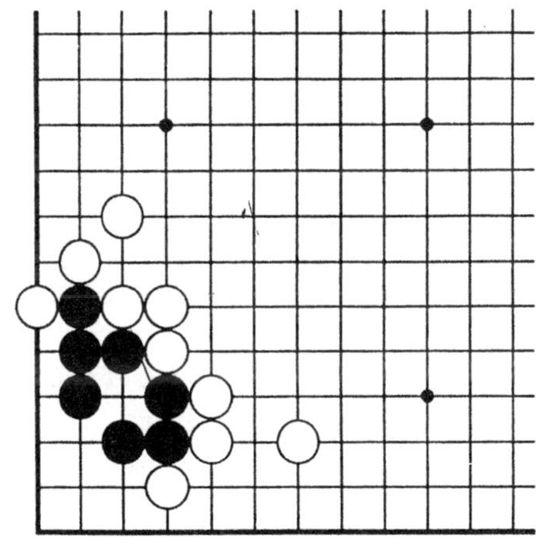

백선

제92문
오묘한 수

좋은 수를 방
지하는 득의의
설계는?

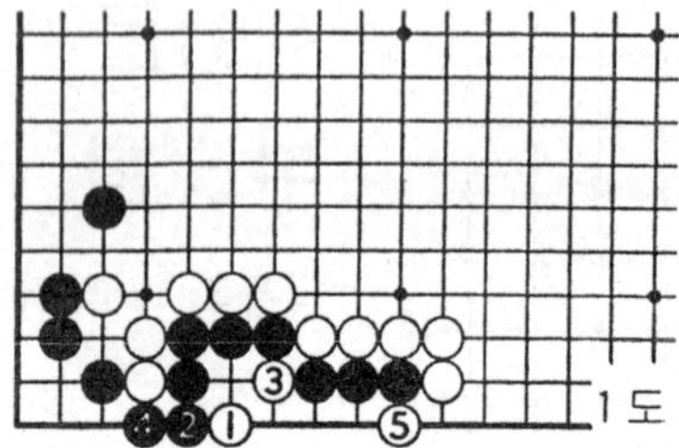

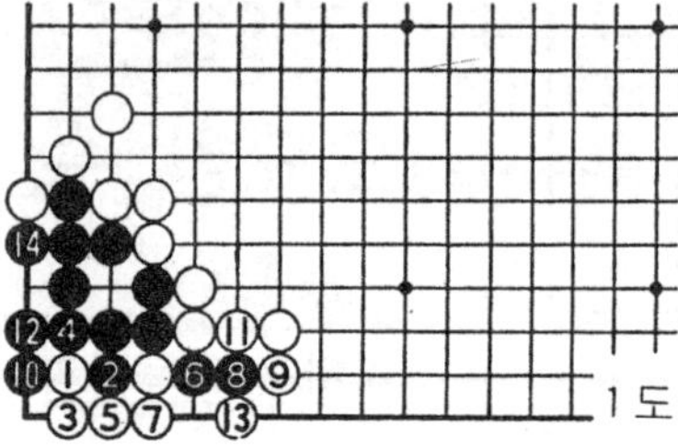

제91문 해답

1도 (정해) 백1의 치중이 맥점이다. 혹2에는 백3, 5로 된다.

2도 (실패) 백1로 단순히 내려서는 것은 공부가 부족하다. 혹2로 산다.

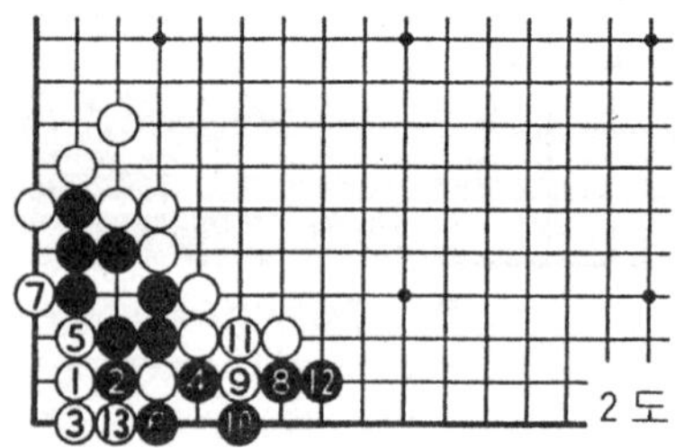

제92문 해답

1도 (정해) 백1이 날카로운 맥이다. 혹2에는 백3이 냉정한 호착이다.

혹14까지 후수로 산다.

2도 (참고) 혹4는 5, 7로 건너가다.

이하 혹8은 백9 이하 13까지 변화이다.

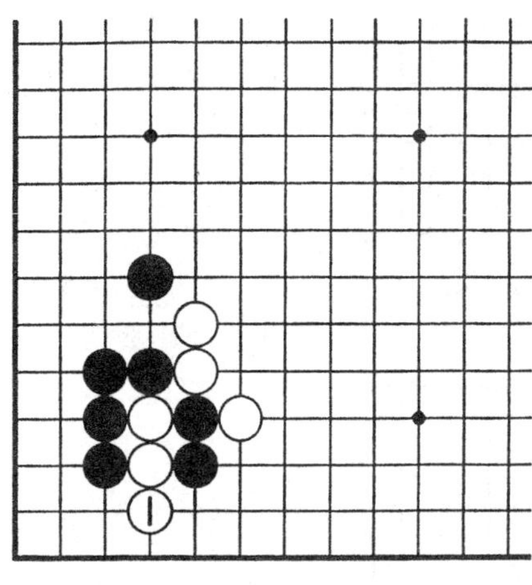

흑선

제93문

모양을
깨달음

백1로 두는
것에 대하여 흑
은 어떻게 응수
하여야 할까?

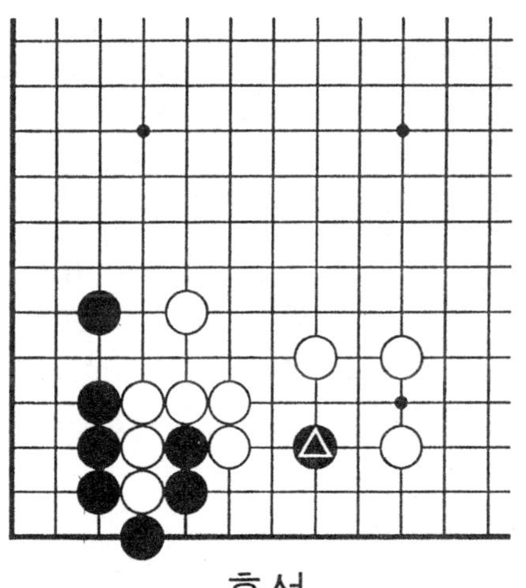

흑선

제94문

연락

흑▲표 한점
을 이용하는 수
는?

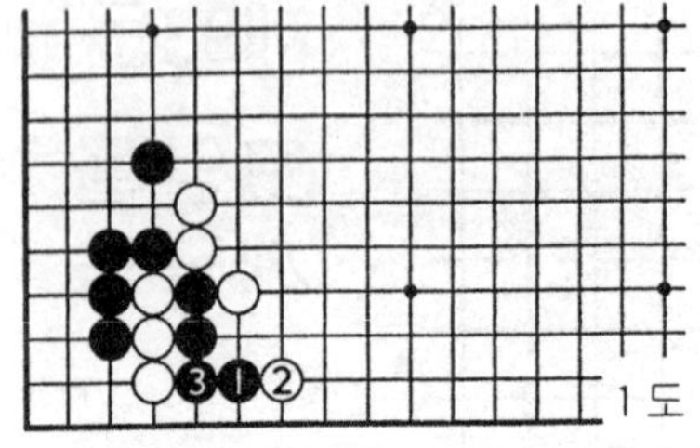

1 도

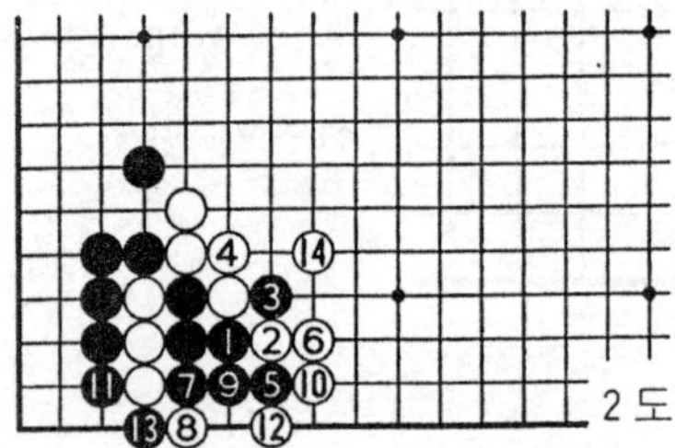

2 도

제93문 해답

1도 (정해) 혹1의 마늘모가 최선이다.

백2에는 3으로 둔다.

2도 (참고) 혹1의 구부리는 수는 백4까지 외세가 두텁다.

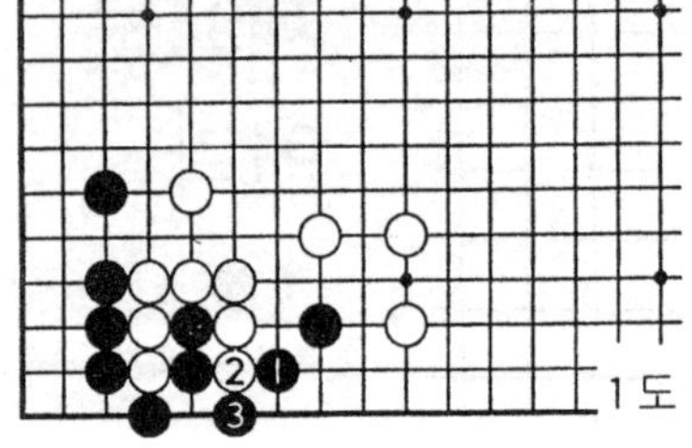

1 도

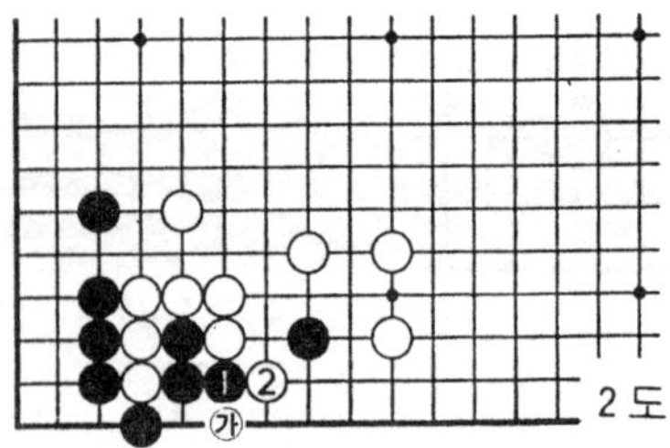

2 도

제94문 해답

1도 (정해) 혹1의 마늘모가 정착이다.

백2에는 혹3으로 둔다.

2도 (실패) 혹1은 백2가 있다. 백㉮의 약점이 있어 가장 나쁘다.

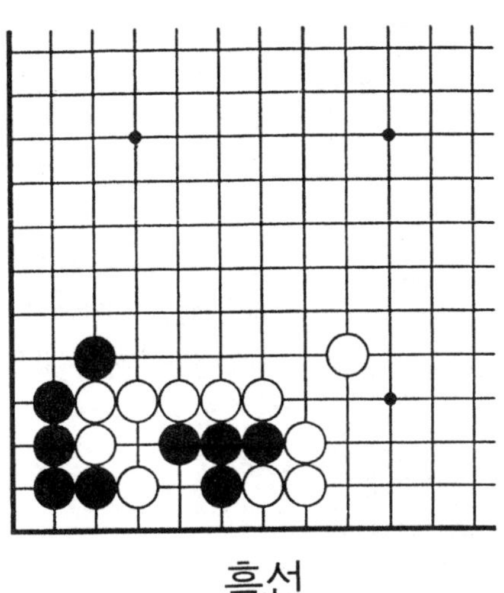

흑선

제95문
집속의 발

흑 4점을 돕
는 수는?

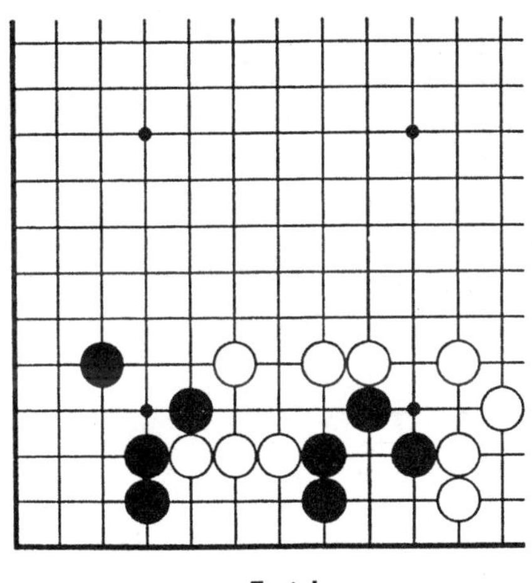

흑선

제96문

창을
던지다

오른쪽의 흑
4점이 건너가
는 상용의 맥은?

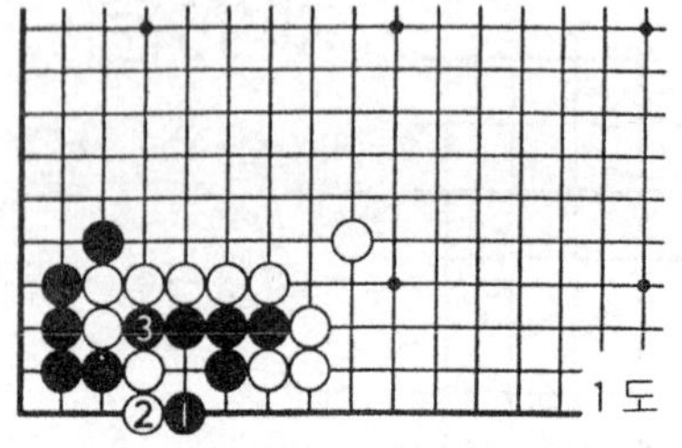

1도

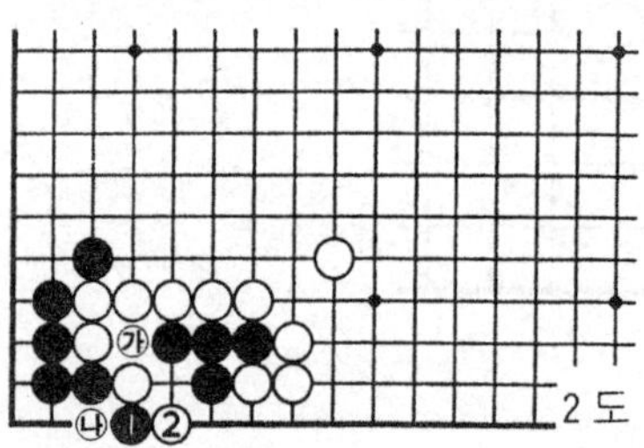

2도

제95문 해답

1도 (정해) 흑1의 마늘모. 이 수가 유일한 수 백2에는 흑3으로 응수한다.

2도 (실패) 흑1의 젖힘은 백2로 막는다. 흑㉮는 백㉯로 잡는다.

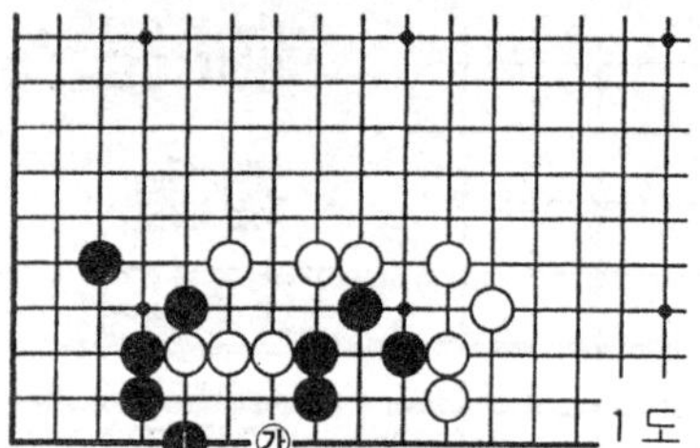

1도

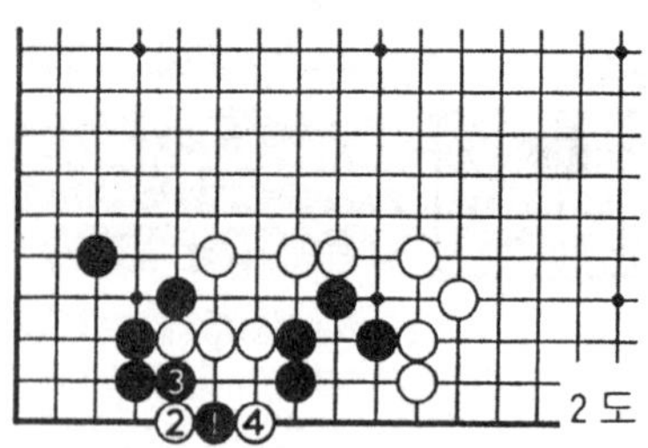

2도

제96문 해답

1도 (정해) 흑1의 마늘모가 정착 ㉮의곳 마늘모도 호수이나 이쪽 방향에서 둔다.

2도 (실패) 흑1은 백2의 차단으로 실패다.

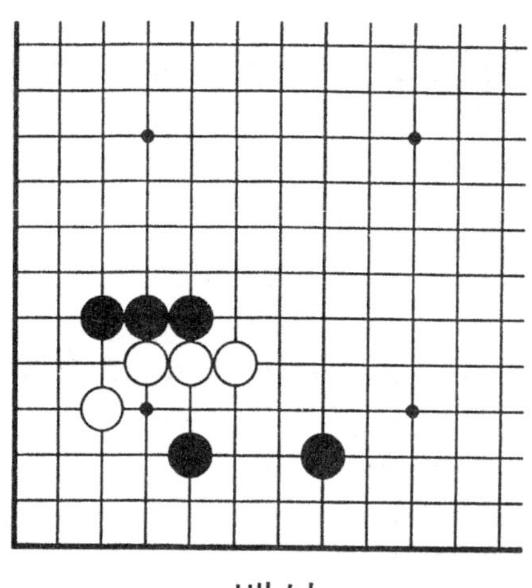

제97문
두점

백이 먼저 두
는 수단은 ?
　어디서부터 둘
까 ?

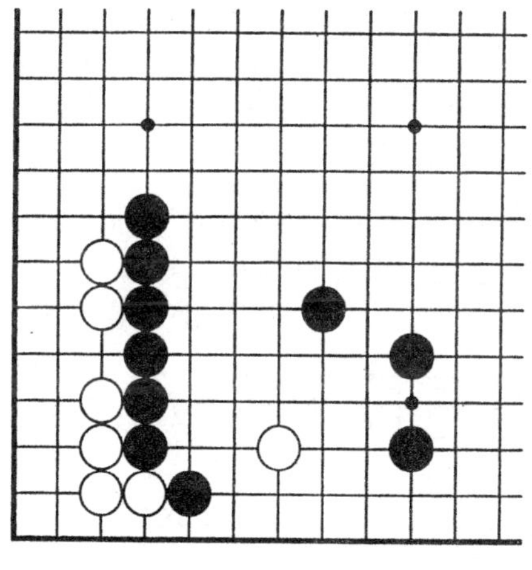

제98문
붕괴

혹모양이　크
다.
　그러나　다음
의　한수로　붕괴
당한다.

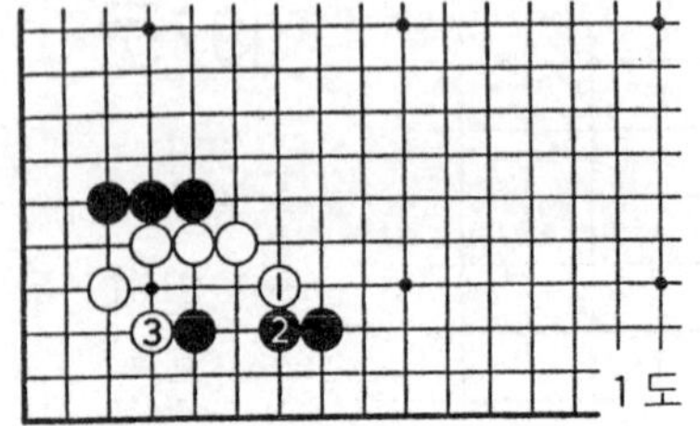

1도

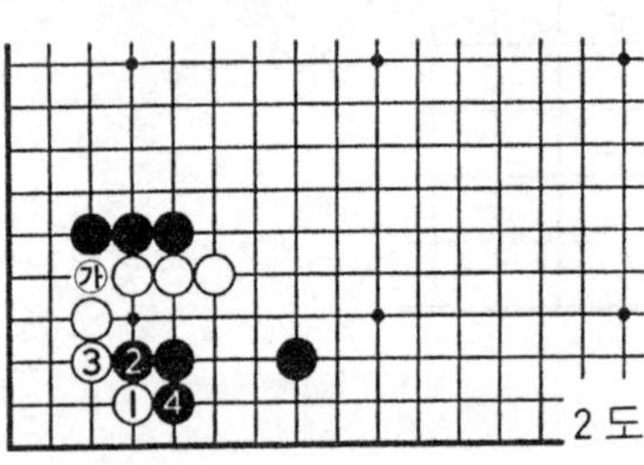

2도

제97문 해답

1도 (정해) 백1의 마늘모가 정착이다. 흑 2다음 백3이 좋은 수이다.

정석이다.

2도 (실패) 이 모양에서는 백1로 두는 것이 나쁘다. 흑㉮가 있다.

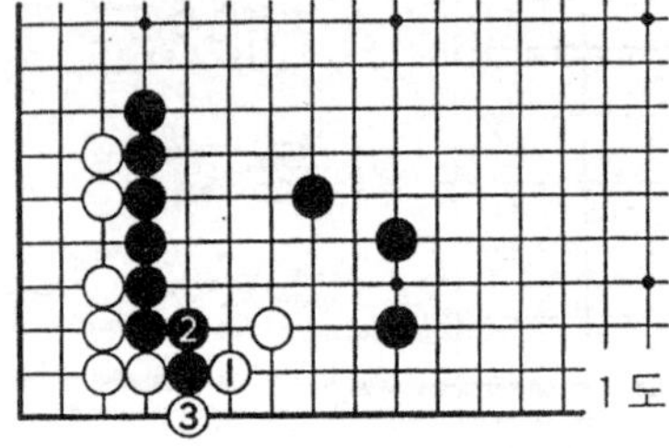

1도

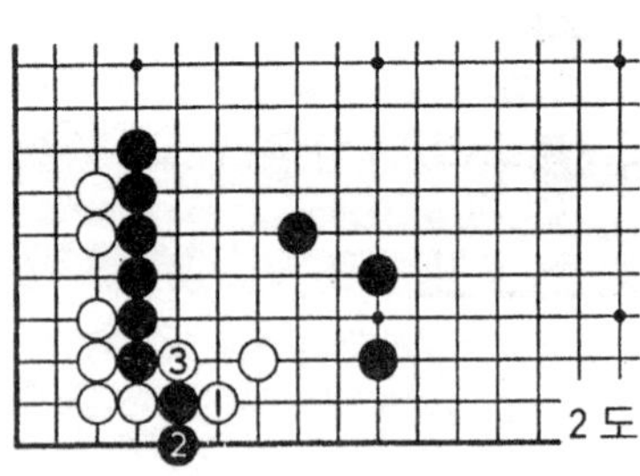

2도

제98문 해답

1도 (정해) 백1의 마늘모가 절호의 맥점이다.

흑2에는 3의 수단이 있다.

흑모양을 삭감한다.

2도 (참고) 백1에 대하여 흑2는 무리이다.

백3의 끊음이 있다.

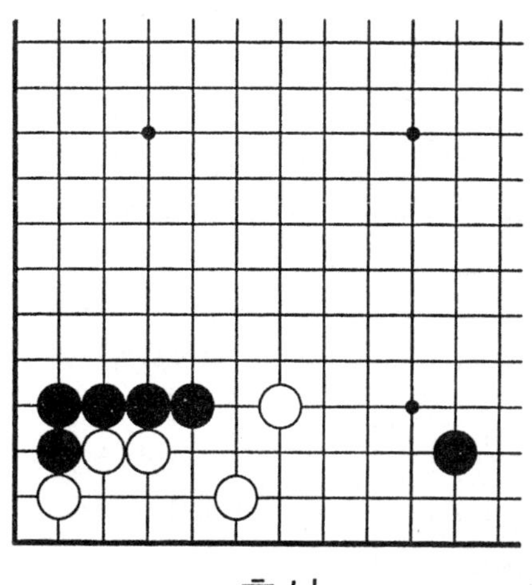

흑선

제99문

가벼운
약점

백에게 부딪히
는 수단이 있다.
어느곳에 두
어야 할까?

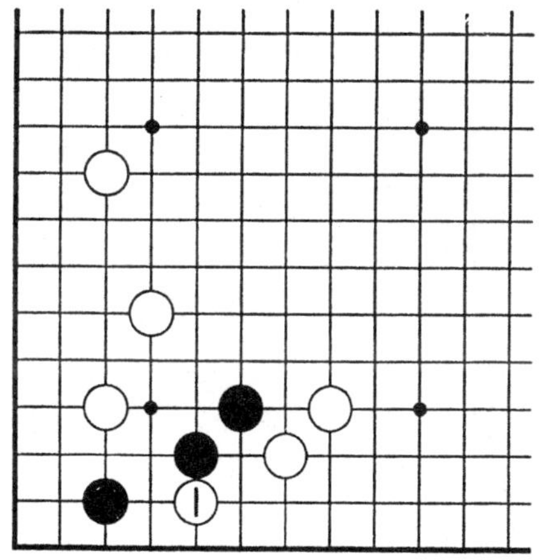

흑선

제100문

끊음의
반발

백 1 의 붙임
에 대하여 흑이
교묘히 반발을
하는 수단이 있
다.

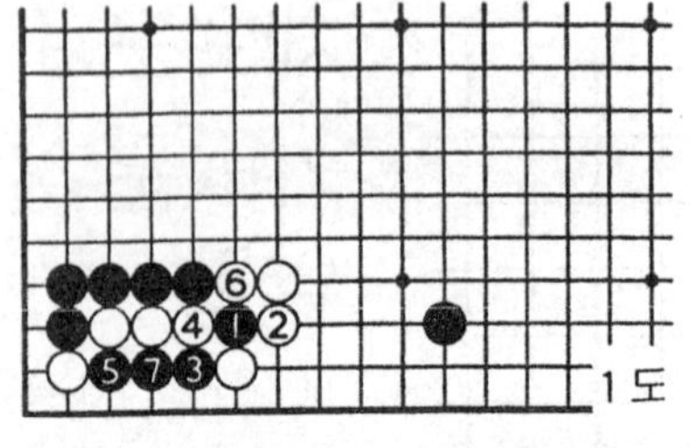

1 도

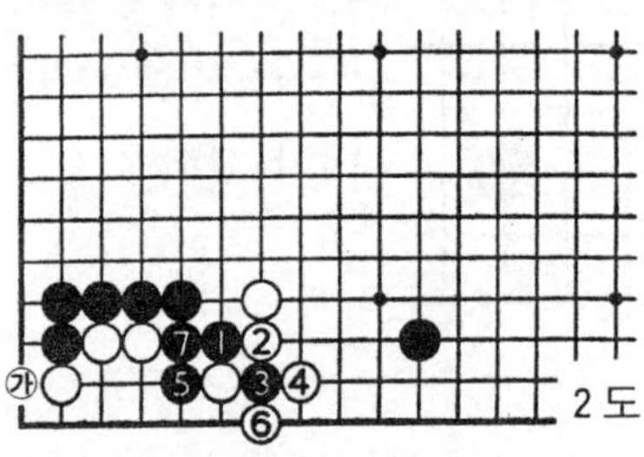

2 도

제99문 해답

1도 (정해) 흑 1 의 마늘모 붙임. 다음 3 의 젖히는 수단까지 흑 3 에서 5, 7 까지 잡는다.

2도 (참고) 흑 3 의 끊음이 유력하다. 백 4 로 5 의 곳을 두면 흑 4, 백 ㉮ 도 하나의 변화 백 4 에서 7 까지.

1 도

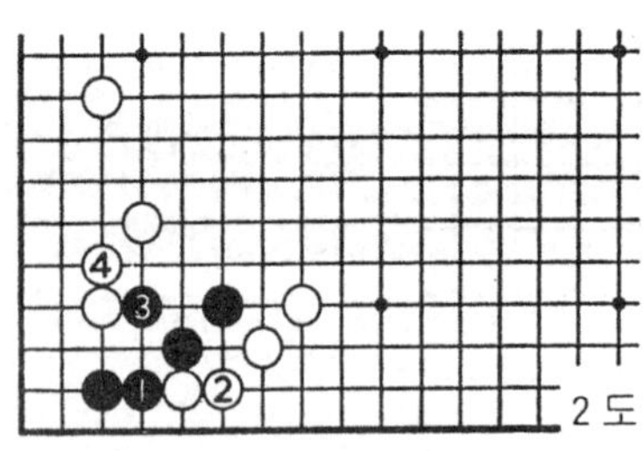

2 도

제100문 해답

1도 (정해) 흑 1 의 젖힘이다. 백 2 에는 3 의 마늘모가 묘수이다. 이 다음 ㉮ 의 곳이면 흑은 ㉯ 로 한점을 잡는다. 맞보기이다.

2도 (실패) 흑 1 로 안쪽을 두는 것은 백 4 로 공격을 한다.

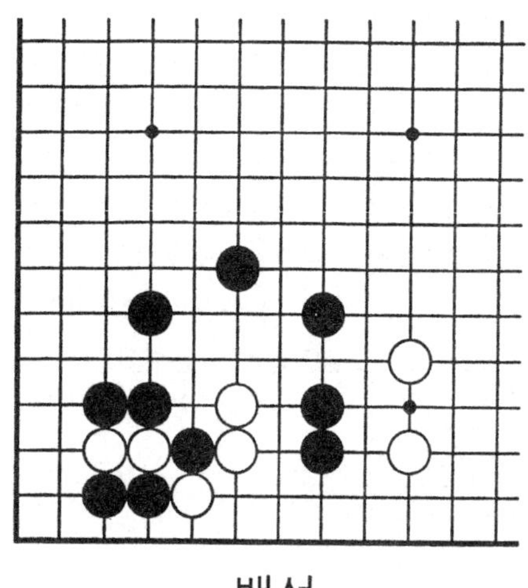

제101문
탈출

백이 고전하는
모양이다.

도망을 가는
수는?

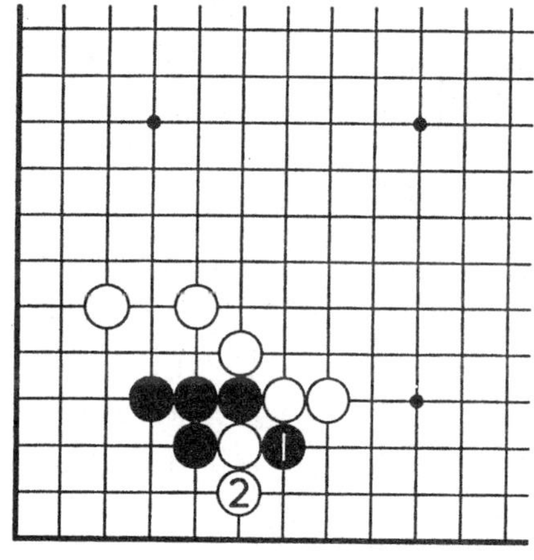

제102문
조이는
방향

흑1에 백2
의 내려섬이 있
다.

백 2점을 잡
는 문제는?

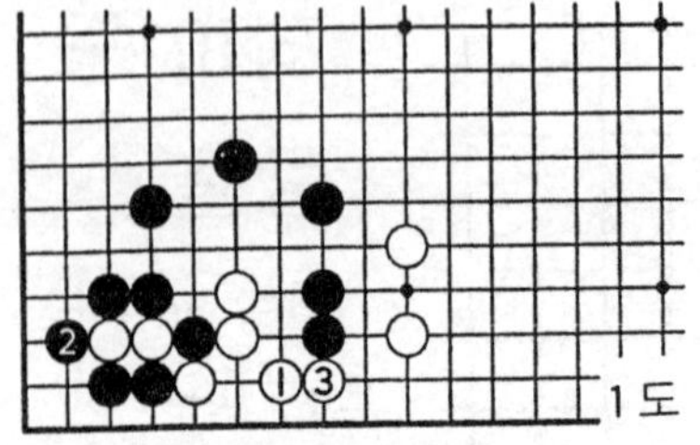

1 도

제101문 해답

1 도 (정해) 백 1 은 다음에 흑 2, 다음에 3 의 곳으로 건너간다.

2 도 (참고) 백 1 에 흑 2 는 무리이다. 백 3 에 ㉮ 다음 마늘모하여 2 점을 잡는다.

실전에 응용하는 맥이 다.

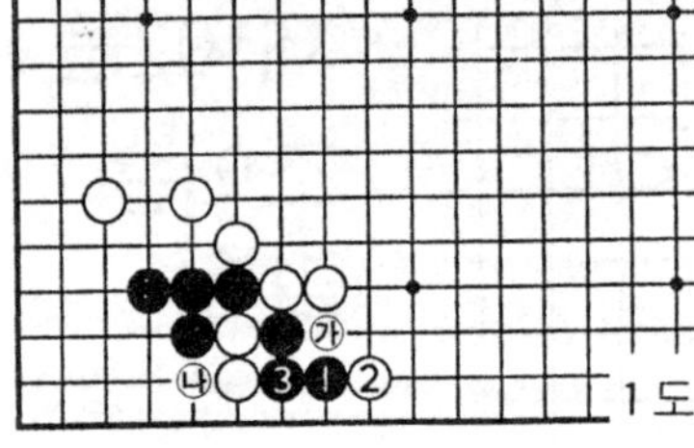

2 도

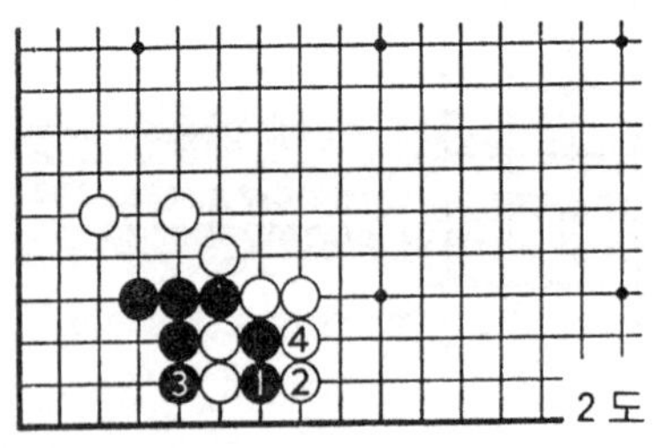

1 도

제102문 해답

1 도 (정해) 흑 1 의 마늘모가 좋은 수.

백 2 에는 흑 3 으로 되 돌아간다.

백 ㉮에는 흑 ㉯ 까지의 끊음이 남는다. 2 도보 다 우월하다.

2 도 (실패) 흑 1 로 두면 백 2, 4 가 좋은 수 이다.

2 도

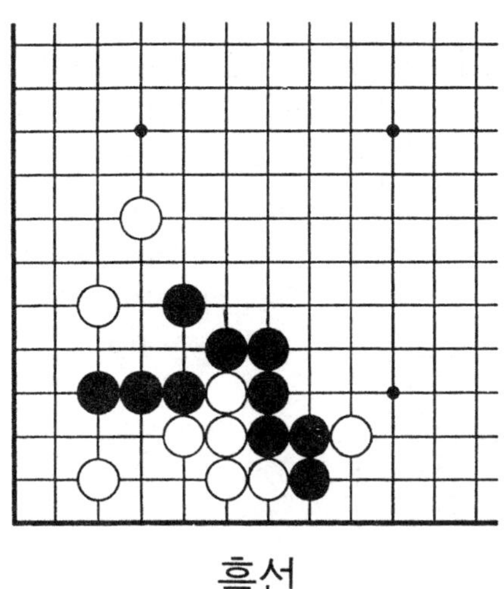

흑선

제103문
자연류

백을 잡는 수
가 있다.

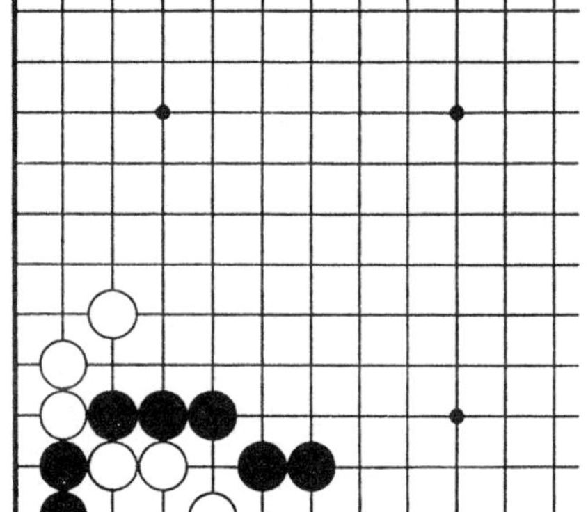

백선

제104문
심원

어디가 공격
의 급소일까?
패는 실패이다.

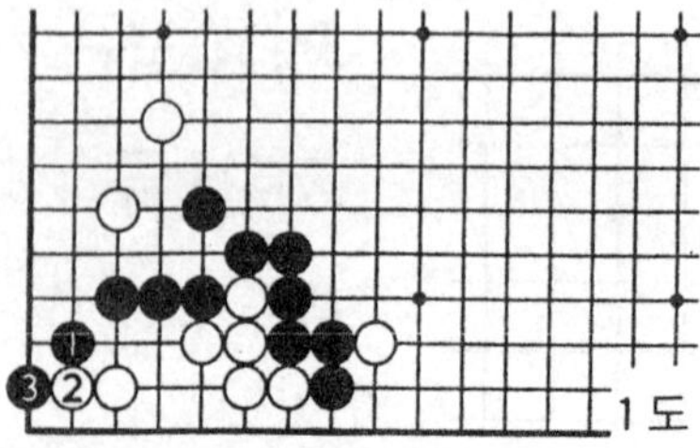

1 도

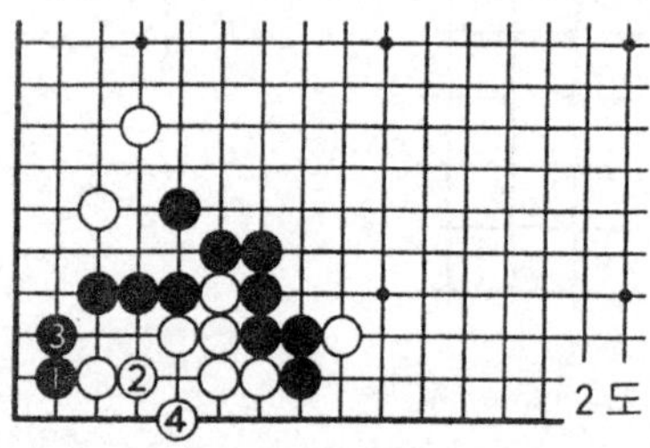

2 도

제103문 해답

1도 (정해) 흑1의 마늘모가 있다. 백2에는 흑3의 젖힘이 있다. 사실 간단하다.

2도 (실패) 흑1에 백2, 이점이 냉정하다. 흑3에는 백4.

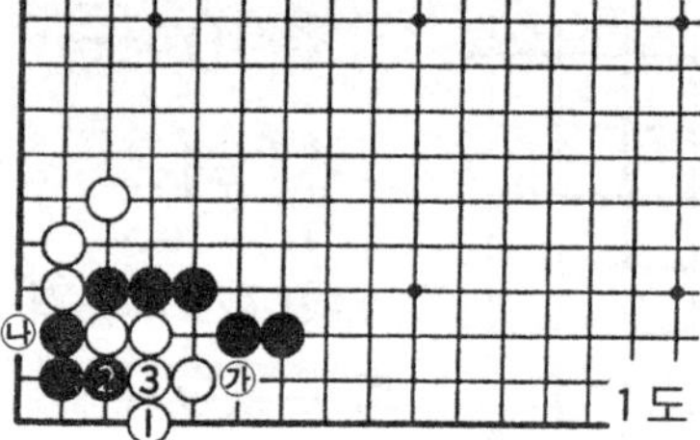

1 도

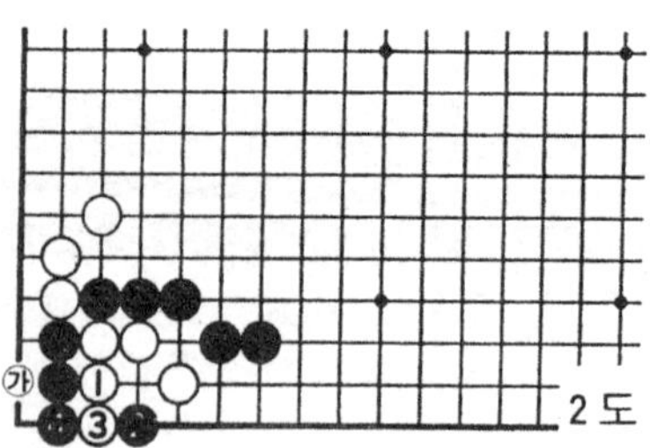

2 도

제104문 해답

1도 (정해) 백1의 마늘모가 냉정한 묘착이다. 흑2에 백3으로 이긴다.

이다음 흑㉮는 백㉯로 젖혀 이긴다.

2도 (실패) 백1은 흑2가 묘수이다.

백3은 흑4로 둔다. 백3으로 4의 젖힘은 흑3, 백㉮로 패다.

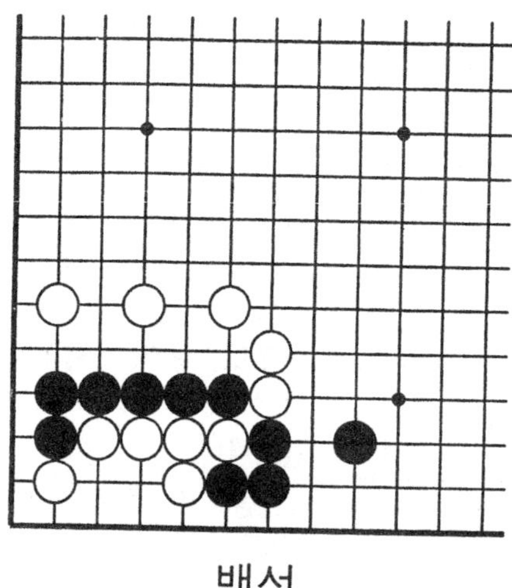

백선

제105문

급한
되돌아감

백의 묘착으로 혹 6점을 잡는다.

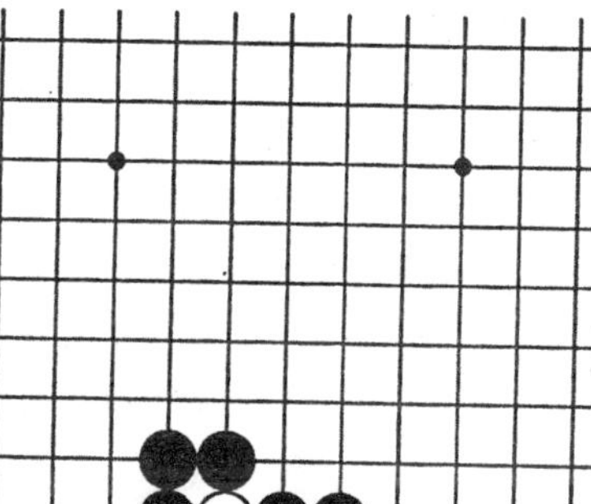

백선

제106문

건널 수
없는 강

백의 5점을 돕는 수단은?

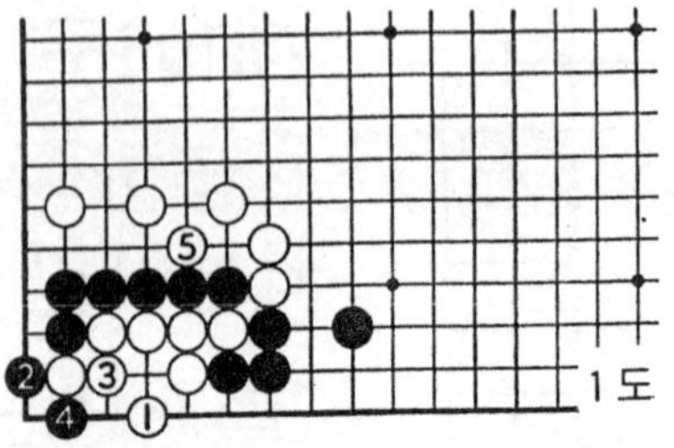

1 도

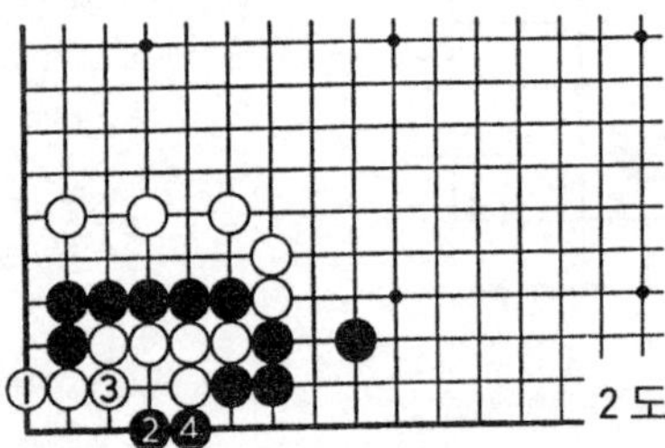

2 도

제105문 해답

　1 도 (정해)　백 1 의 마늘모가 묘수이다.　흑 2 에는 백 3 으로 둔다. 이것으로 한수 빠르다.

　흑 2 로 3 은 백 2 로 산다.

　2 도 (실패)　백 1 로 내려서면 흑 2 의 치중이 급소이다.

　흑 4 까지 백을　공격한다.

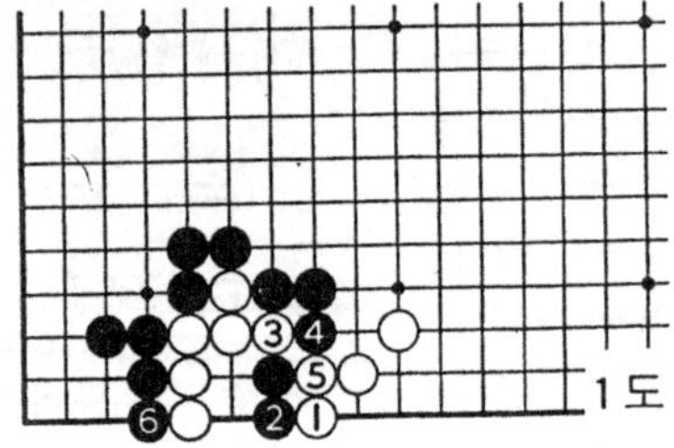

1 도

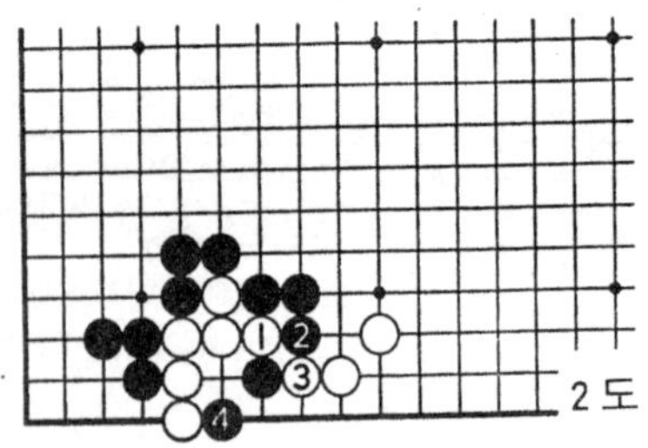

2 도

제106문 해답

　1 도 (정해)　백 1 의 마늘모가 묘착이다.　흑 2 의 내려섬은 백 3 , 5 의 끊음이 있다.

　흑 6 까지 빅모양이다.

　2 도 (실패)　백 1 , 3 에는 흑 4 의　마늘모로 백을 잡는다.

　1 도 백 1 의　마늘모로 둔다.

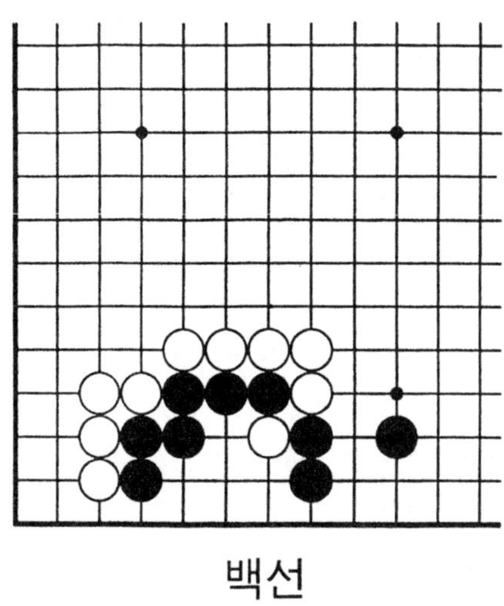

백선

제107문

2 단의 내려섬

끝내기의 수단이다.

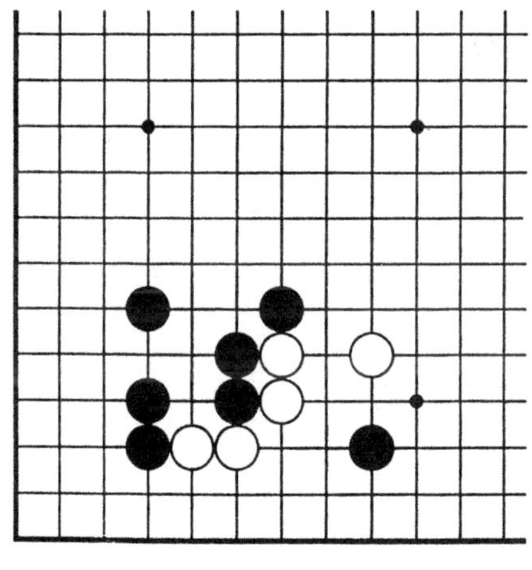

흑선

제108문

간발

백모양이 허술함을 노린다.

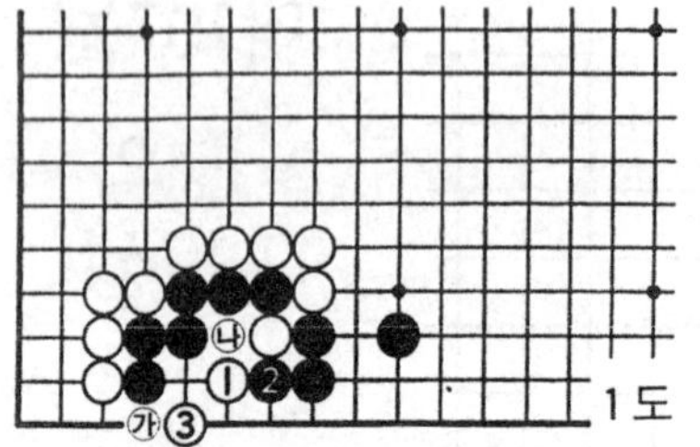

1 도

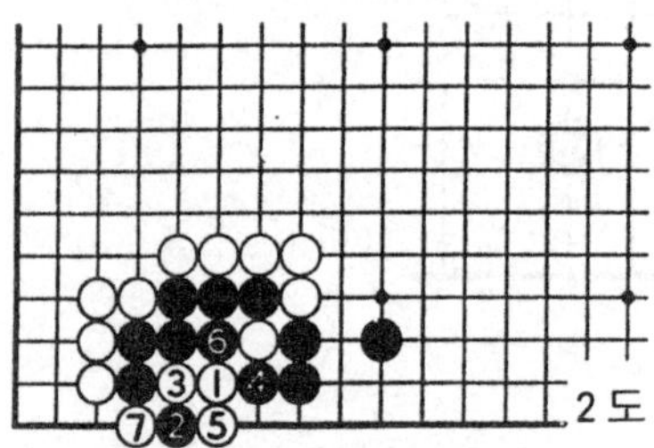

2 도

제107문 해답

1 도 (정해) 백 1 의 마늘모가 제 1 감이다.

흑 2 에 백 3 으로 다시 마늘모 한다.

흑㉮에는 백㉯로 잇는다.

2 도 (참고) 백 1 에 흑 2 는 7 까지 사는 수단이 있다.

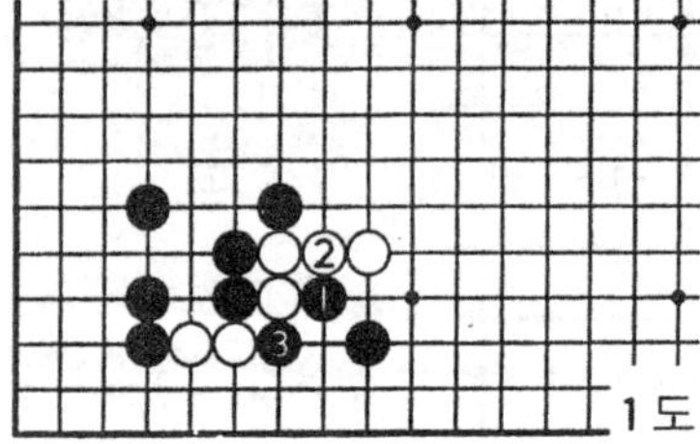

1 도

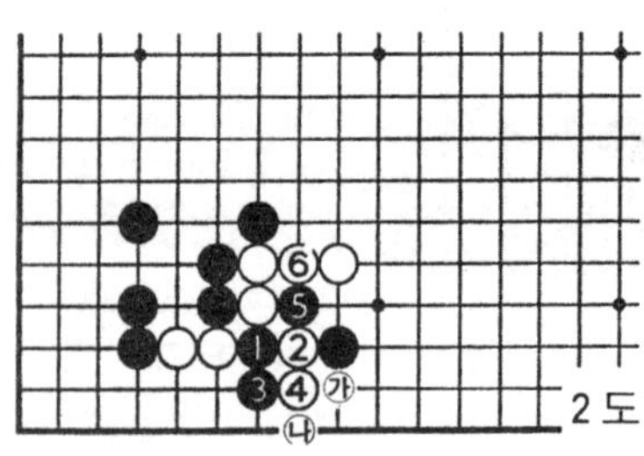

2 도

제108문 해답

1 도 (정해) 흑 1 의 마늘모가 맥점이다. 백 2 에 흑 3 으로 잡는다.

2 도 (실패) 흑 1 로 직접 끊으면 이하 6 까지 된다. 흑㉮로 두면 백㉯로 둔다.

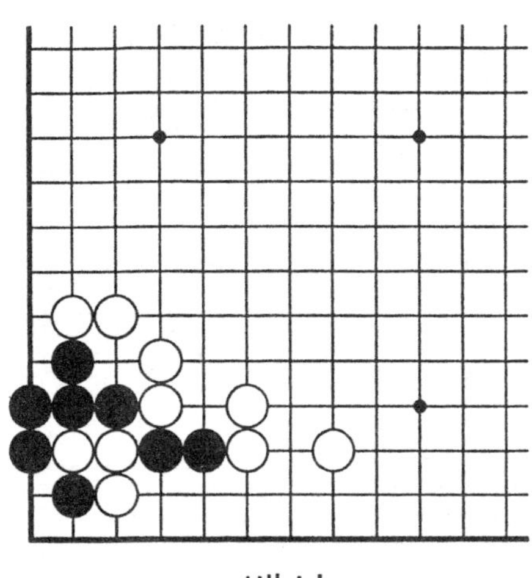

백선

제109문
계속
되돌아감

좋은 수가 있
다.
혹을 잡는 급
소는?

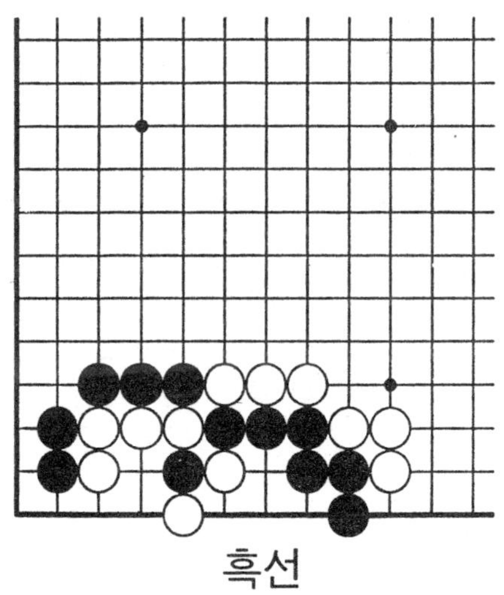

흑선

제110문
괴력

혹 6점을 돕
는 수단은?

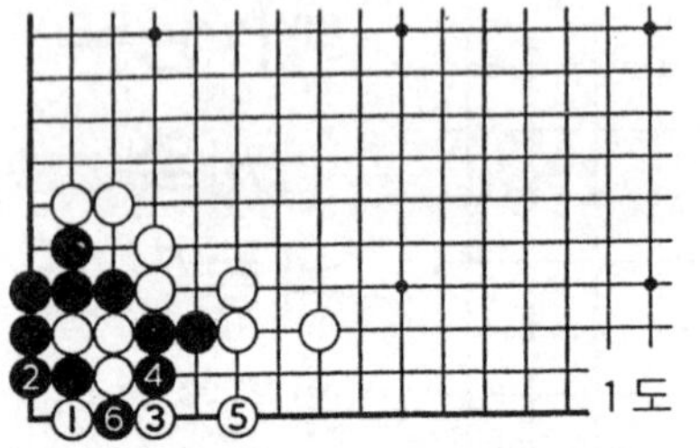

제109문 해답

1도 (정해) 백1의 단수. 흑2에는 백3, 5까지로 흑의 눈을 빼앗는다.

2도 (참고) 1도 흑4로 1의 곳을 두면 백2, 4로 된다.

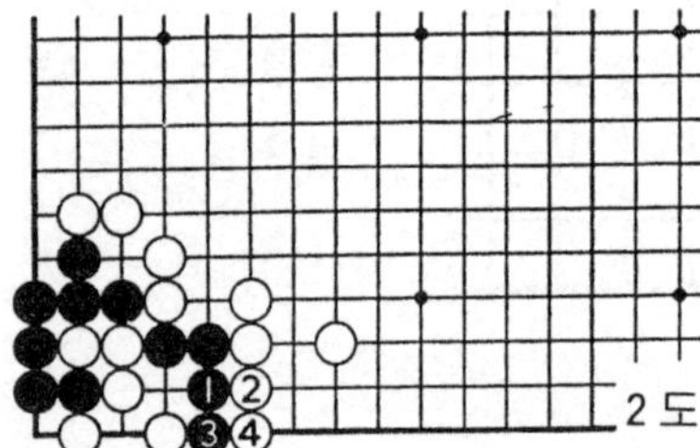

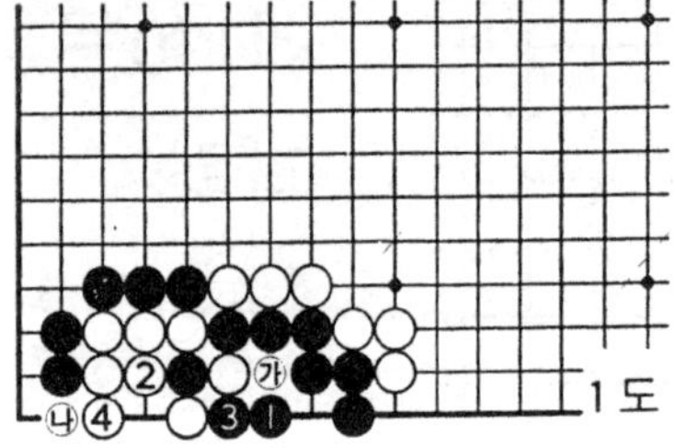

제110문 해답

1도 (정해) 흑1의 마늘모가 묘착이다. 백2에는 흑3으로 둔다. 백4 다음 흑㉮로 패. 흑㉯이면 빅이 된다.

2도 (참고) 흑1에 백2는 3의 젖힘이 있다.

흑의 승리다.

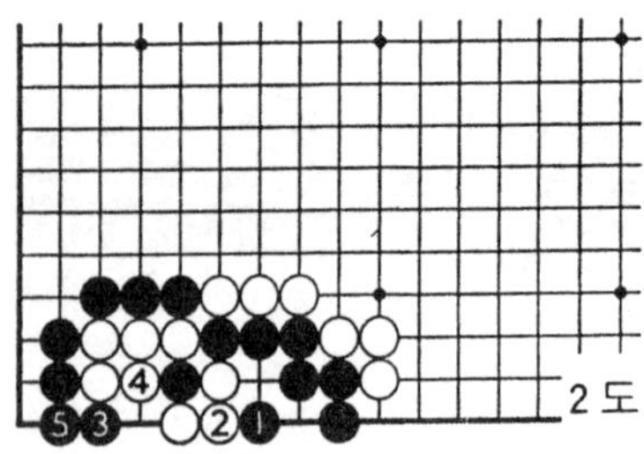

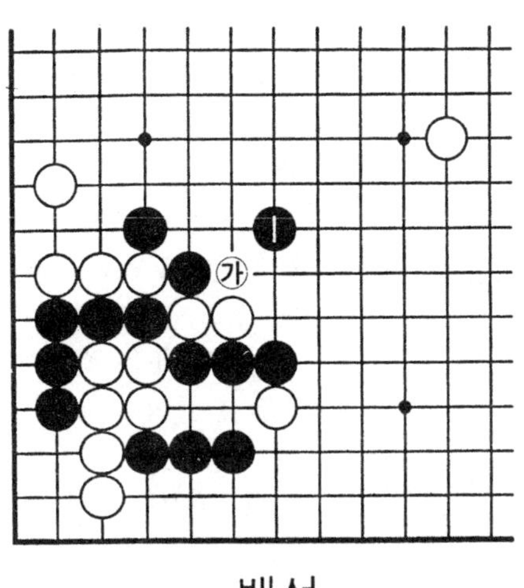

백선

제111문

반발의 기술

혹㉮의 축이
나쁘다.
　백은　어떻게
두어야 할까?

제112문

마늘모

　이것은　매우
간단하다.

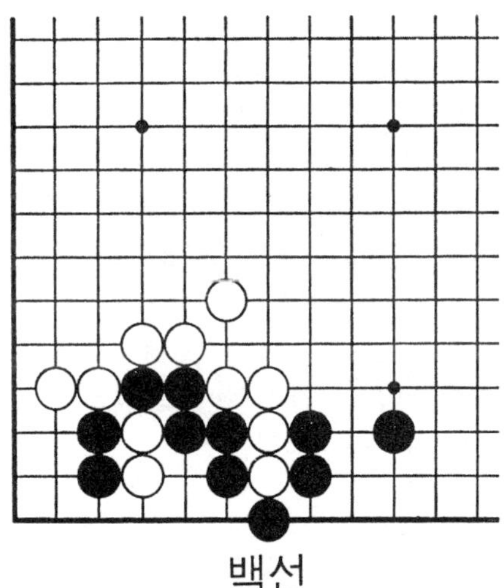

백선

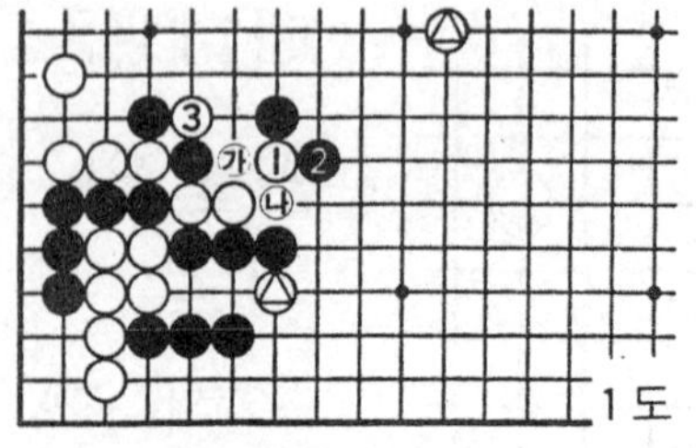

1 도

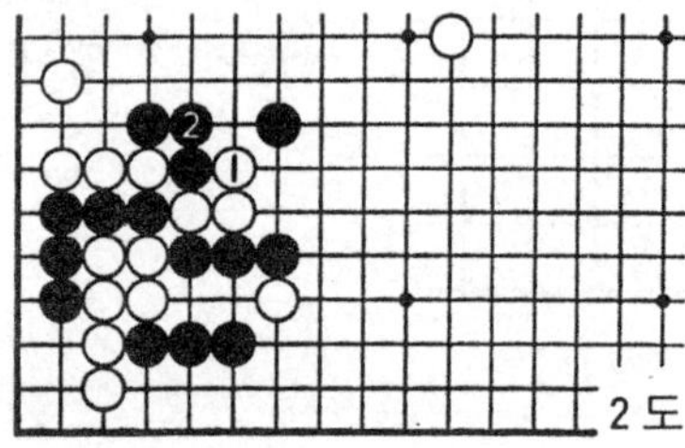

2 도

제111문 해답

1도 (정해) 백 1 의 마늘모 붙임이 유일한 수이다.

이 수가 묘착이다. 흑 2 에는 백 3 으로 끊는다.

흑 2 로 ㉮는 백 ㉯로 백 △ 표에 의해 축이 안 된다.

2도 (실패) 백 1 은 흑 2 로 꽉이어서 탈출을 할 수 없다.

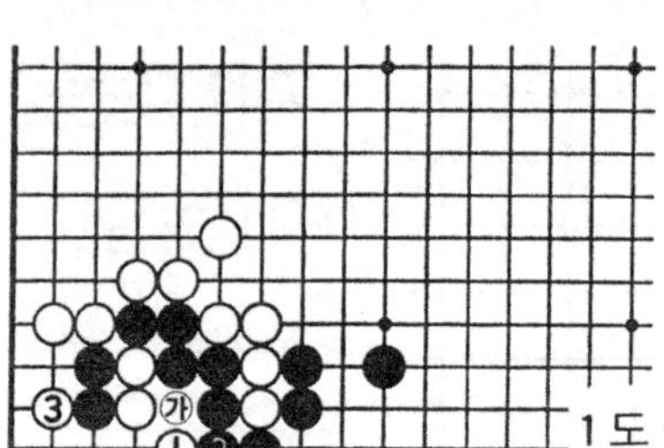

1 도

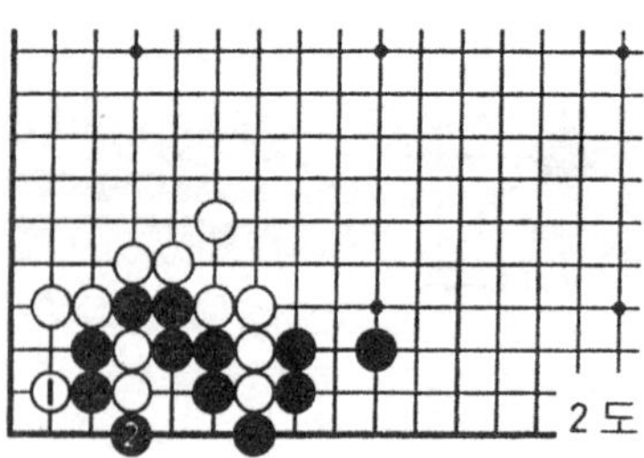

2 도

제112문 해답

1도 (정해) 백 1 의 마늘모가 정착이다.

직접 ㉮의 곳을 누르는 것은 나쁘다. 흑 2 다음에 백 3 으로 붙인다.

2도 (실패) 먼저 백 1 로 붙이는 것은 좋지 않다.

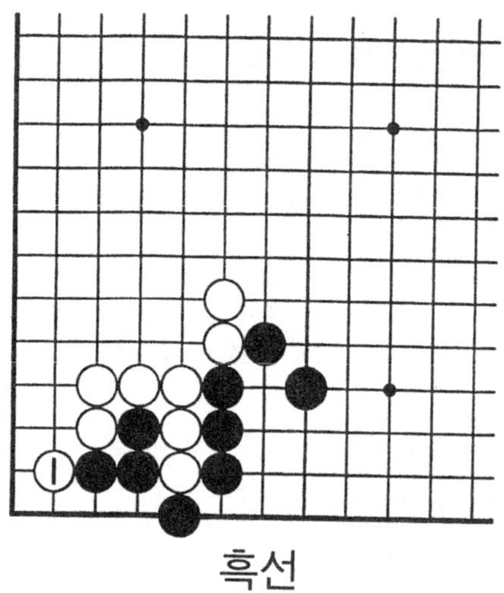

흑선

제113문
흐름

백1에 대하
여 두는 방법은?
선수가 중요
하다.

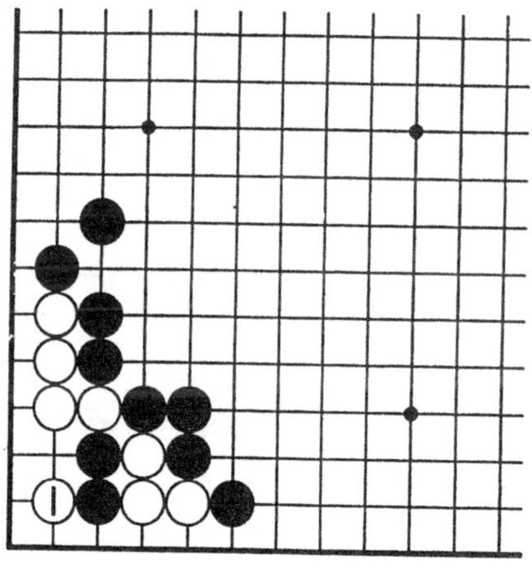

흑선

제114문
착지

백1에 대하
여 흑이 두는 방
법은?

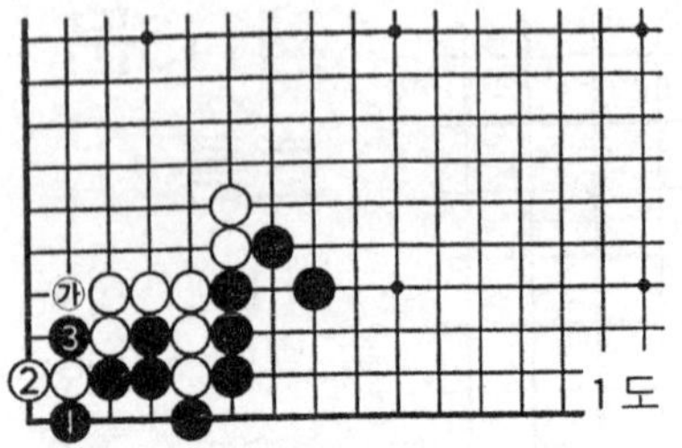

1 도

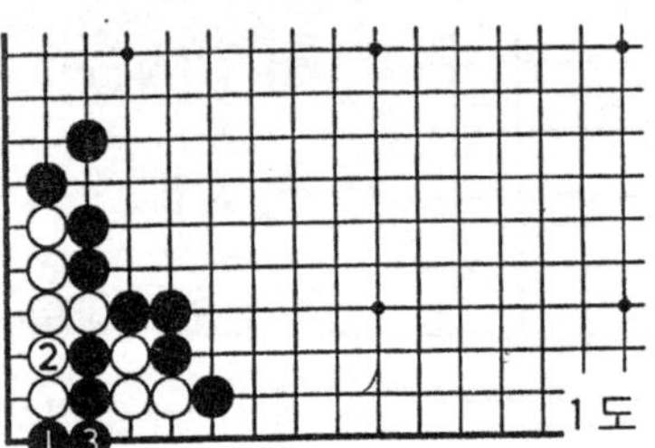

2 도

제113문 해답

1 도 (정해) 흑 1 의 젖힘이다. 백 2 에는 3 으로 끊어 놓는다. 백이 ㉮로 단수하면 흑은 손을 뺀다.

2 도 (실패) 흑 1 로 잇는 것은 후수이다.

제114문 해답

1 도 (정해) 흑 1 의 젖힘이 호수. 귀의 특수성을 이용한다. 백 2 에는 흑 3 으로 죽는다.

2 도 (실패) 흑 1 로 잡는 것은 이하 백 4 까지 산다.

1 도 흑 1 의 젖히는 수가 맥이다.

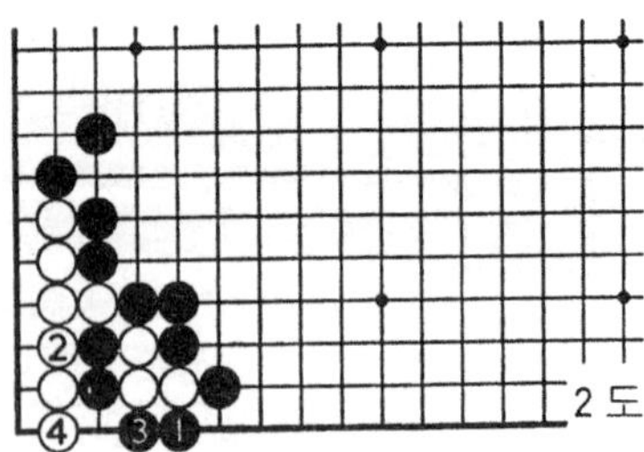

1 도

2 도

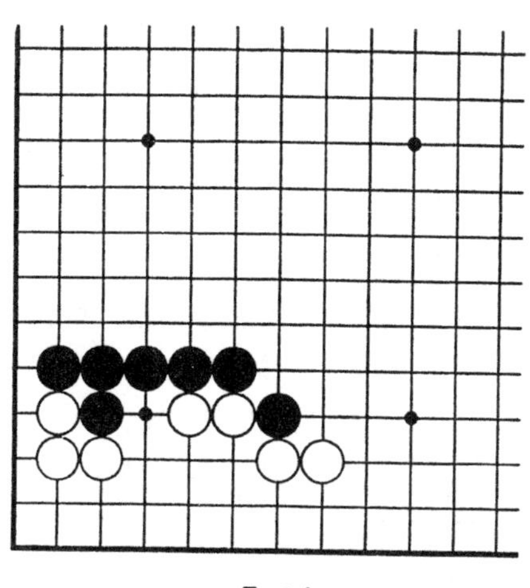

흑선

제115문

2 단젖힘

백의 결함을
찔러야 한다.

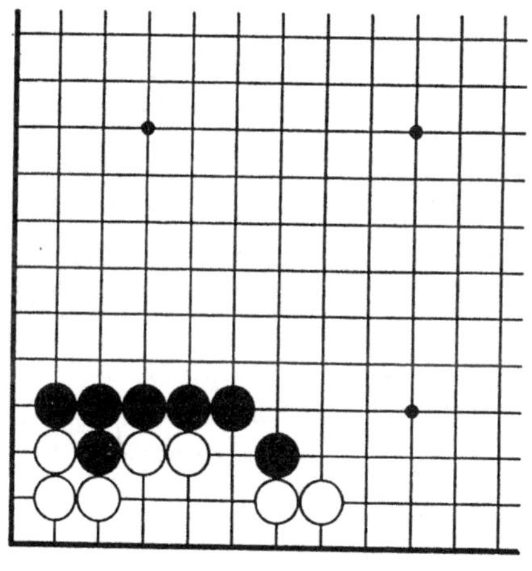

흑선

제116문

3 점머리

앞에서 나온
비슷한 맥이다.
결과는?

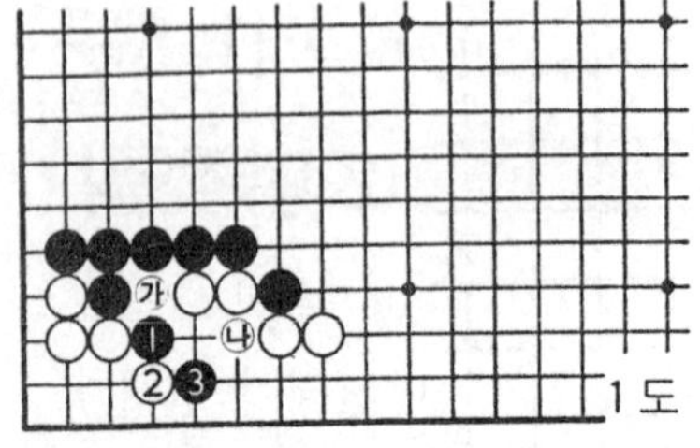

1 도

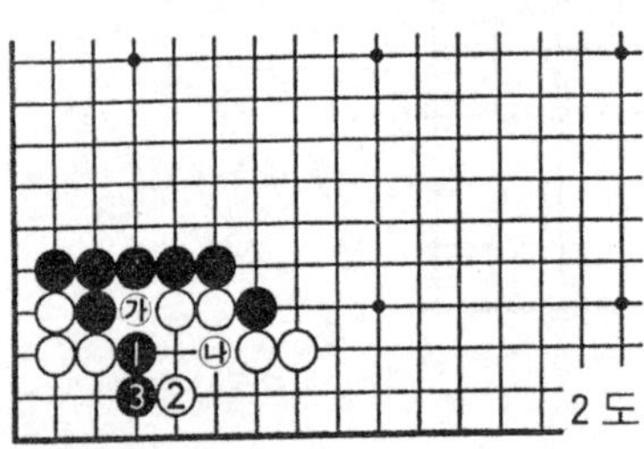

2 도

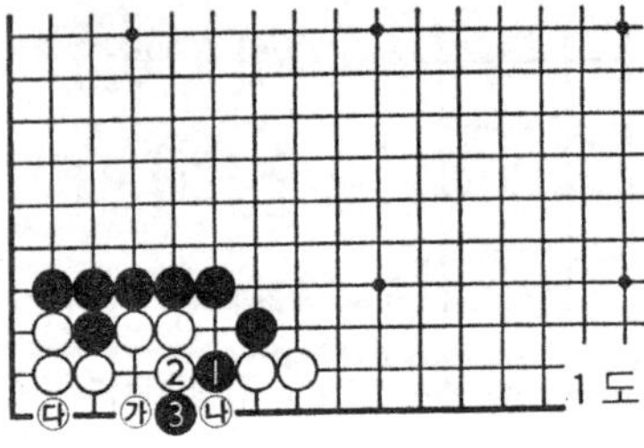

1 도

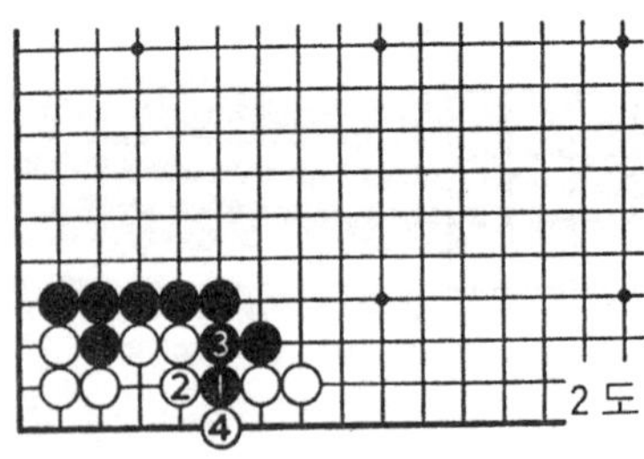

2 도

제115문 해답

　1도 (정해)　혹1의 젖힘이 강수이다.　백2에는 3의 젖힘이 강렬하다. 백㉮는 혹㉯로 그만이다.

　2도 (참고)　혹1에 대하여 백2는 혹3으로 내려선다. 백㉮는　혹㉯로 그만이다.

제116문 해답

　1도 (정해)　혹1의 젖힘이다. 앞에서 비슷한 문제가 나온바　있다. 백2에는 혹3의　젖힘이 호수. 혹3 다음 백㉮에는 혹㉯, 백㉰로 된다.

　2도 (참고)　혹3으로 이으면 백이 4로 잇는다.

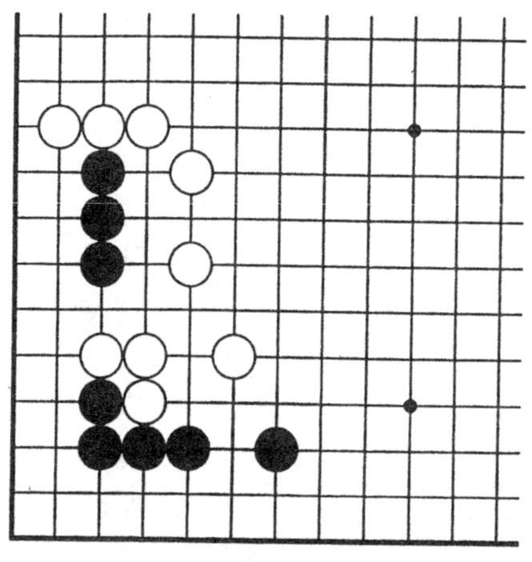

흑선

제117문
비약

좌변의 흑 3
점의 명맥을 잇
는 수단은?
　보통의 수단
은 안된다. 특
수한 수단은?

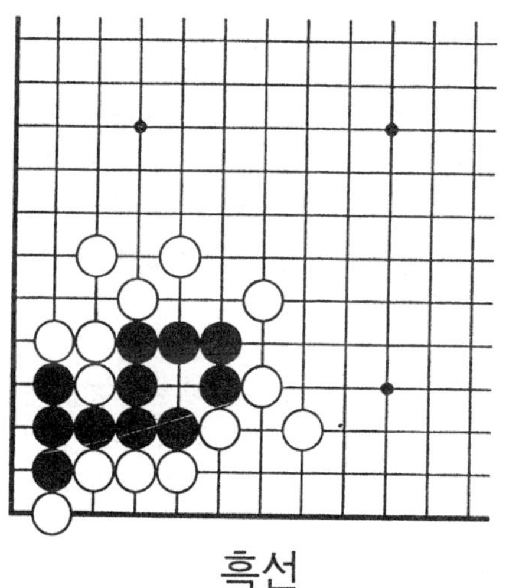

흑선

제118문
약점의
노림

3점머리의 급
소는?

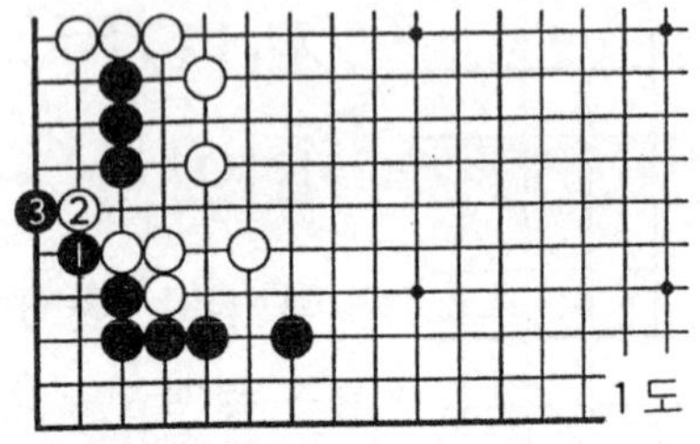

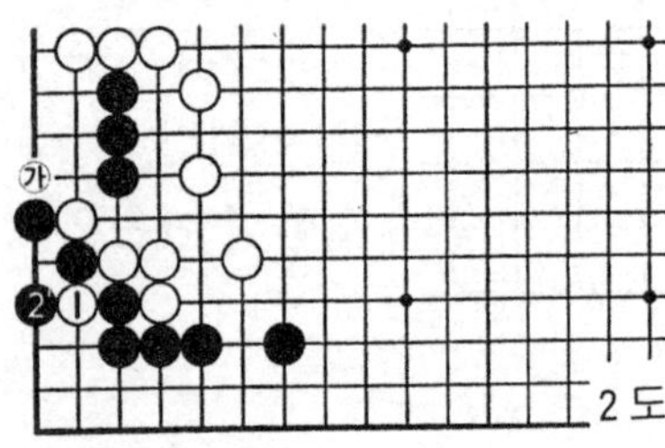

제117문 해답

1도 (정해) 흑1의 젖힘이다. 백2에는 흑 3의 2단 젖힘이 있다. 이런 모양은 특수한 경우에만 사용한다.

흑의 팻감이 풍부한 곳이다.

2도 (참고) 1도 다음 백1의 끊음은 흑2로 패이다. 백1로 ㉮는 흑2로 둔다.

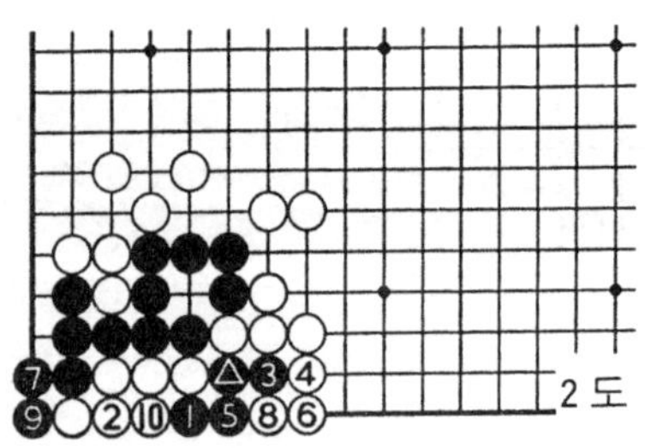

2 도

제118문 해답

1도 (정해) 흑1의 끊음으로 둔다. 백2에는 3의 젖힘으로 둔다. 흑㉮는 백㉯로 둔다. 백△표 한점이 떨어진다.

2도 (참고) 흑1에 백2의 이음은 흑3, 5가 묘수여서 흑▲표의 곳이 후절수가 된다.

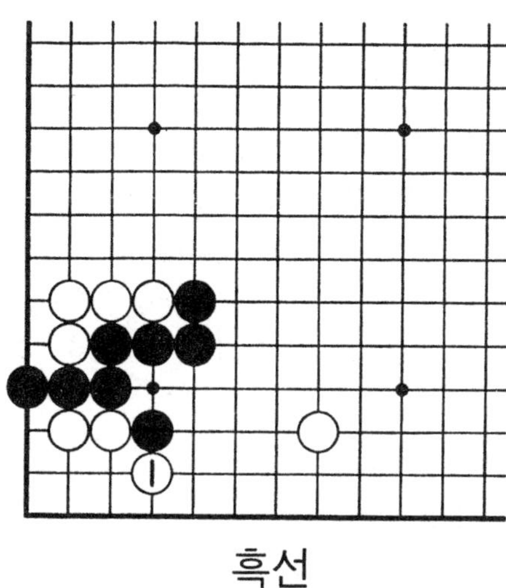

흑선

제119문
유도

백1의 젖힘
에 흑의 최선의
응수는?

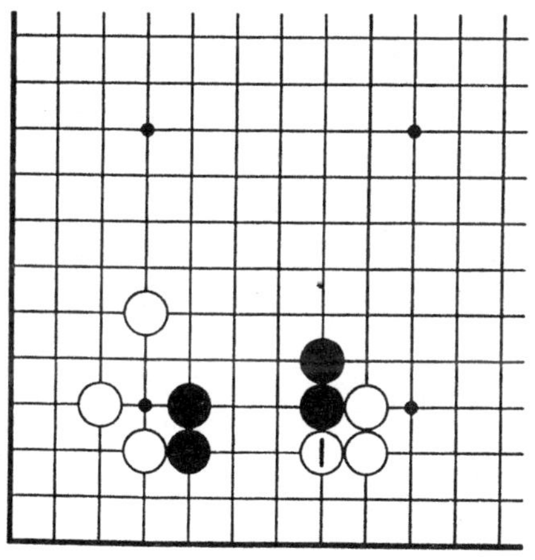

흑선

제120문
구부림

백1에 대하
여 흑은 이렇게
할까?

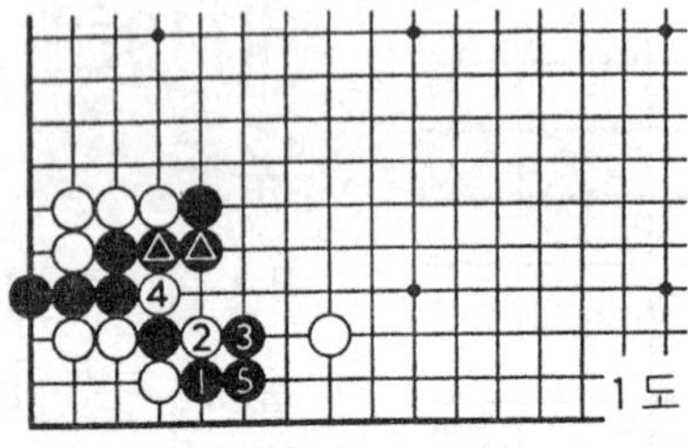

1 도

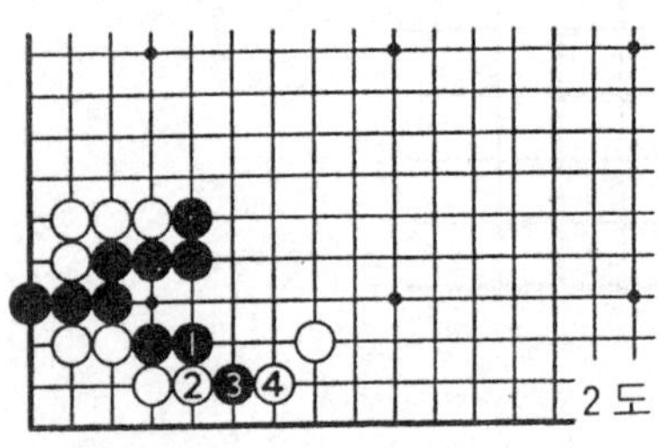

2 도

제119문 해답

　1 도 (정해)　흑 1 의 2단 젖힘이 호수이다. 백 2 에는 3 으로　같이 단수한다. 흑⑤ 표 들이 있어 맥이다.

　2 도 (실패)　흑 1 로 뻗는 것은 백 2 다음　4 의 붙이는 맥이 있다.

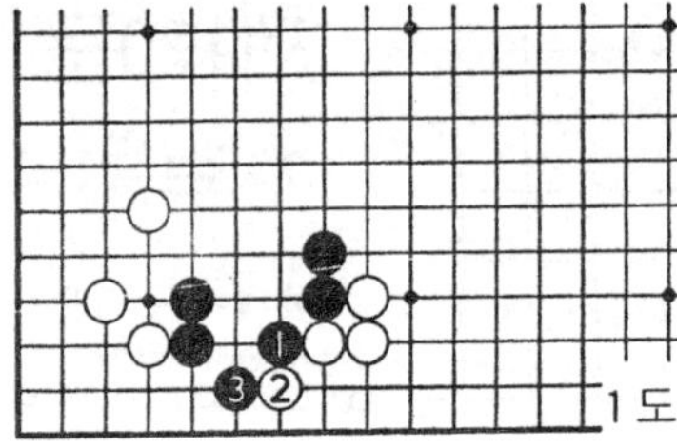

1 도

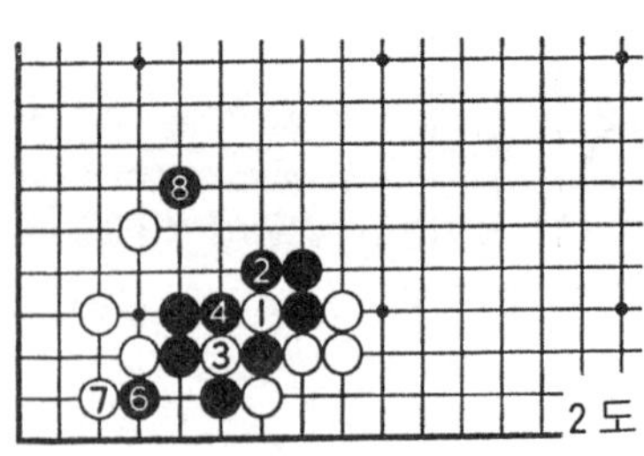

2 도　⑤ 이음

제120문 해답

　1 도 (정해)　흑 1 의 막음이 있다. 백 2 의 젖힘에 대하여 흑 3 으로 막는다.

　2 도 (참고)　1 도 다음에 백 1 의　끊음은 흑 2 로 반발한다.

　흑 2 로 3 은 나쁜 모양이 된다.

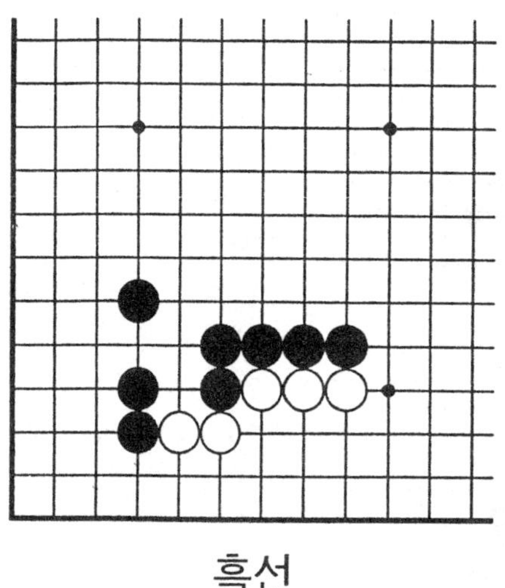

제121문
격언

다음에서 3
수를 나타내보
라.

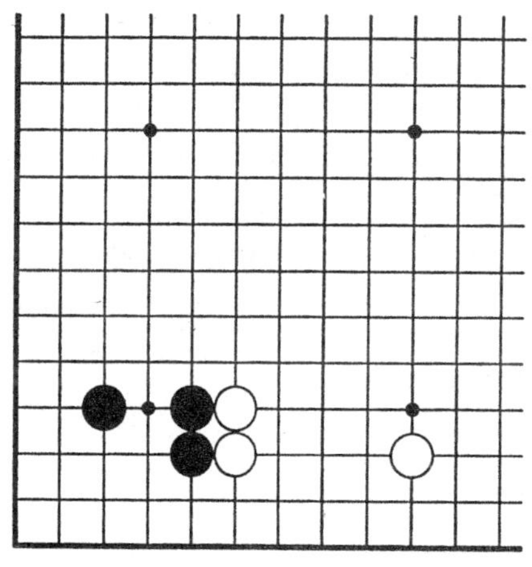

제122문
젖힘

기본적인 문
제이다.

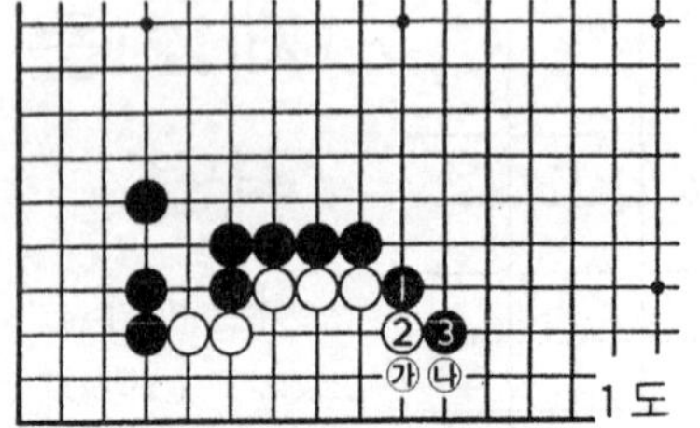

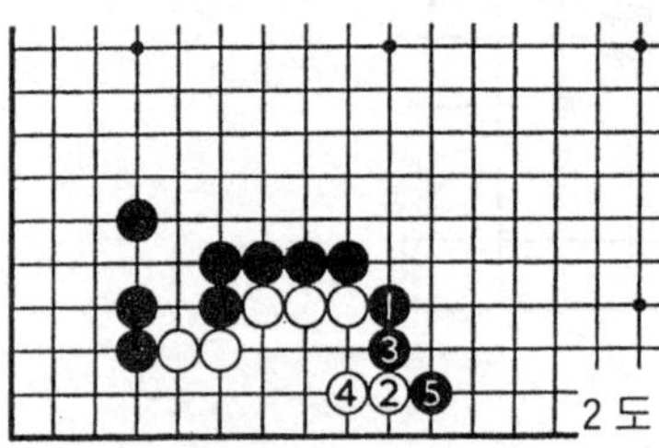

제121문 해답

1도 (정해) 흑1, 3으로 3점머리를 내다 본다.

3의 2단 젖힘이 강렬하다.

이 다음 백㉮는 흑㉯로 내려선다.

2도 (참고) 흑1에 백2는 흑3으로 내려서 좋다.

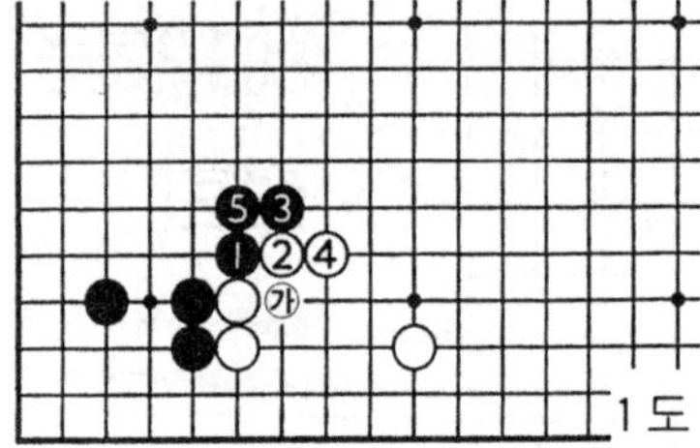

제122문 해답

1도 (정해) 흑1의 젖힘이 급소이다.

백2에는 3으로 2단 젖힘한다.

흑5까지 모양이다.

2도 (참고) 백2에 는 3이 좋은 모양이다.

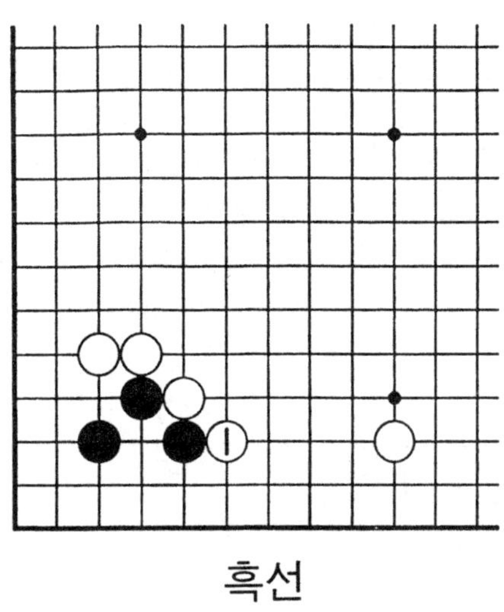

흑선

제123문

기력(気力)

백1에 흑의
응수는?

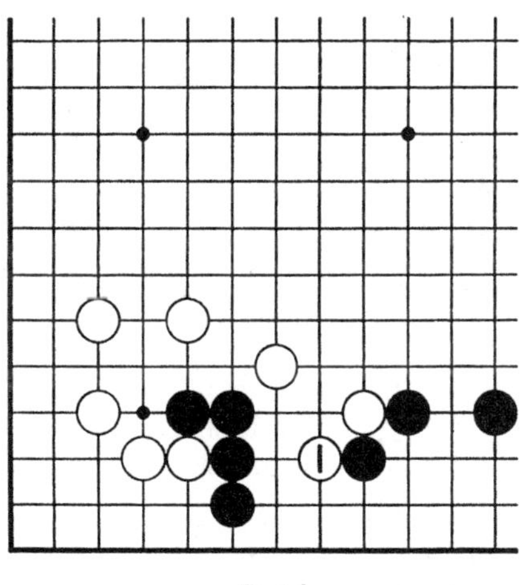

흑선

제124문

기력(棋力)

백의 내려섬
에 흑의 응수는?

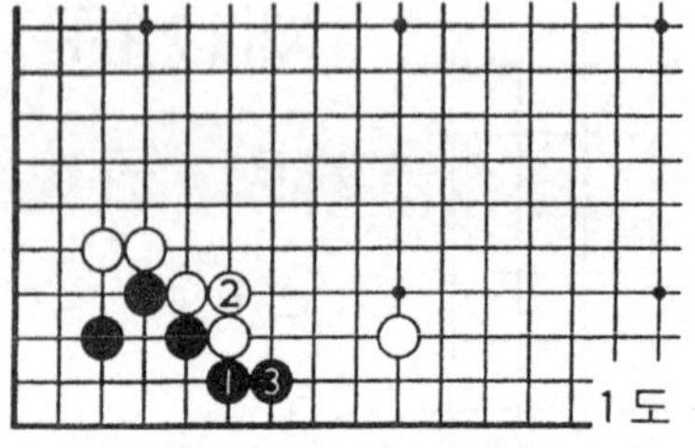

1 도

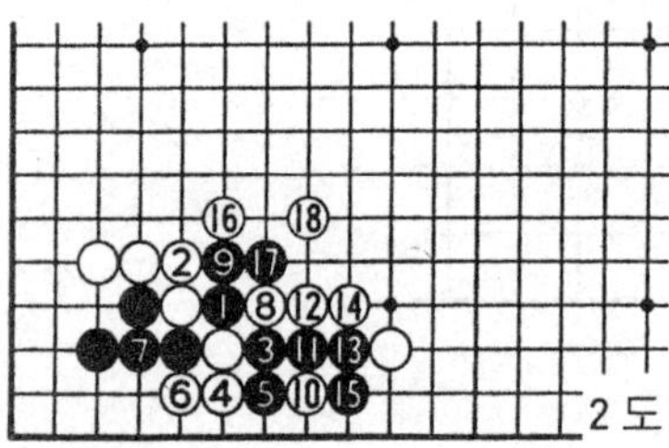

2 도

제123문 해답

　1도 (정해)　흑 1 의
단순한 젖힘이 좋은　수
이다. 백 2 에는 흑 3 으
로 뻗는다.

　2도 (실패)　흑 1 의
끊음은 3, 5 의 내려섬
이 있다.

　10이 호수. 18까지
흑이 나쁘다.

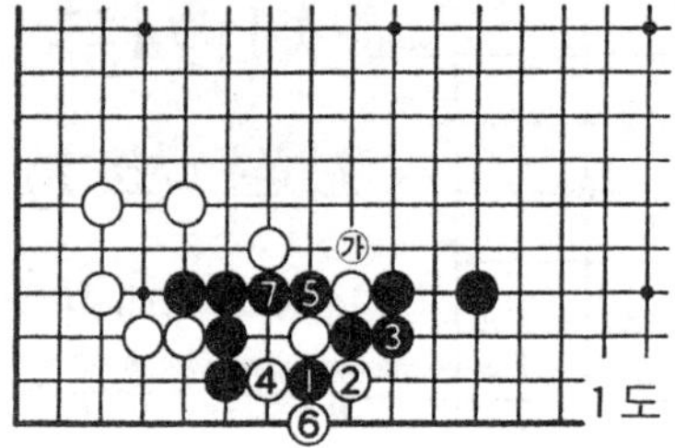

1 도

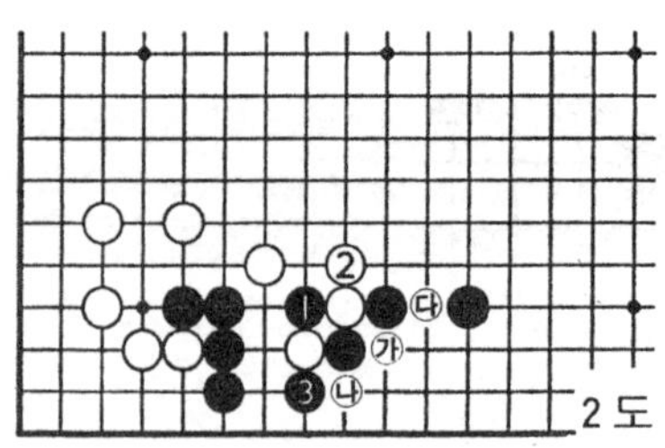

2 도

제124문 해답

　1도 (정해)　흑 1 의
단순한 젖힘이　호수이
다.

　백 2, 4 는 무리이다.
백 2 로는 ㉮의　올라섬
이 있다.

　2도 (실패)　흑 1 의
끊음은 백 2, 다음　3
의 단수엔 백㉮, 흑㉯,
백㉰가 남는다.

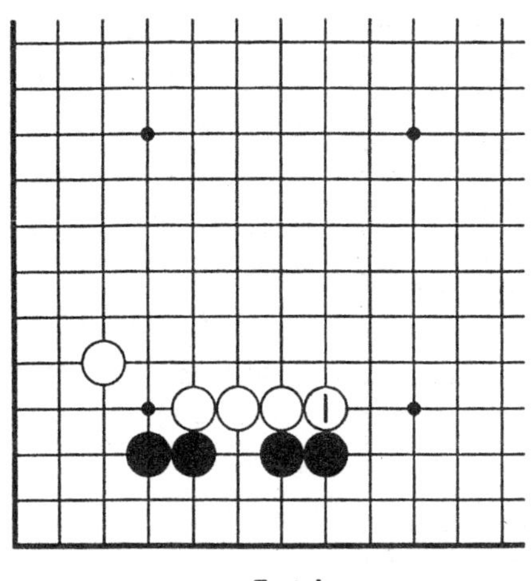

흑선

제125문
누름

백1의 누름
에 흑이 두는 수
는?

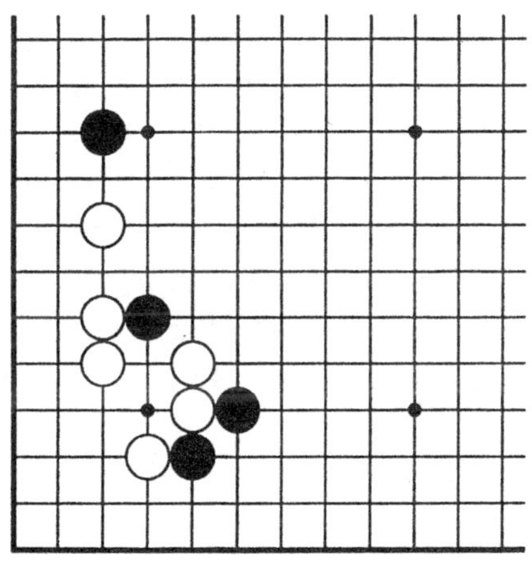

흑선

제126문
경쾌

흑은 경쾌한
타개를 하여야
한다.
어느 곳일까?

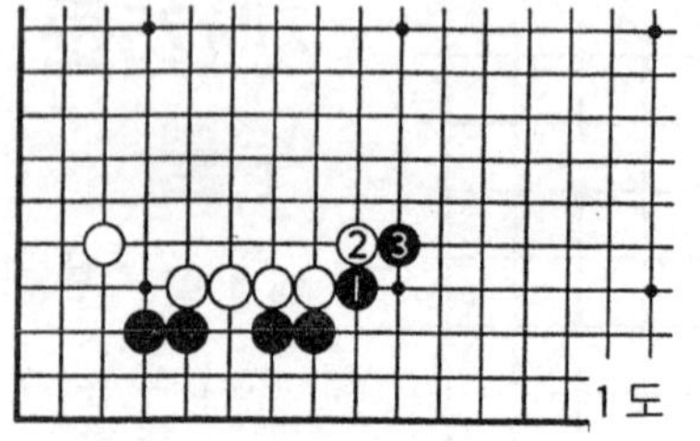

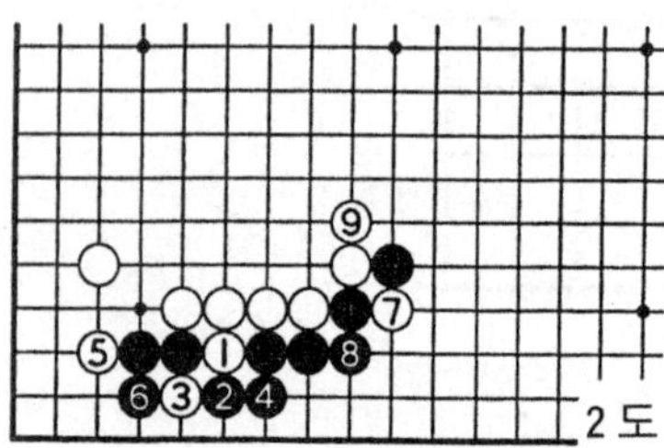

제125문 해답

1도 (정해) 흑1의 젖힘이다. 백의 2의 젖힘은 당연하다. 그러면 흑3으로 2단 젖힘을 한다.

2도 (참고) 1도 다음 백1, 3이 맥점이다. 이하 9까지 정석이다.

제126문 해답

1도 (정해) 흑1의 2단젖힘이 있다.

7까지 된 다음 ㉮의 곳이 노림으로 남는다.

2도 (참고) 흑1에 대하여 백2, 4는 5의 곳을 젖힌다.

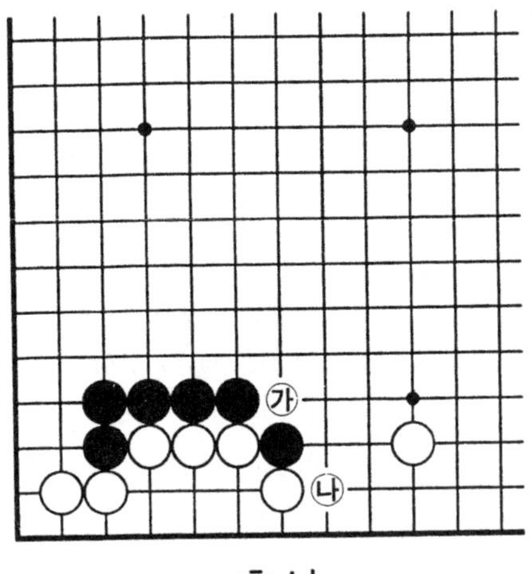

흑선

제127문
젖힘

흑㉮의 이음
엔 백㉯의 건
너감이 있다.
강수는?

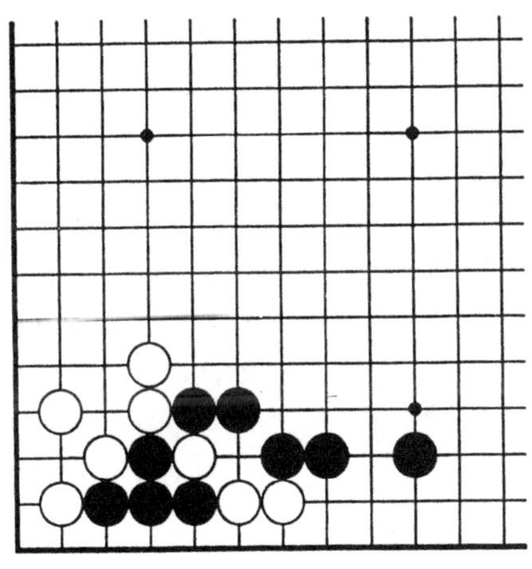

백선

제128문
방향

백 2점은 생
환할 수 있는 방
향은?

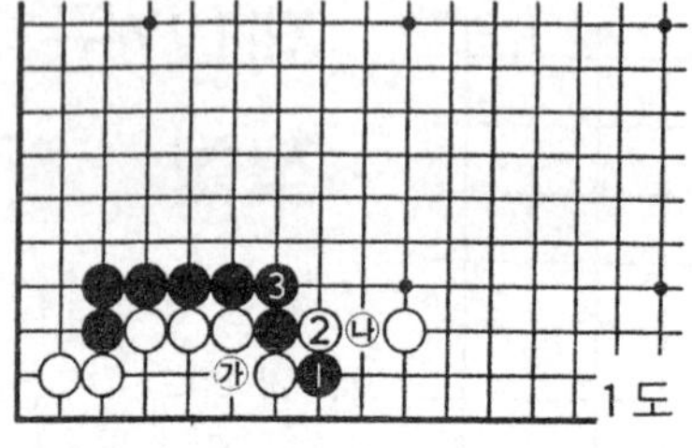

1 도

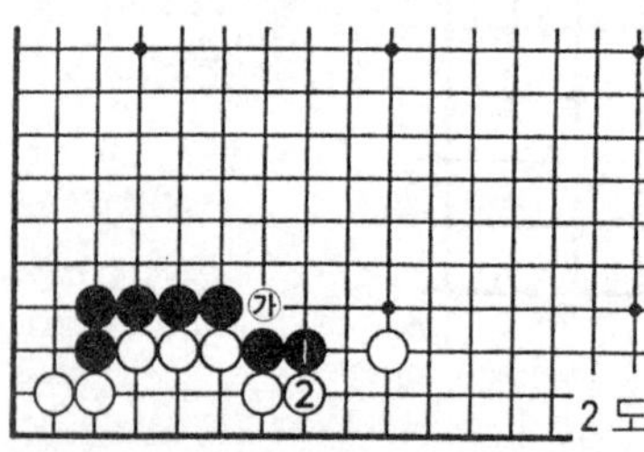

2 도

제127문 해답

1도 (정해) 흑1의 젖힘이 강력하다.

백2에는 흑3의 이음이 있다.

백㉮이면 흑㉯.

2도 (실패) 흑1의 뻗음은 백의 결함을 찌를 수 없다. ㉮의 끊음이 남아 나쁘다.

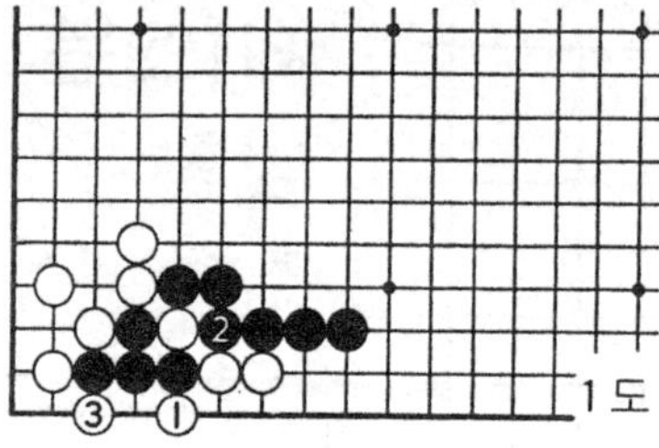

1 도

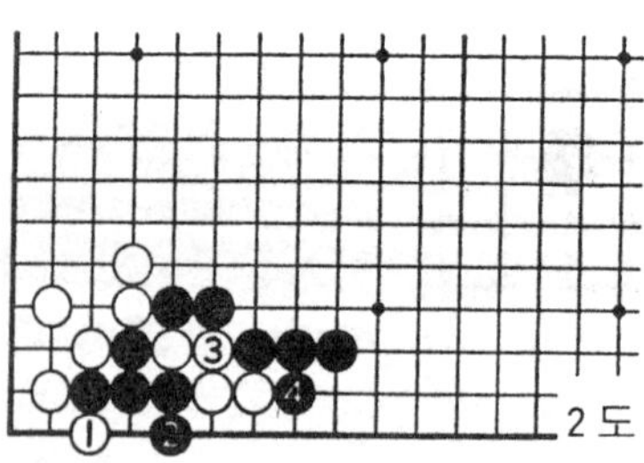

2 도

제128문 해답

1도 (정해) 백1부터 둔다. 흑2에는 3으로 두어 건너간다.

2도 (실패) 백1의 젖힘은 2의곳을 흑이 내려서는 수가 있다. 백3엔 흑4로 공격한다.

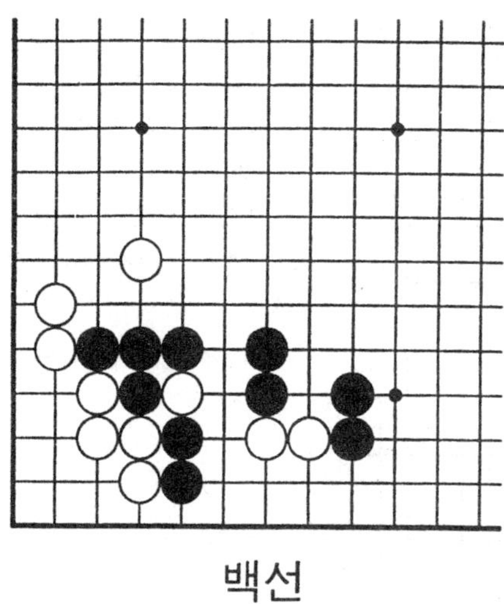

백선

제129문
성원

백 2점을 돕는 수단이 있다.

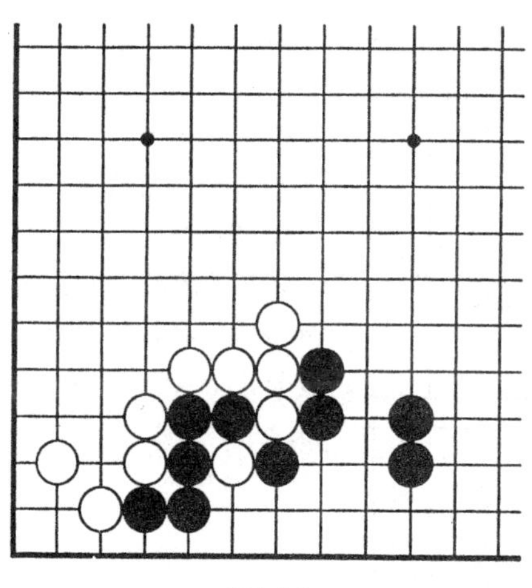

백선

제130문
기술

이곳에 어떤 수단의 여지가 있을까?

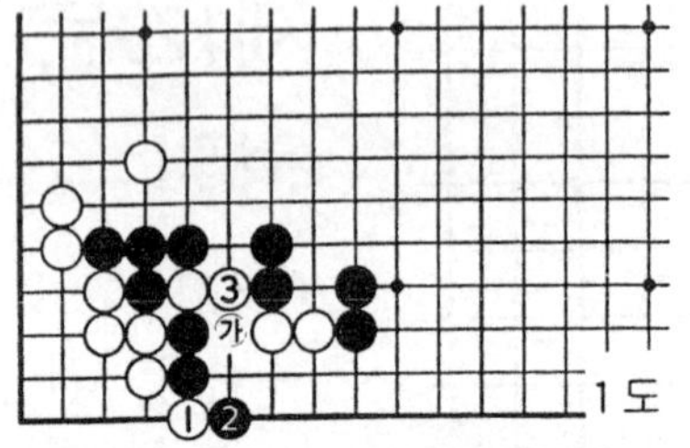

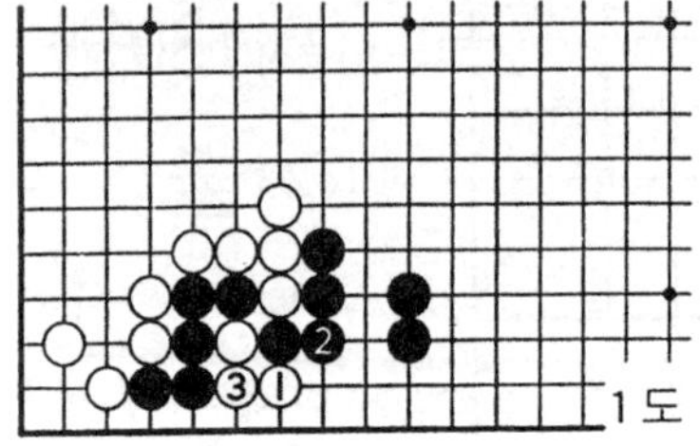

제129문 해답

1도 (정해) 백1의 젖힘이다. 흑2에는 3의 뻗음이 좋다.

2도 (참고) 흑2에는 3의 빈삼각이 좋다.

다음에 ㉮와 ㉯가 맞보기이다.

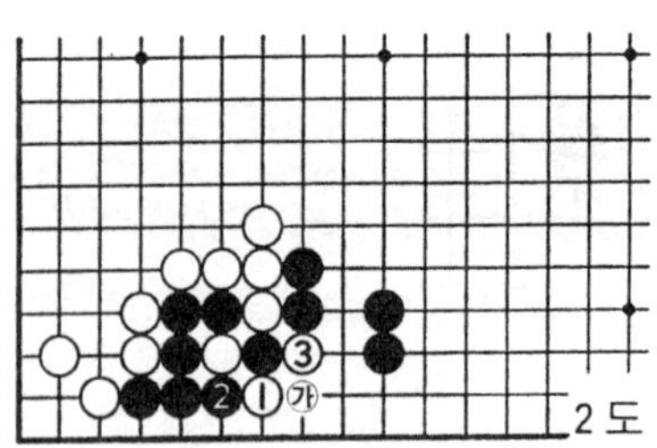

제130문 해답

1도 (정해) 백1의 젖힘이 묘착이다.

흑2에는 3으로 5점을 잡는다.

2도 (참고) 1도에서 2로 따내면 3으로 단수한다. ㉮로 두어 패다.

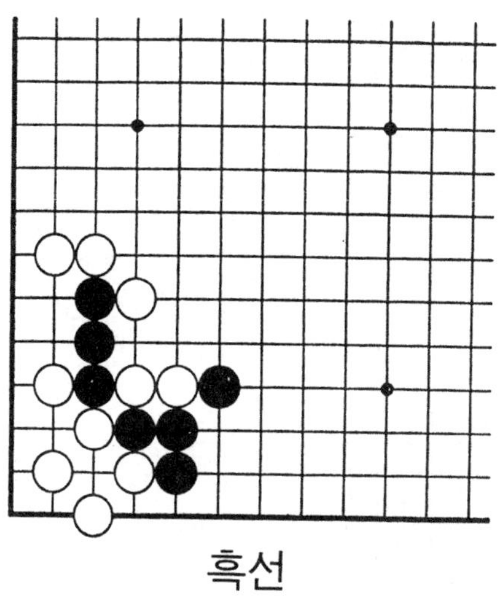

흑선

제131문
붙이는 맥

다음의 한 수
는?

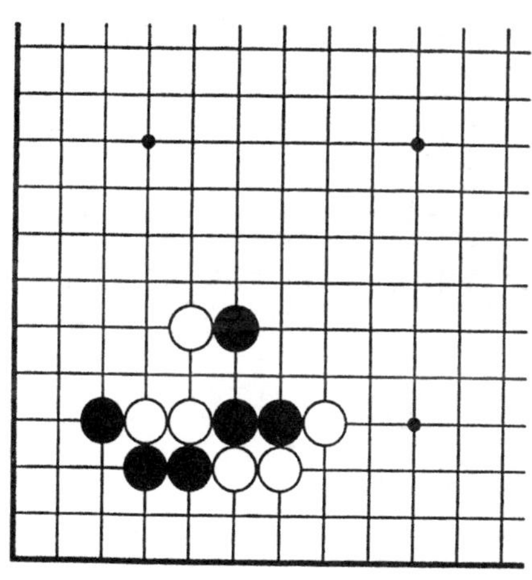

흑선

제132문
동형

앞 문제와 같
은 교묘한 맥이
있다.

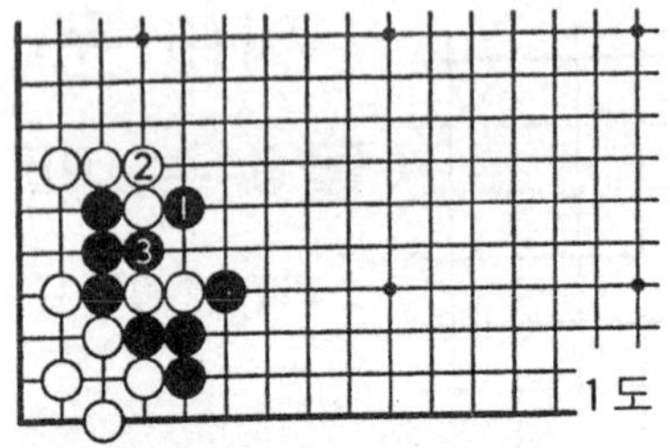

1 도

2 도

제131문 해답

1 도 (정해) 흑 1 의 붙이는 수가 있다. 백 2 에는 3 으로 나간다.

2 도 (실패) 흑 1, 3 은 속맥이다. 흑 5 로 따내면 6 으로 두는 수가 있다.

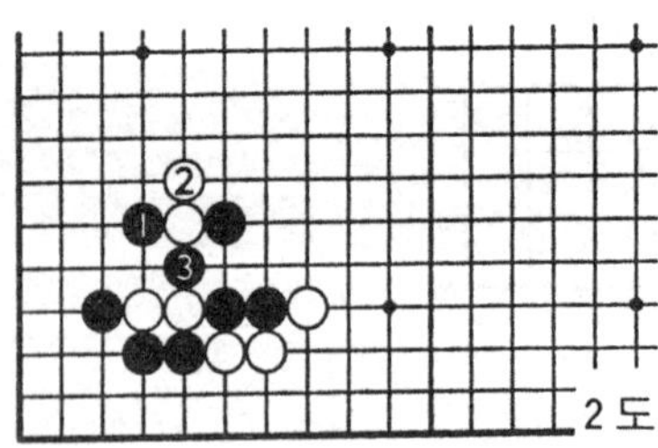

1 도

2 도

제132문 해답

1 도 (정해) 백 1 의 붙임이 흑모양의 허술함을 찌르는 급소이다.

2 도 (참고) 백 2 로 잇지 않고 위의 곳을 두면 3 의 곳을 찌른다.

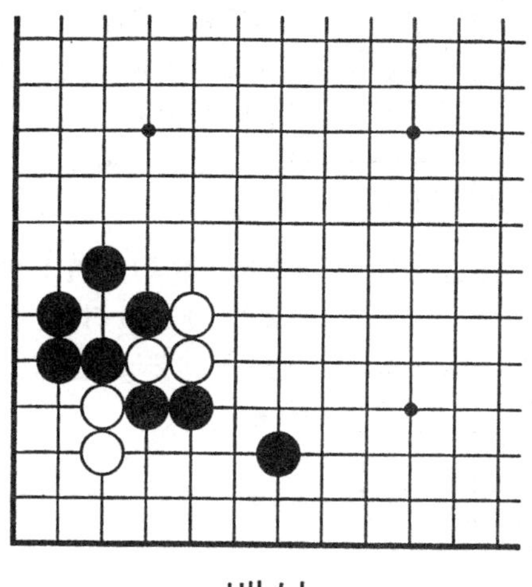

백선

제133문
40세

앞문제와 비슷한 맥이 있다. 어디가 문제일까?

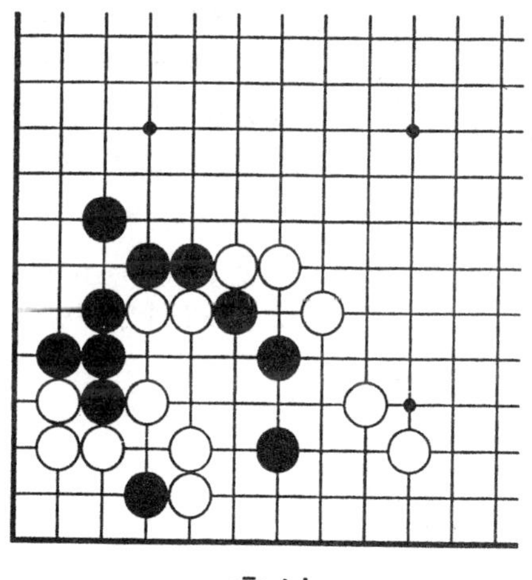

흑선

제134문
활약

이런 모양에서의 맥점은?

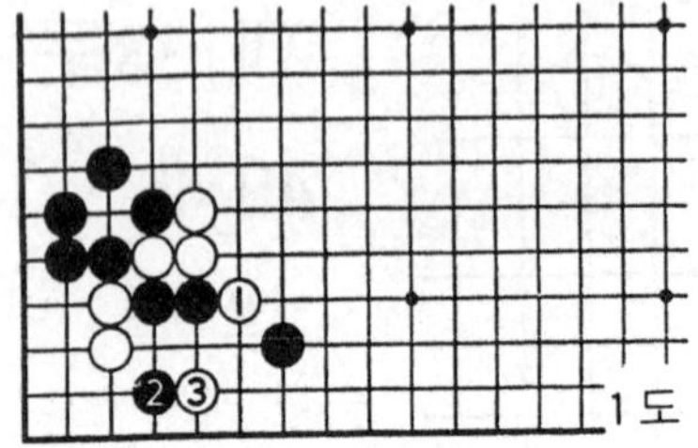

1 도

제133문 해답

　1 도 (정해)　백 1 의 젖힘은 당연하다.　흑 2 에는 3 으로 붙이는 맥이 있다.

　2 도 (참고)　백 1 에 흑 2 는 다음 5 까지 된 다음 흑㉮는 백㉯로 된다.

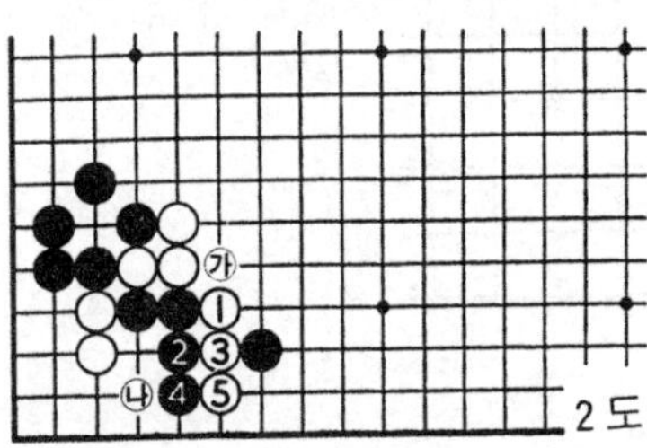

2 도

제134문 해답

　1 도 (정해)　흑 1 은 맥점이다. 백 2 에는 3 의 곳을 뻗는 맥점이 있다.

　2 도 (참고)　흑 1 에 백 2, 흑 3 까지 자충이다.

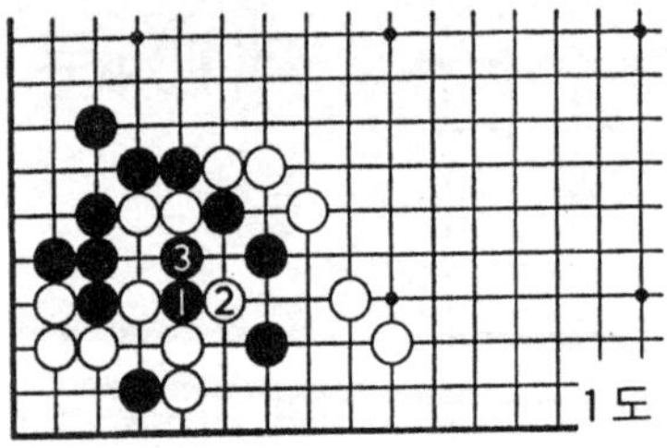

1 도

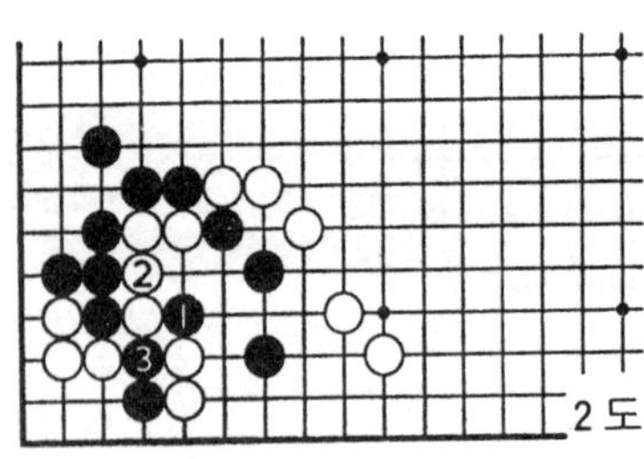

2 도

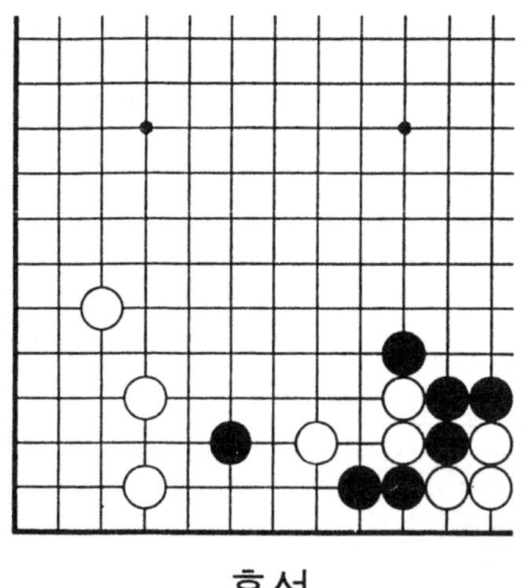

흑선

제135문
맥점 ?

작고 복잡한 곳이다.

마지막까지 수 읽기가 필요하다.

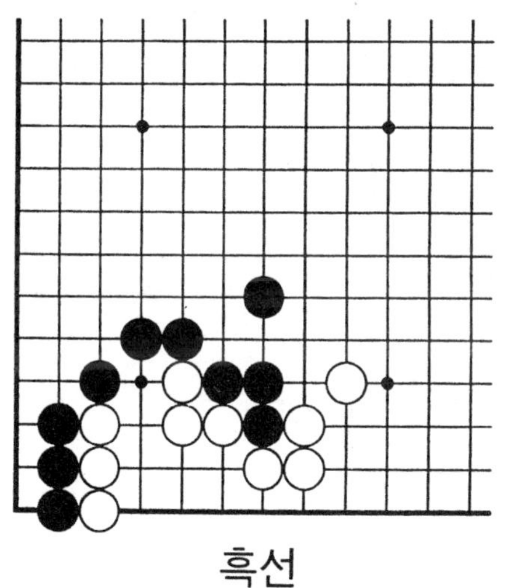

흑선

제136문
효과

자충을 이용하는 수가 있다.

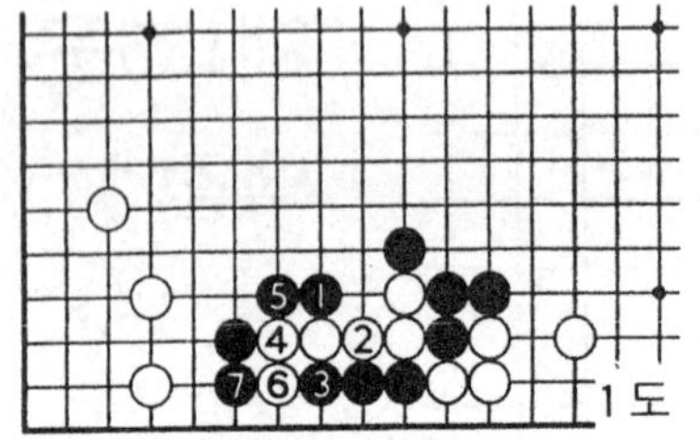

1 도

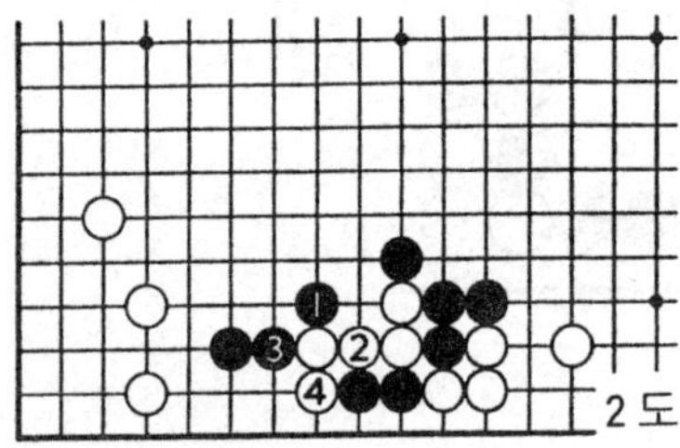

2 도

제135문 해답

1 도 (정해) 흑 1 의 붙임이 맥이다. 백 2 에는 3 이 급소다.

다음 5, 7 까지.

2 도 (실패) 흑 1 에 백 2 다음, 3 의 곳을 직접 누르는 것은 실패다.

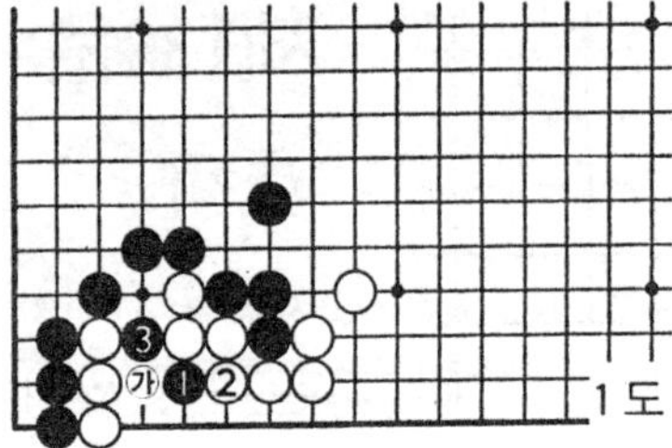

1 도

제136문 해답

1 도 (정해) 흑 1 의 붙임이 묘착이다. 백 2 로 ㉮는 3 이 있다. 제 1 착은 백 1 로 둔다.

2 도 (참고) 백 2 에는 흑 3 의 끊음이 있다.

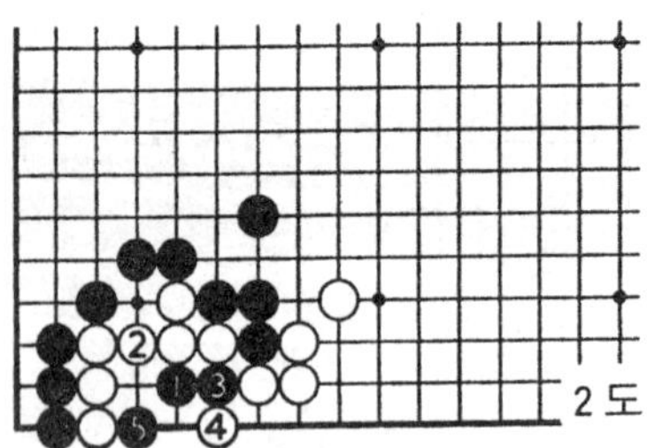

2 도

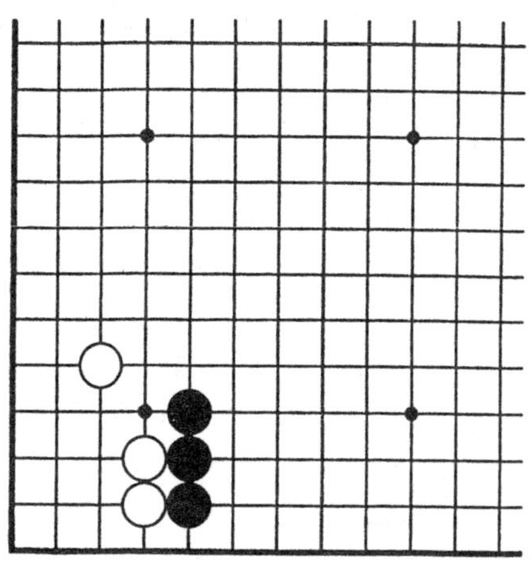

흑선

제137문
손을 뺌

흑에서 어떻게
두어야 할까?

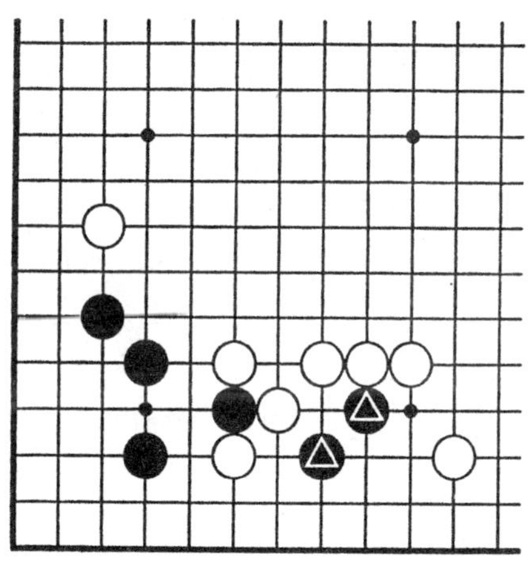

흑선

제138문
백전연마

흑△표 2점
을 도울 방법은?

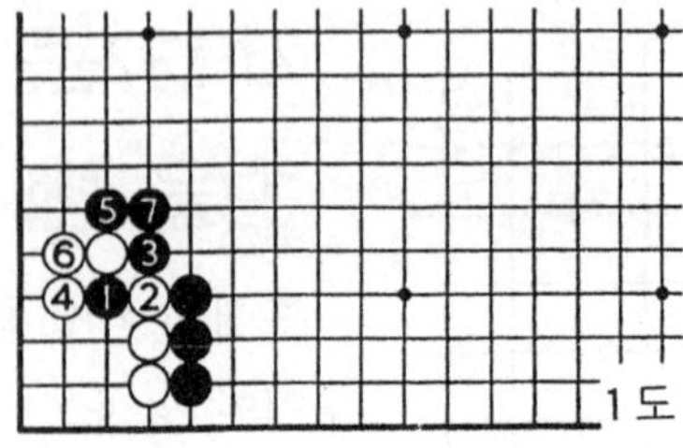

1 도

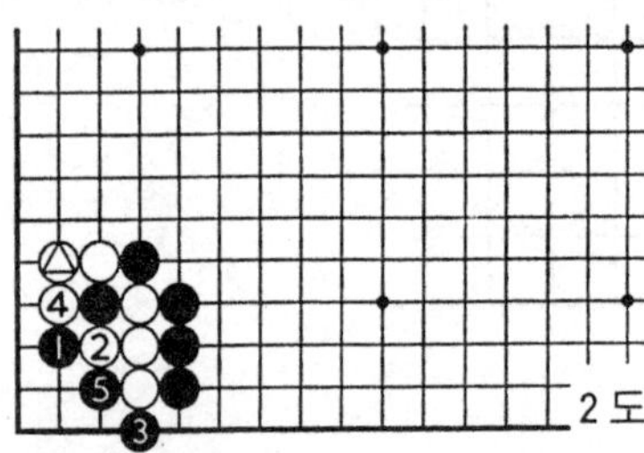

2 도

제137문 해답

1 도 (정해) 흑 1 의 건너붙임이 맥이다. 백 2 에는 흑 3 의 끊음이 있다.

백 4 에는 흑 5, 7 까지.

2 도 (참고) 1 도의 백 4 로 본도 백△표는, 흑 1 이하의 맥이다.

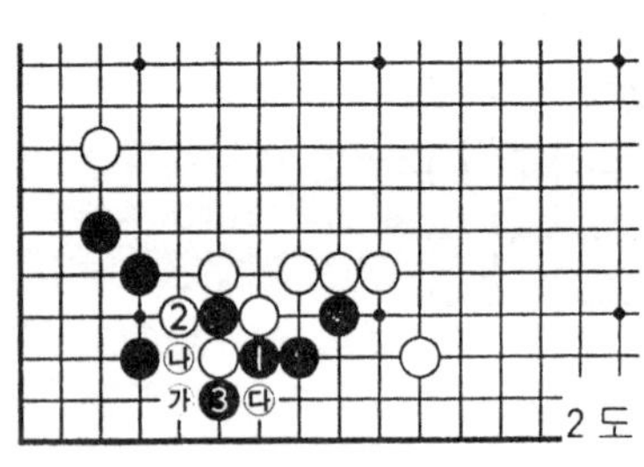

1 도

제138문 해답

1 도 (정해) 흑 1 의 붙임이 맥이다. 백 2 에는 3 으로 연락한다.

2 도 (참고) 흑 1, 3 으로 두면 맛이 나쁘다. 이 다음 백 ㉮, 흑 ㉯, 백 ㉰의 패가 남는다. 이것은 실패이다.

2 도

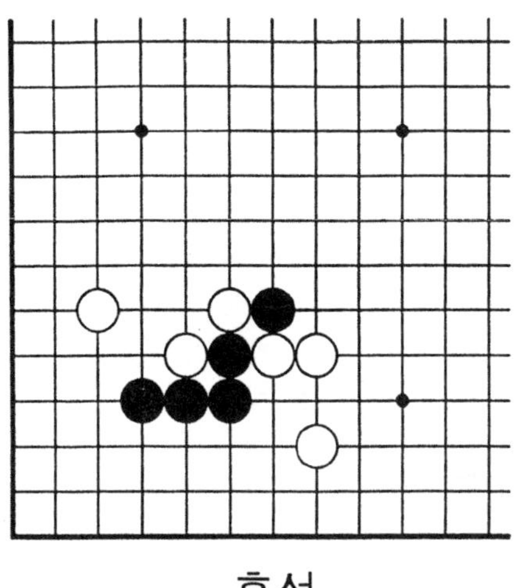

흑선

제139문
파괴의 수

혹에서 다음의
3수는?

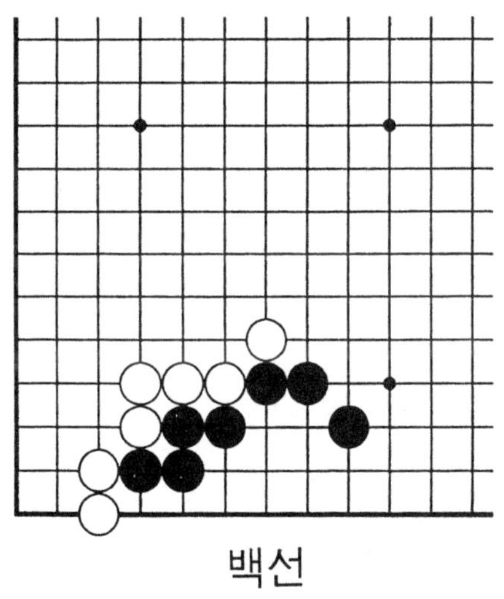

백선

제140문
2 집 이익

하변의 끝내
기 문제이다.

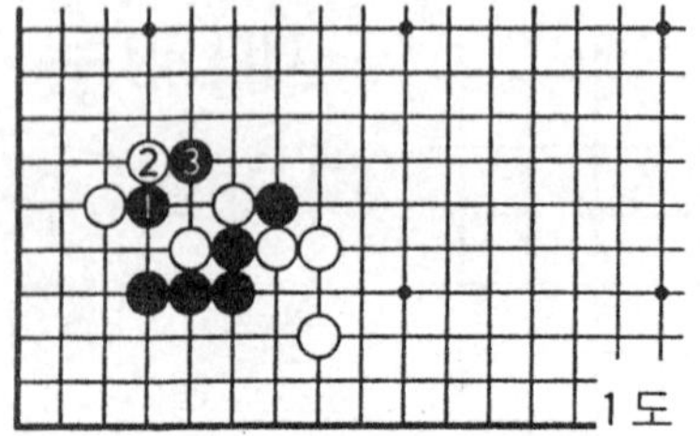

1 도

제139문 해답

1 도 (정해) 흑1의 붙임이 맥이다. 날일자 붙임에서의 맥이다.

백2에는 흑3의 젖힘이 좋다.

2 도 (실패) 흑1, 3은 백4 다음에 ㉮의 곳이 남는다.

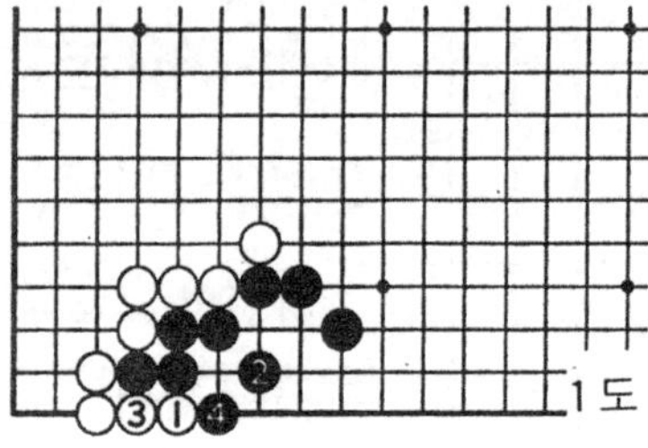

2 도

제140문 해답

1 도 (정해) 백1의 붙임. 흑2에는 3의 이음이 있다.

2 도 (참고) 백1에 흑2는 백3의 끊음이 있다. 5까지 흑이 잡힌다.

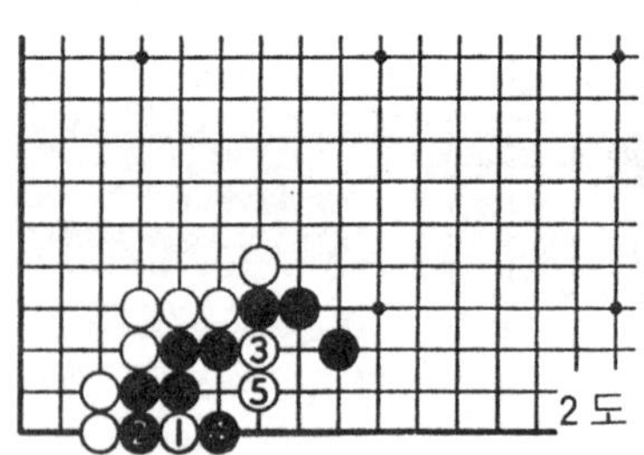

1 도

2 도

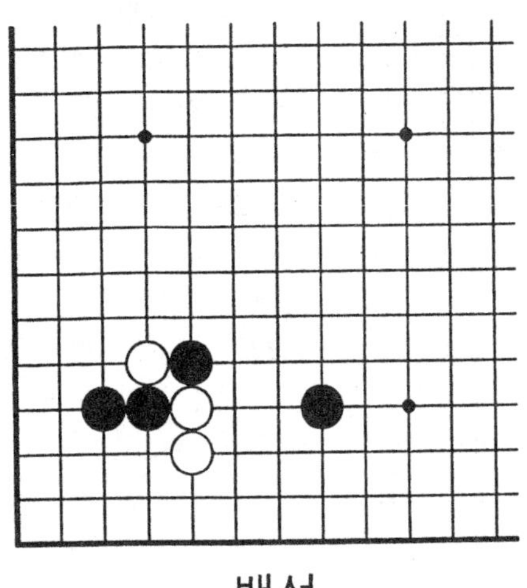

백선

제141문
사전

이　모양에서
상용의 맥점은？

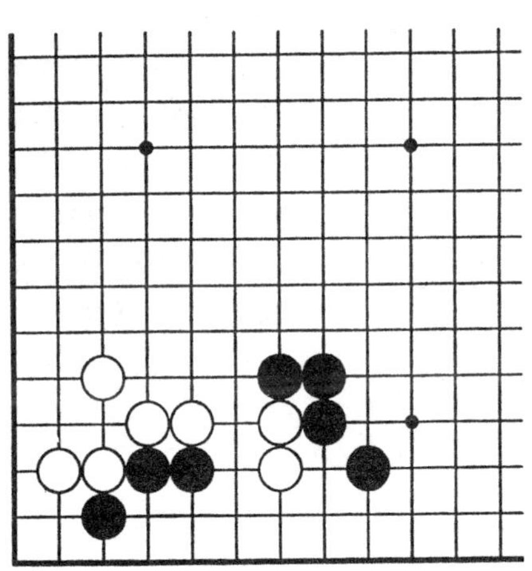

흑선

제142문
이런 모양

어떻게 해야만
맥이　발생할까？

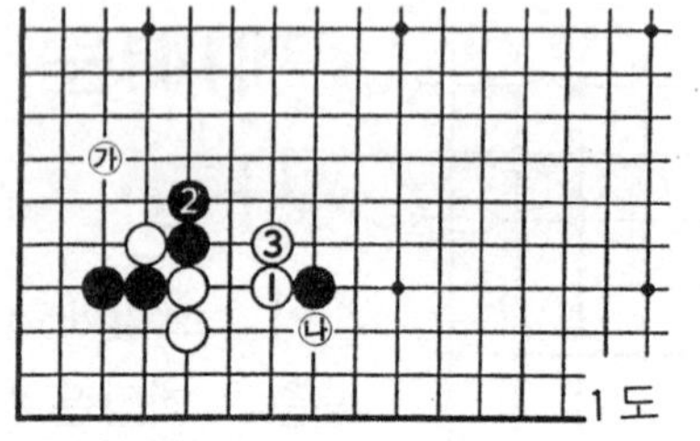

1 도

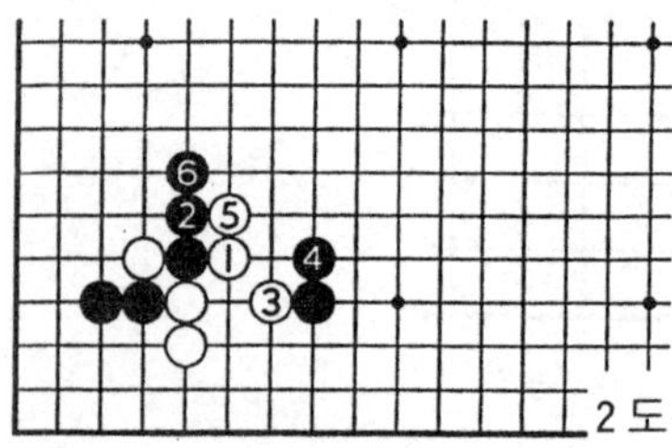

2 도

제141문 해답

1 도 (정해) 백 1 로 단순히 붙이는 것이 맥이다.

혹 2 에는 백 3 까지.

다음 혹 ㉮는 백 ㉯가 있다.

2 도 (실패) 백 1 로 두는 것은 이하 혹 6 까지 실패이다.

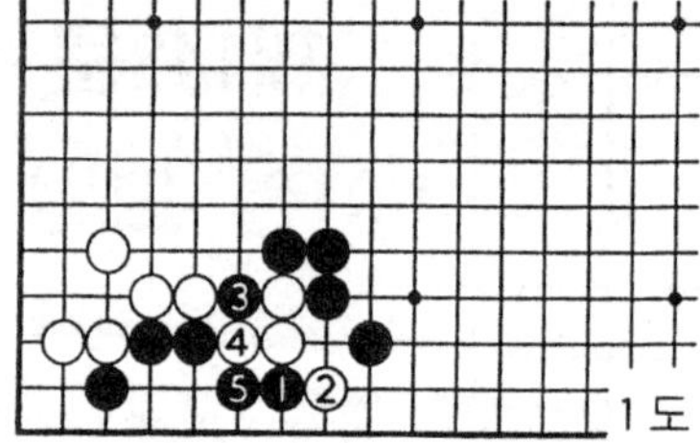

1 도

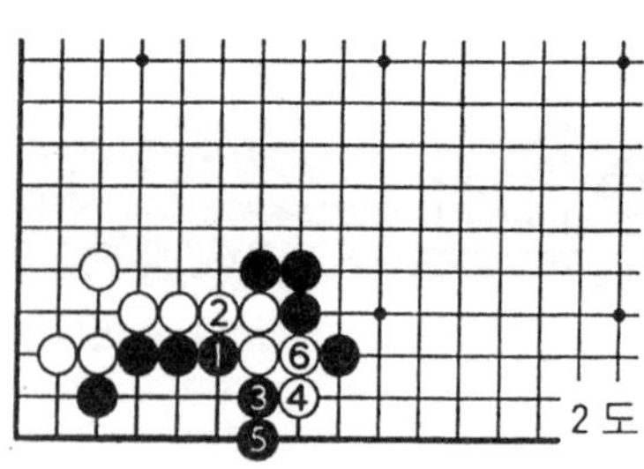

2 도

제142문 해답

1 도 (정해) 혹 1 의 붙이는 맥이 있다. 백 2 에는 혹 3 이 있다. 백 4 는 5 로 그만이다.

2 도 (실패) 혹 1 에서 3 은 이하 6 까지 1 도와의 차이가 크다.

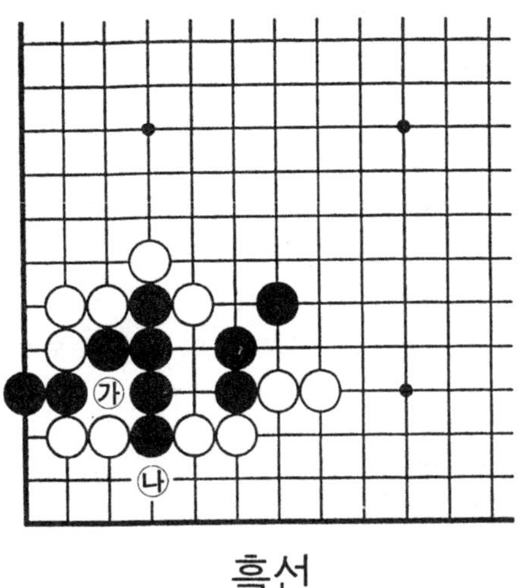

제143문
약점

㉮의곳 끊음
과 ㉯의곳 건너
감이 있다.
　동시에　방지
하는 수단은?

흑선

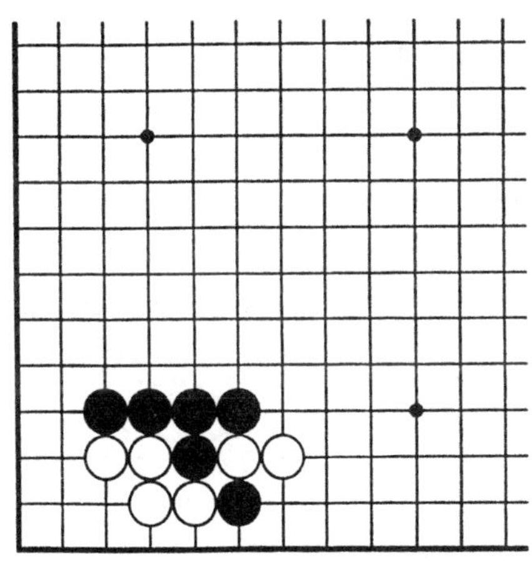

제144문
천구(天拘)

수의 맥점은?

흑선

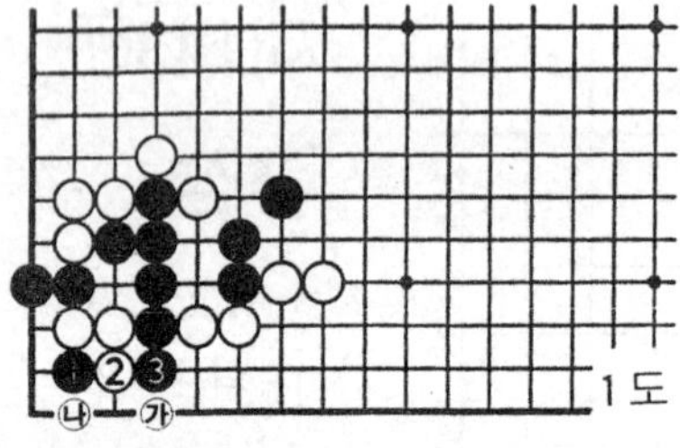

1 도

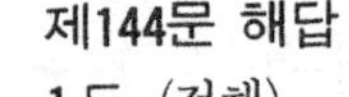

2 도

제143문 해답

1도 (정해)　흑1의 붙임이 맥이다.　백2에는 3으로 둔다. 이 다음 백㉠에는 흑은 나의 곳을 내려선다.

2도 (실패)　흑1은 백2로 양쪽을 맞보는 것이 실패다.

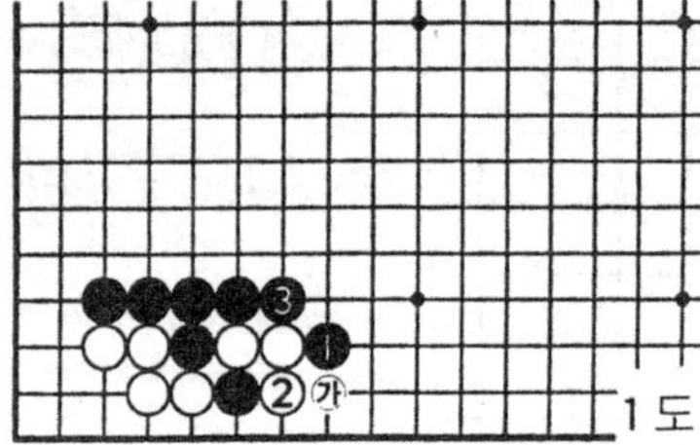

1 도

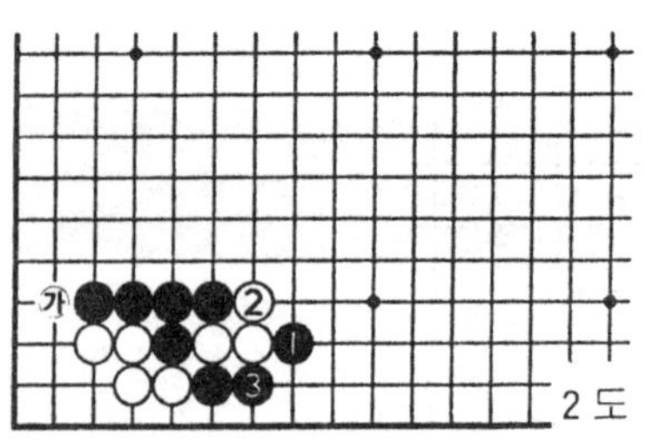

2 도

제144문 해답

1도 (정해)　흑1의 코붙임이 정착이다.

백2에는 흑3으로 조인다. 이 다음 ㉠의 조임이 있다.

2도 (참고)　흑1에 백2는 다음 3으로 둔다.

귀의 백은 ㉠로 죽는 급소가 남는다.

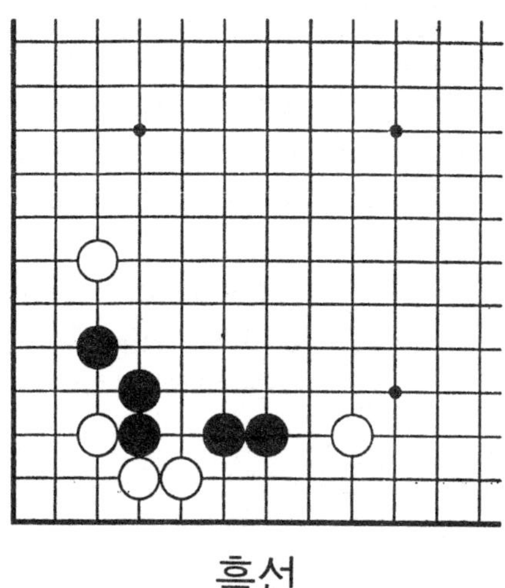

제145문
안이

귀의 백을 잡
는 문제이다.

흑선

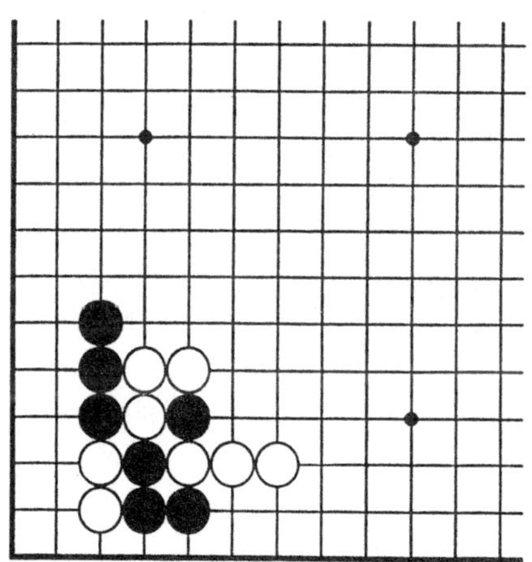

제146문
껴붙임

이런 곳은 한
눈에 알 수 있어
야 한다.

흑선

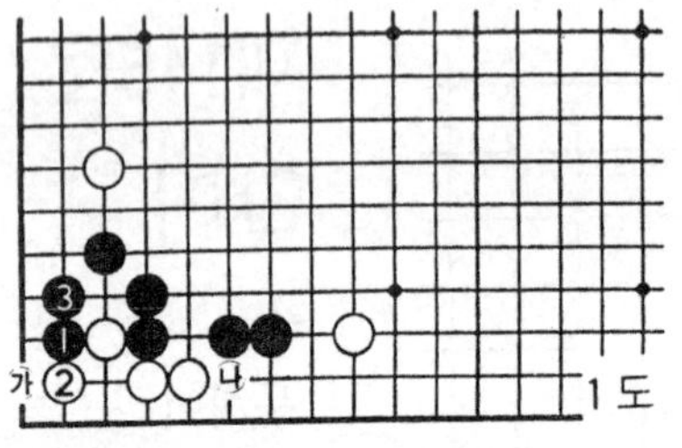

1 도

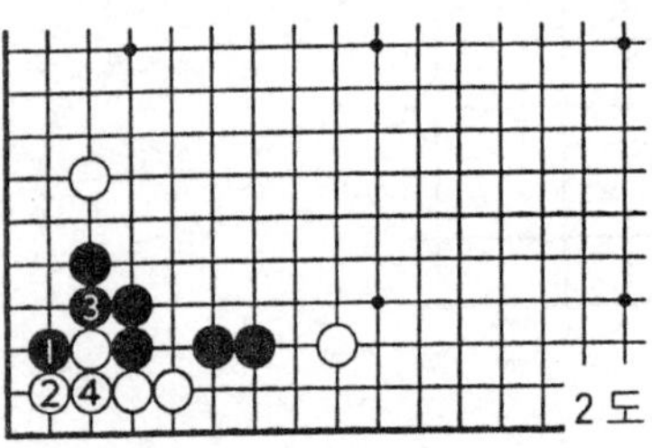

2 도

제145문 해답

1 도 (정해)　흑 1 의 붙임. 백 2 에는 3 으로 뻗는다. 백 ㉮ 는 ㉯ 의 곳을 내려서 2집이 생기지 않는다.

2 도 (참고)　흑 1 다음 3 으로 단수를 하는 것은 2집이 확보된다.

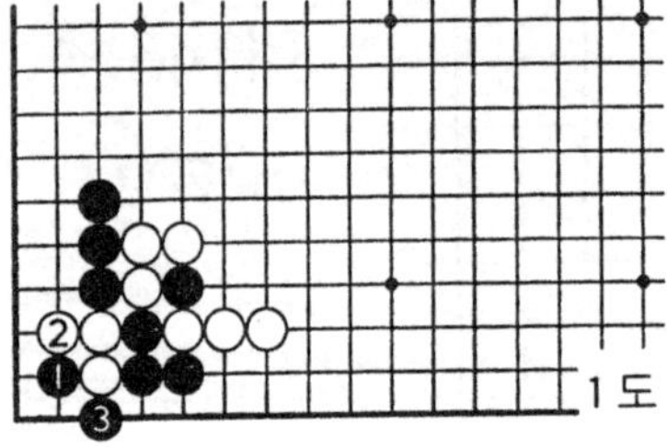

1 도

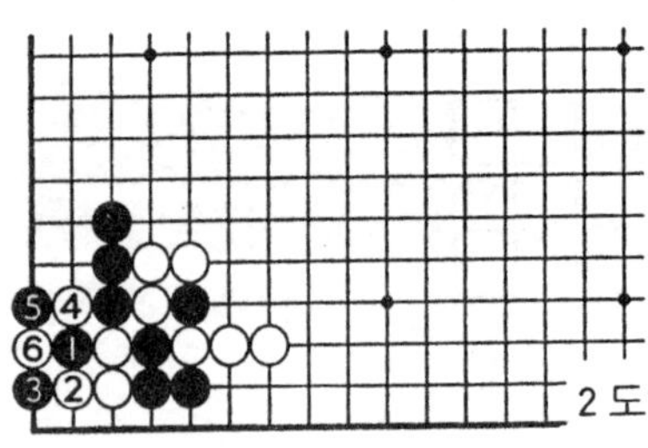

2 도

제146문 해답

1 도 (정해)　흑 1 로 옆구리를 찌름이 급소. 이하 3 까지 흑이 이긴다.

2 도 (실패)　흑 1 로 두는 것은 이하 5 까지 무리한 패이다.

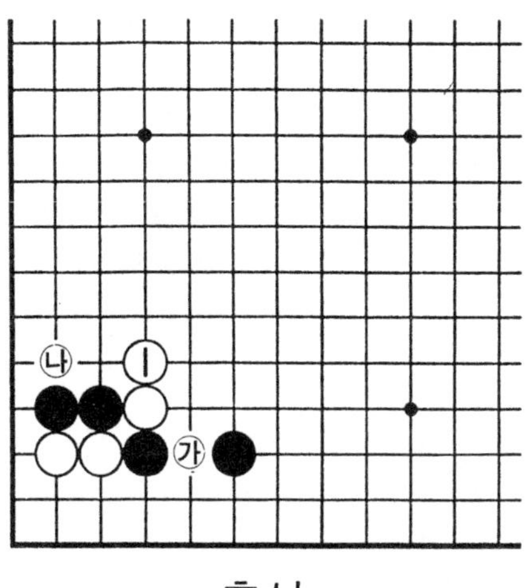

흑선

제147문
공방

백이 1의 곳을 두어 ㉮의 곳과 ㉯의 곳을 맞보기로 하고 있다.

방지하는 수단은?

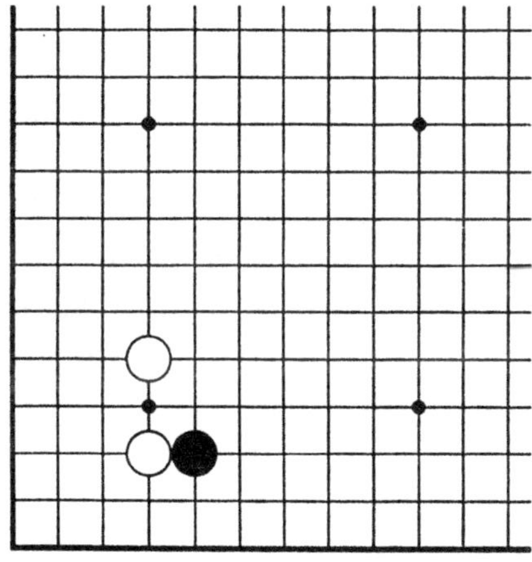

흑선

제148문
껴붙임

이 모양에서 흑이 두는 좋은 수단은?

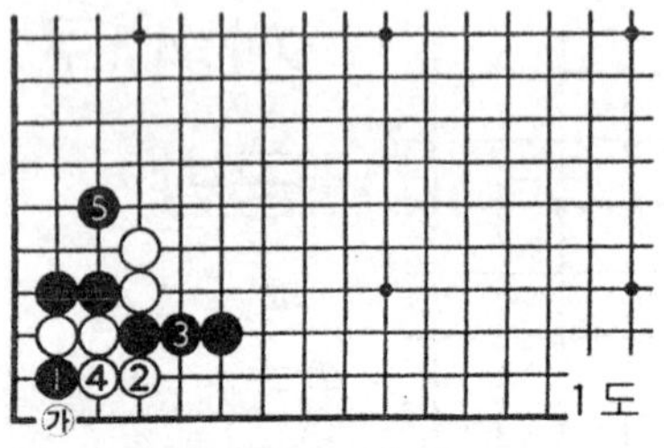

1 도

제147문 해답

1도 (정해) 흑1의 붙임이 좋은 맥이다. 백 2, 4에는 흑5로 둔다.

2도 (참고) 흑1에 백2는 흑3으로 두어 귀의 백을 잡는다.

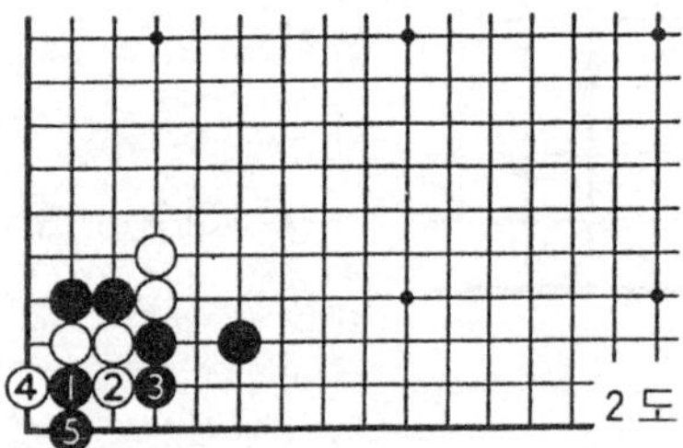

2 도

제148문 해답

1도 (정해) 흑1의 꺼붙이는 수. 백2에는 흑3이 있다.

이 다음 ㉮와 ㉯의 곳의 끊음이 남는다.

2도 (참고) 백2로 내려서면 이하 9까지 충분하다.

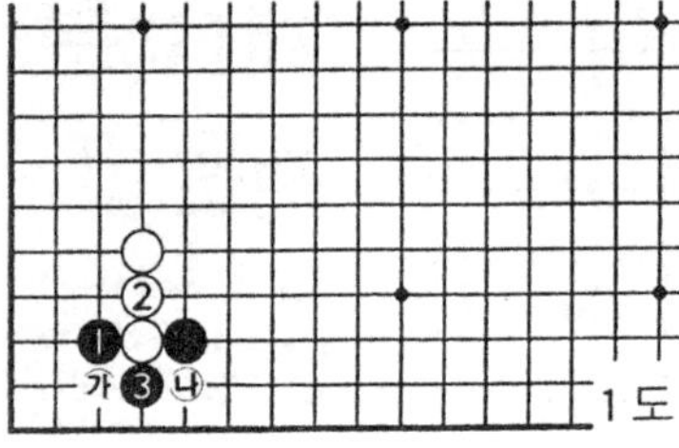

1 도

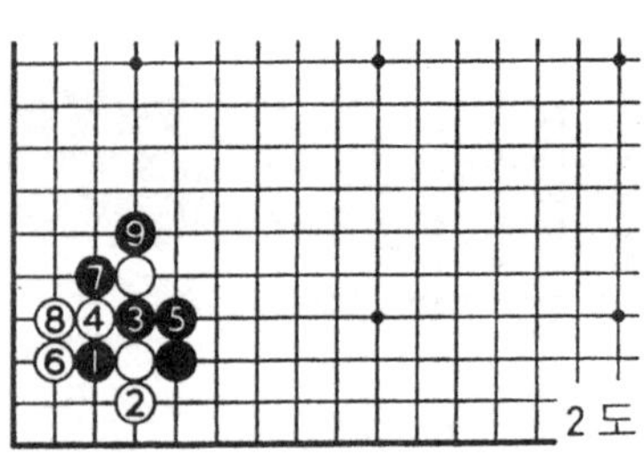

2 도

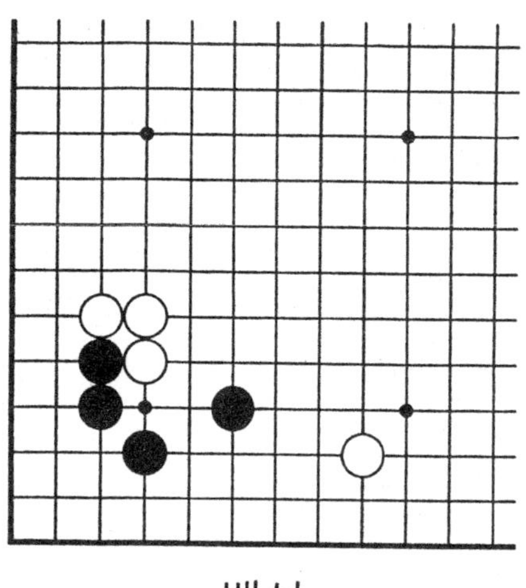

제149문
유성

흑의 결함을
찌르라.

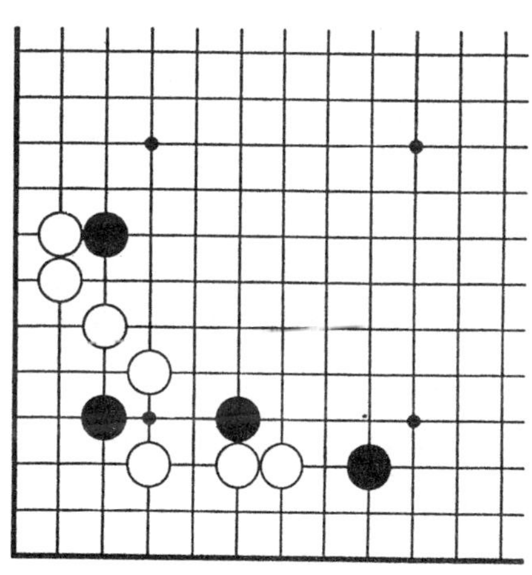

제150문
맥점

이렇게 돌들
이 산제되어 있
다. 어느 곳이
유력할까?

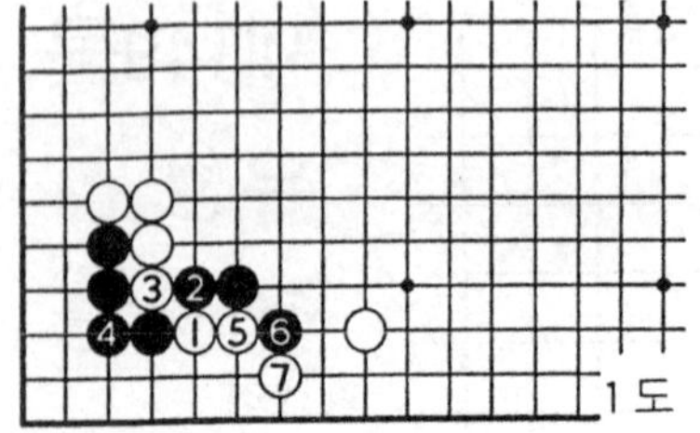

1 도

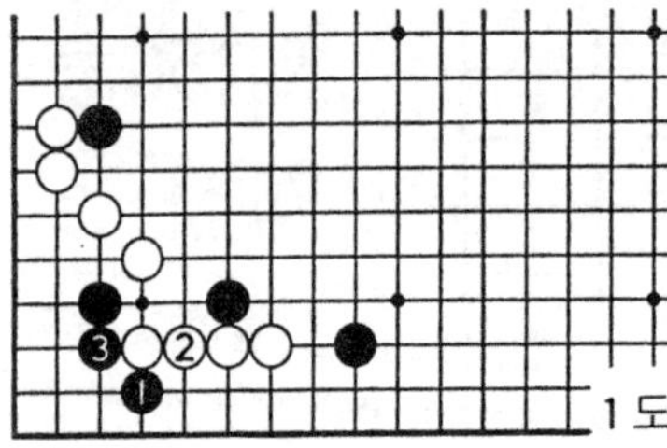

2 도

제149문 해답

1 도 (정해)   백 1 의 붙임이 맥이다.   날일자의 맥이다.   흑 2, 4 에는 백 5 로 연결된다.

2 도 (참고)   흑 4 의 내려섬에는 이하 9 까지 절단된다.

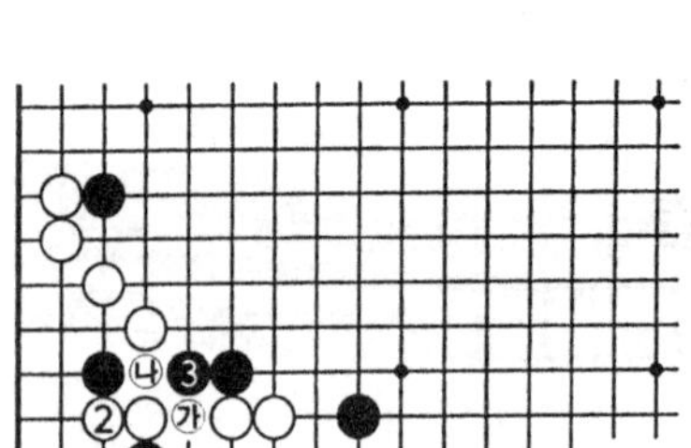

1 도

2 도

제150문 해답

1 도 (정해)   흑 1 의 붙임이 급소.   백 2 에는 흑 3 으로 둔다.

2 도 (참고)   흑 1 에 백 2 는 흑 3 으로   둔다. 다음에 ㉮와 ㉯를 맞보기로 한다.

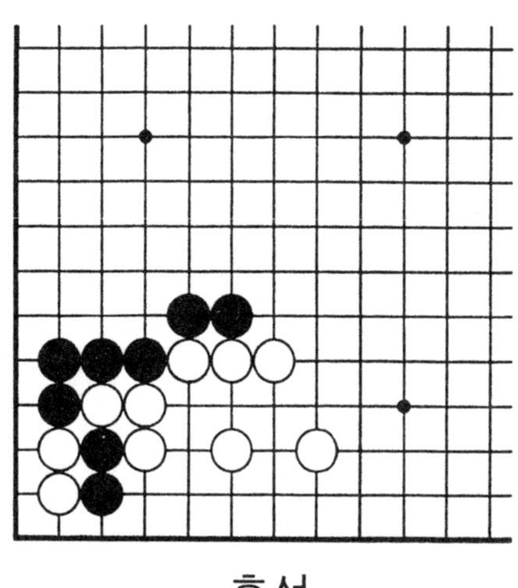

흑선

제151문
끝내기

끝내기의 문
제이다.

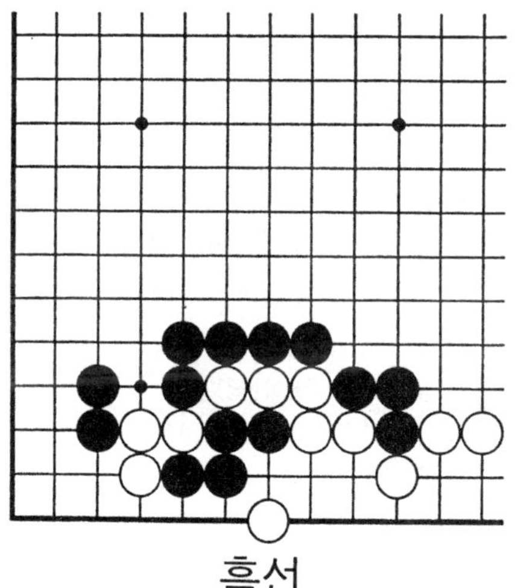

흑선

제152문
천금의
붙임

천금의 수가
있다. 묘수의
공방임을 잊지
말자.

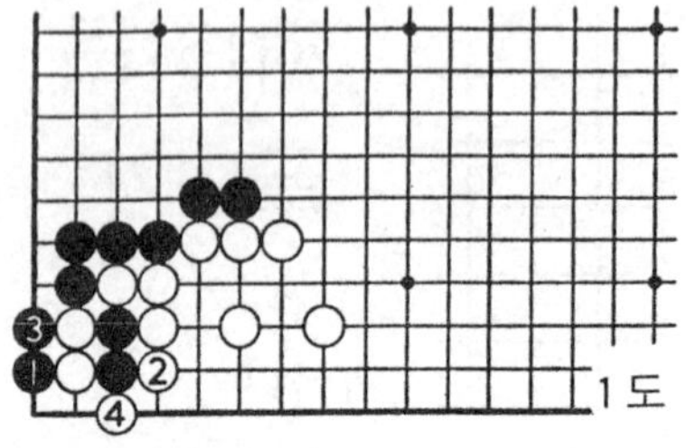

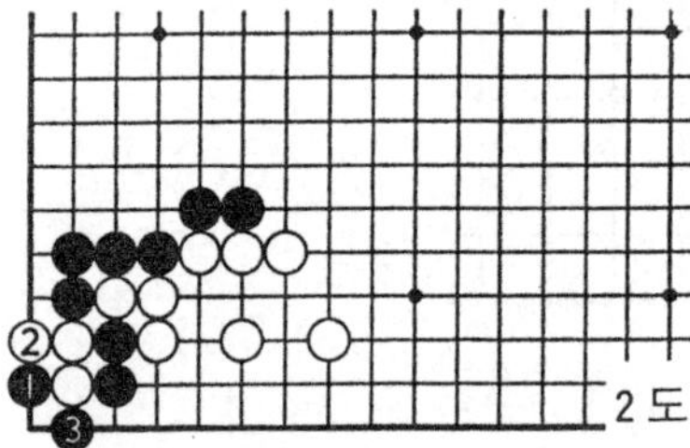

제151문 해답

1도 (정해) 흑1의 붙임이 묘수이며 선수. 끝내기가 큰 곳이다.

2도 (참고) 흑1에 백이 2로 받으면 3으로 꽃놀이 패이다.

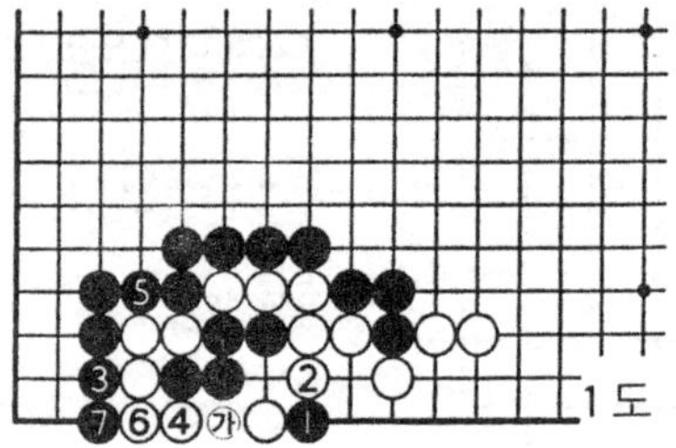

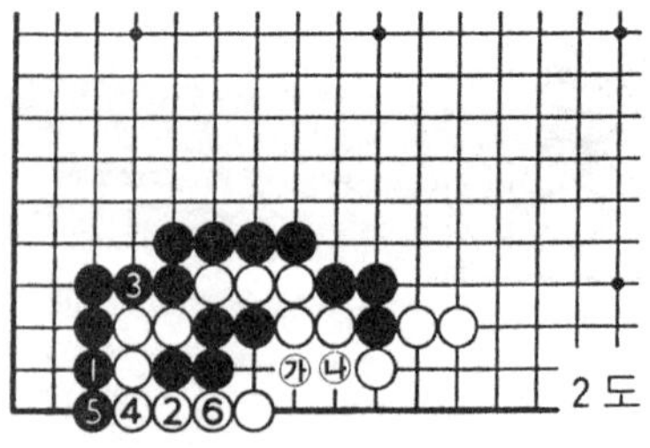

제152문 해답

1도 (정해) 흑1의 붙임이 묘수이다. 백2의 교환에서 이하 7까지 뒤떨구기를 당한다. ㉮의 곳을 잇지 못한다.

2도 (실패) 단지 흑 1, 3의 조임은 백6까지 안된다. 흑3으로 흑㉮, 백㉯의 교환도 무용.

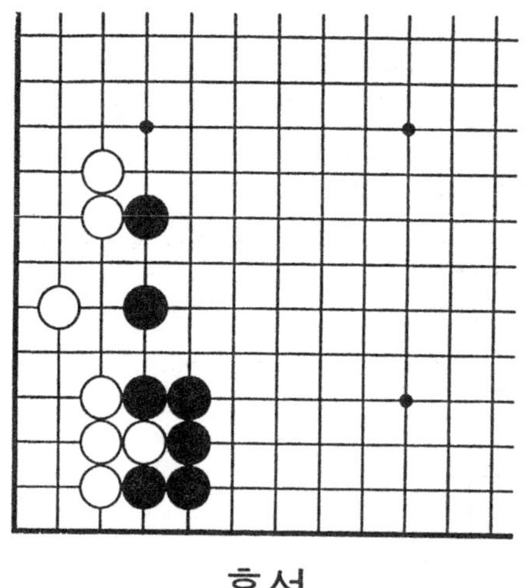

흑선

제153문
붙임

백을 분단하는 수는?

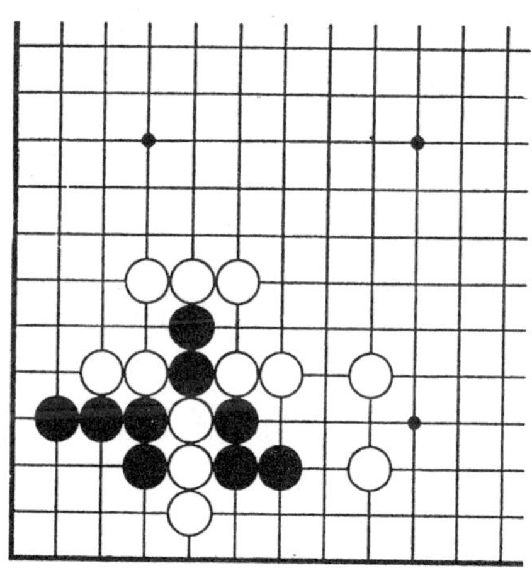

흑선

제154문
묘수의 맥

오른쪽 흑 3점을 도울 수 있는 수단은?

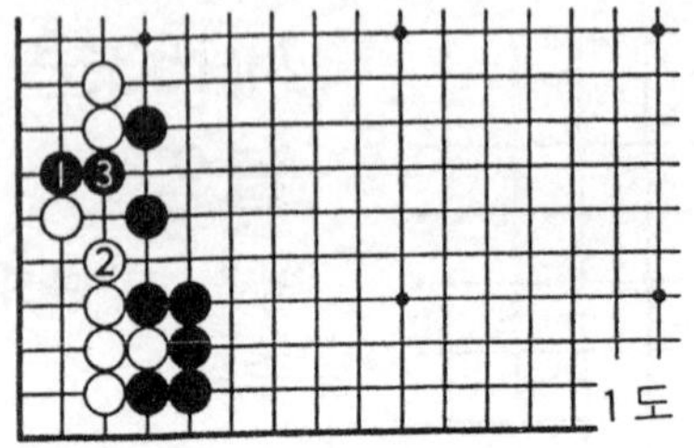

1 도

제153문 해답

1 도 (정해) 흑 1 의 붙임이다. 백 2 에는 흑 3 의 분단으로 성공이다.

양붙임이 유효하다.

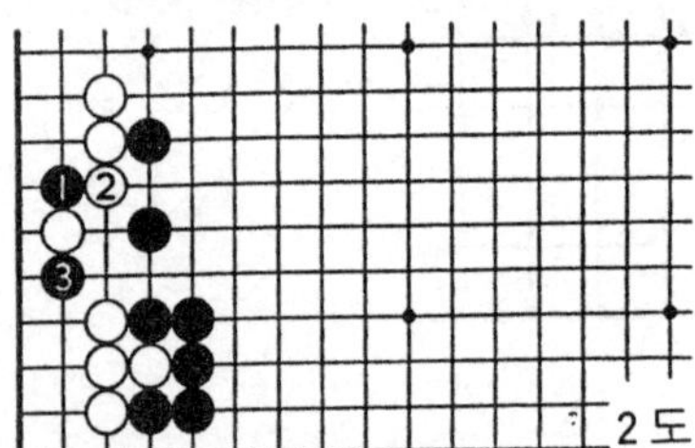

2 도

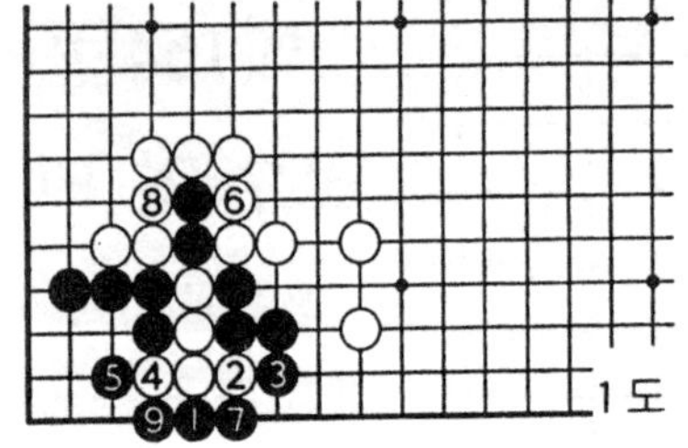

1 도

제154문 해답

1 도 (정해) 흑 1 의 붙임이 급소이다. 백 2, 4 에는 이하 흑 7, 9 로 건너간다.

2 도 (참고) 백 2 는 흑 3 으로 3점을 잡는다.

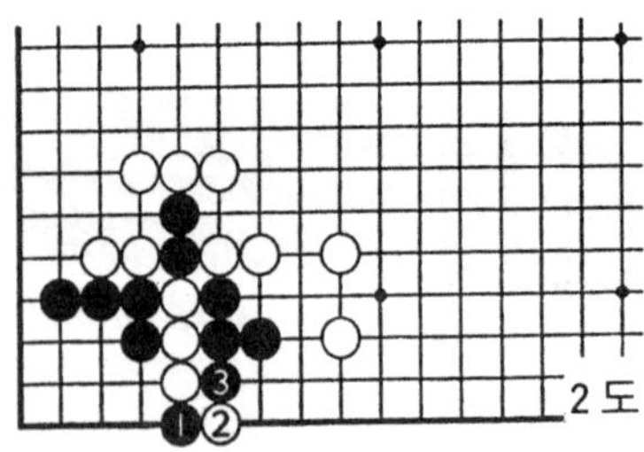

2 도

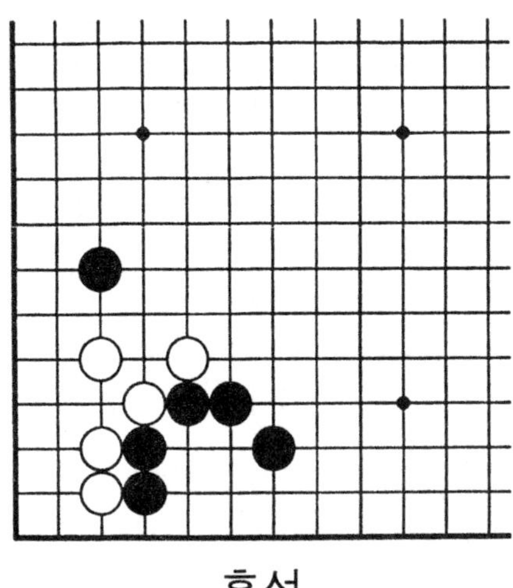

흑선

제155문
상급

백의 모양이 엷다. 흑은 어떻게 두어야 할까?

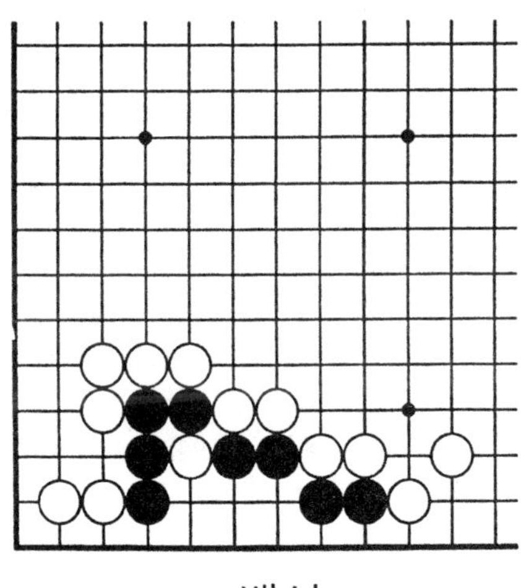

백선

제156문
기상천외

이곳에 기상천외한 맥이 있다.

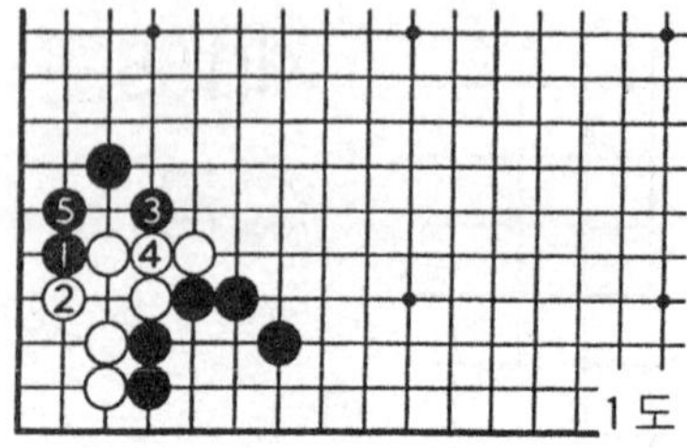

1 도

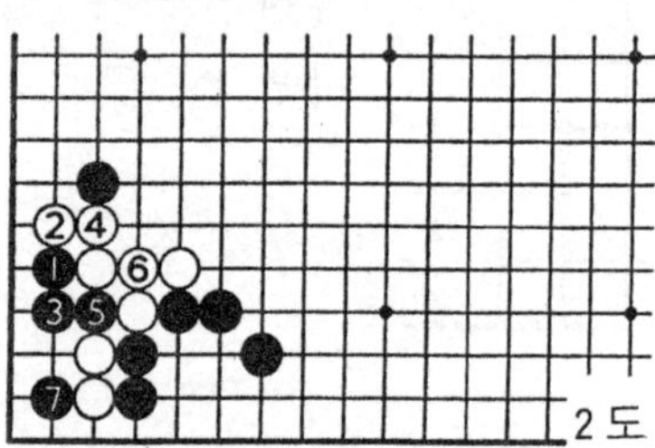

2 도

제155문 해답

1 도 (정해) 흑 1 의 붙임이 맥이다.

백 2 에는 흑 3, 백 4 를 교환한 다음 5 로 뻗는다.

2 도 (참고) 흑 1 에 백 2 의 저항은 이하 7 까지 흑의 실리가 크다.

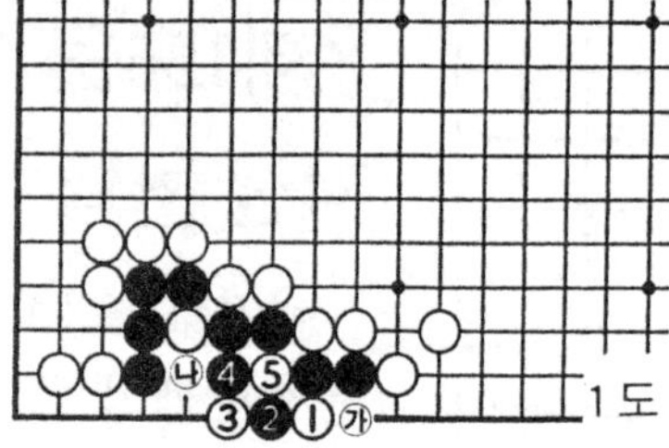

1 도

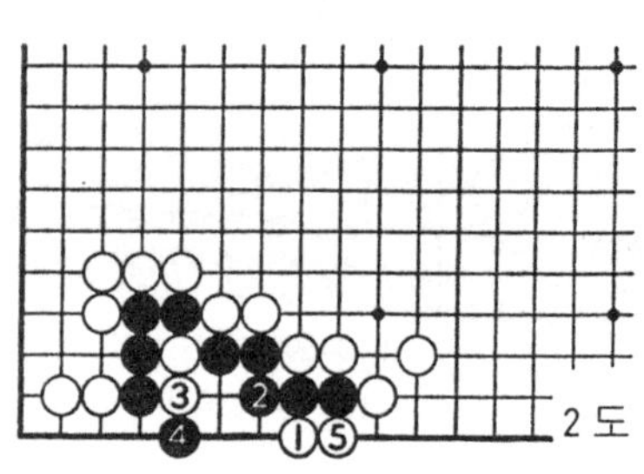

2 도

제156문 해답

1 도 (정해) 백 1 의 붙임이 기상천외한 수 이다.

흑 2 에는 백 3 으로 패 이다.

흑 4 로 ㉮의 곳을 때리면 다음 ㉯가 있다.

2 도 (참고) 백 1 에 흑 2 는 백 5 까지 죽는 다.

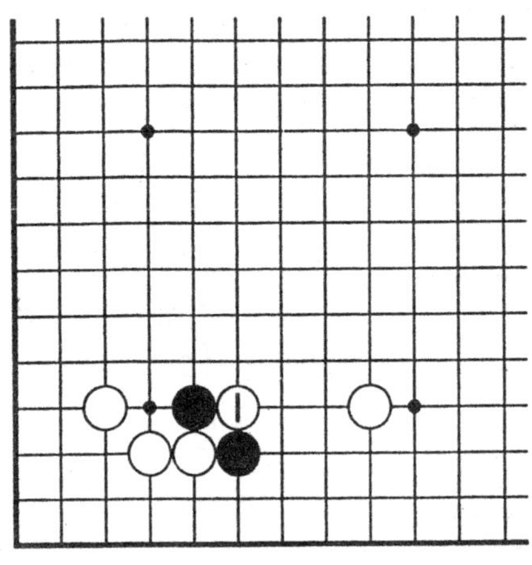

흑선

제157문
부딪힘

백 1의 끊음
에 흑의 응수는?
어떻게 부딪
혀야 할까?

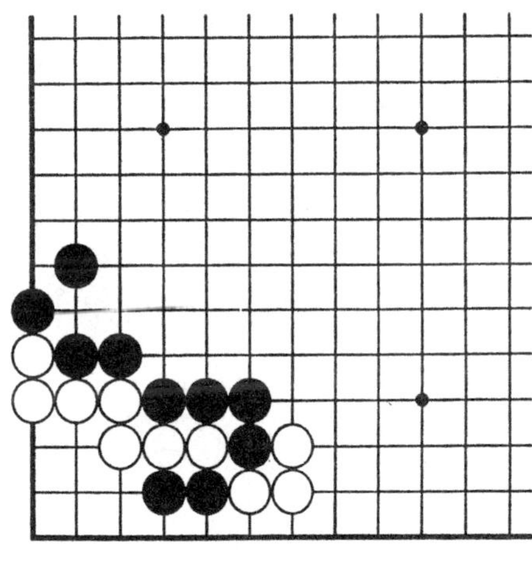

흑선

제158문
공포

쉽게 생각하
면 안된다.
두려운 찌름
이 있다.

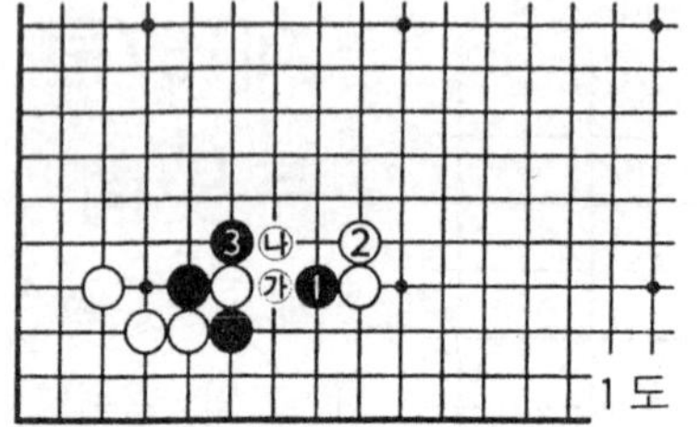

제157문 해답

1도 (정해) 흑1의 붙임이 맥이다.

백2에는 3으로 조인다. 백㉮는 흑㉯로 모양이 정비된다.

2도 (참고) 흑1의 붙임에 백2의 뻗음은 3의 젖힘이 있다.

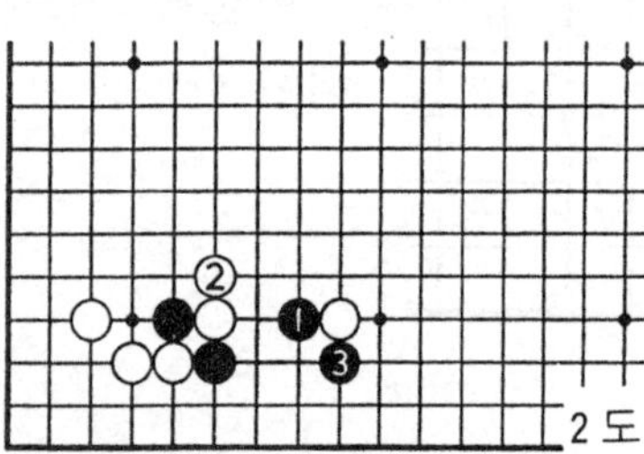

제158문 해답

1도 (정해) 흑1은 백2 다음 3의 껴붙임이 맥이다.

2도 (실패) 흑3, 5의 단수는 속맥이다.

백8의 누름이 있다.

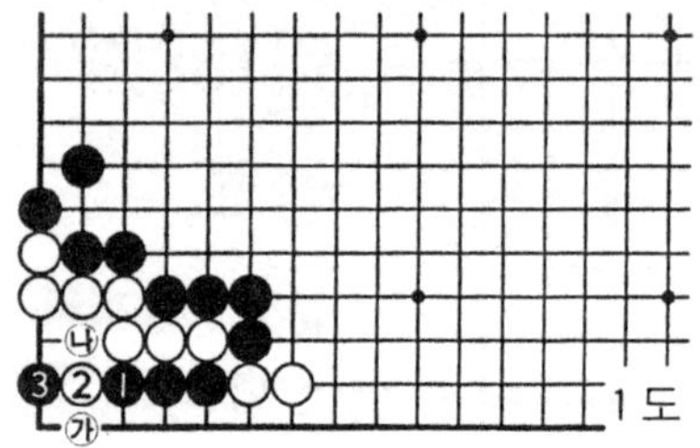

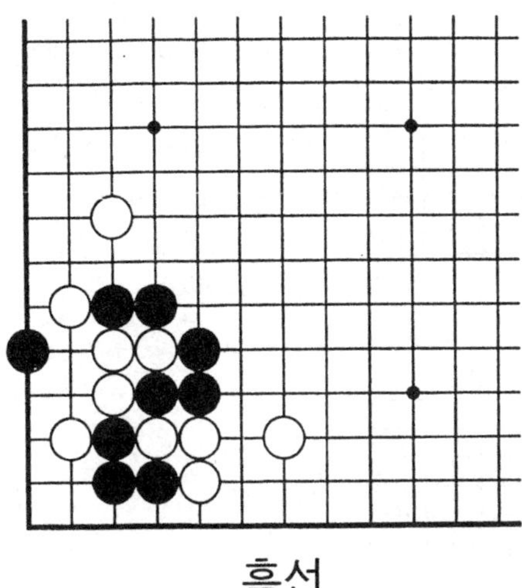

제159문
침착

묘착의 공방
이다.
냉정하고 침
착한 수는?

흑선

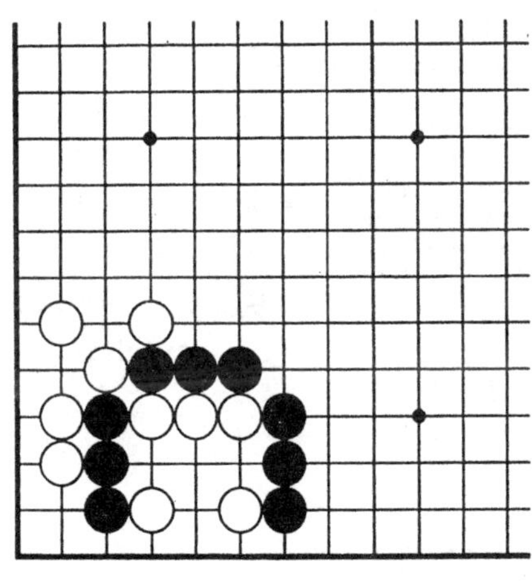

제160문
표창대

어느곳을 찔
러야 할까? 공
방의 급소는?

흑선

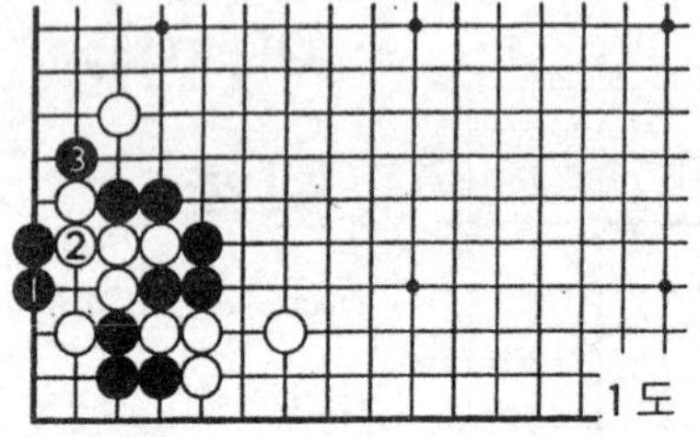

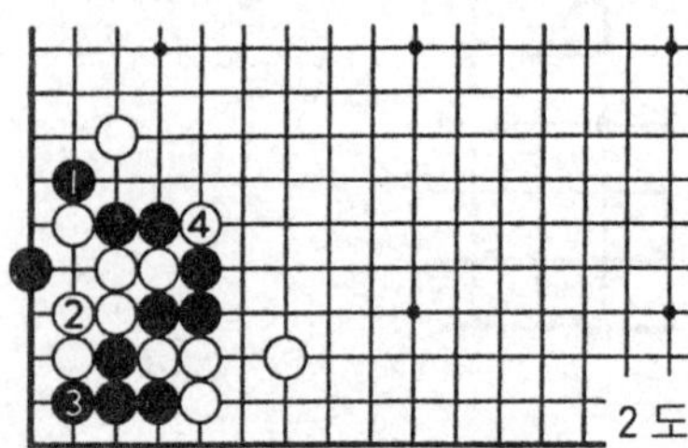

제159문 해답

1도 (정해) 흑1이 급소이다. 맥을 알고 있다면 간단하다. 흑2에는 3으로 그만이다.

2도 (실패) 흑1은 백2, 4까지—.

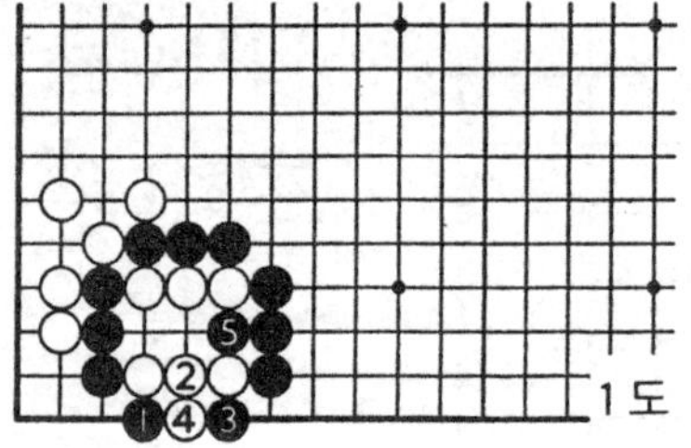

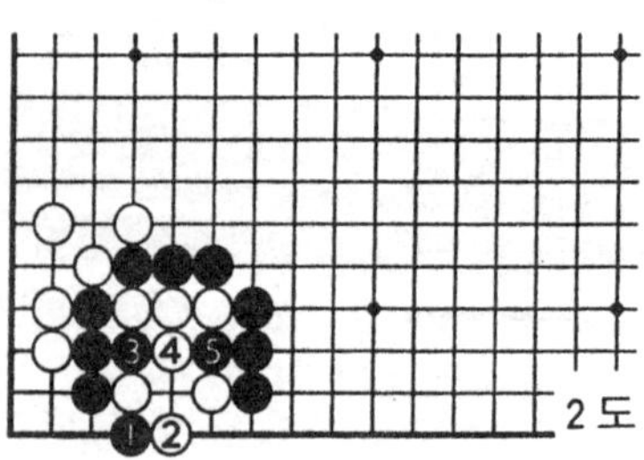

제160문 해답

1도 (정해) 흑1의 젖힘이다. 백2에는 반대쪽을 젖힌다.

백4에는 흑5의 미는 수가 있다.

2도 (참고) 백2에는 3, 5로 이긴다.

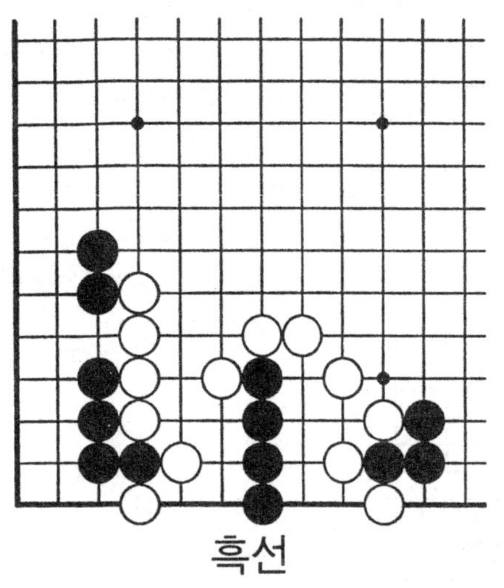

흑선

제161문
무조건

패가 나지 않
는다.

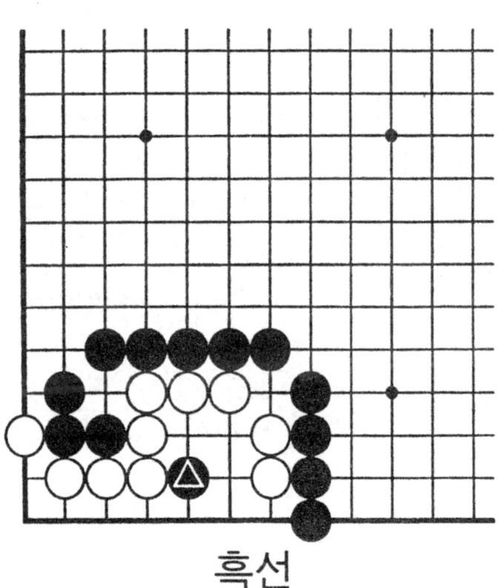

흑선

제162문
기상천외

흑△표가 놓
여있다.
묘수는?

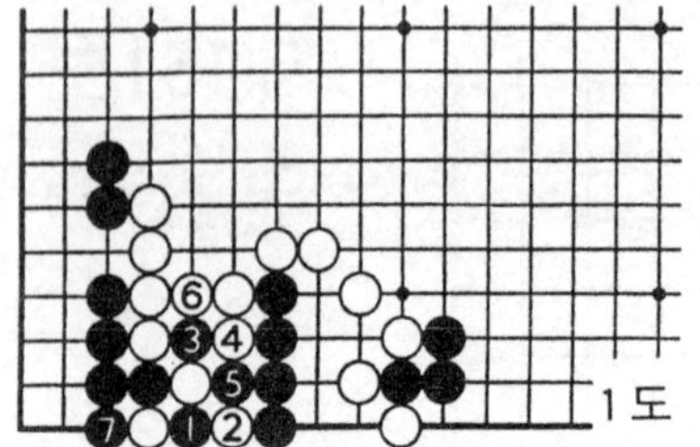

1 도

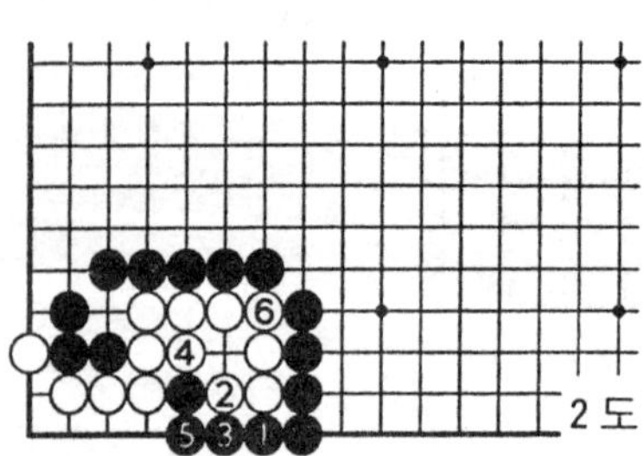

2 도

제161문 해답

1도 (정해) 흑1에서 3의 끊음으로 건너가는 것이 맥이다. 5, 7로 무조건 건너간다.

2도 (실패) 흑1, 3으로 두는 것은 실패다. 패가 된다.

제162문 해답

1도 (정해) 흑1의 누름이 있다. 백2에는 흑3으로 는다.

다음 ㉮와 ㉯의 곳을 비웃는다.

백2로 ㉮는 흑㉯로 끊는다.

2도 (실패) 흑1, 3은 백6으로 산다.

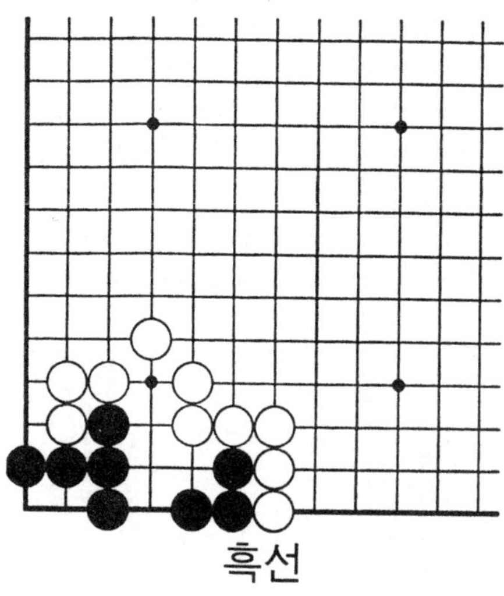

제163문
후절수

한집을 더 만
들어야 한다.

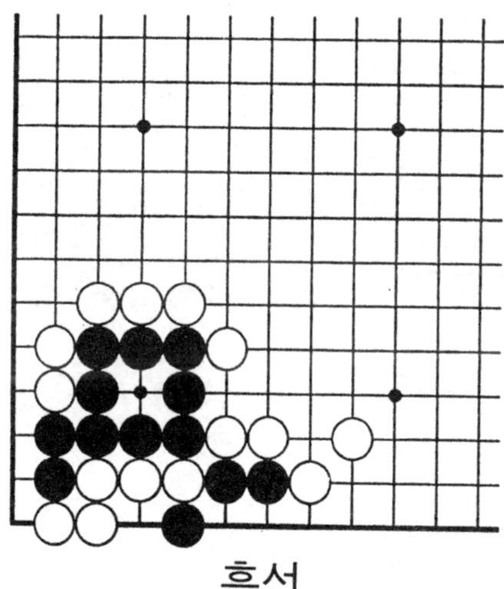

제164문
역권

특수한 모양
이다. 어떤 수
가 있는 것일까?

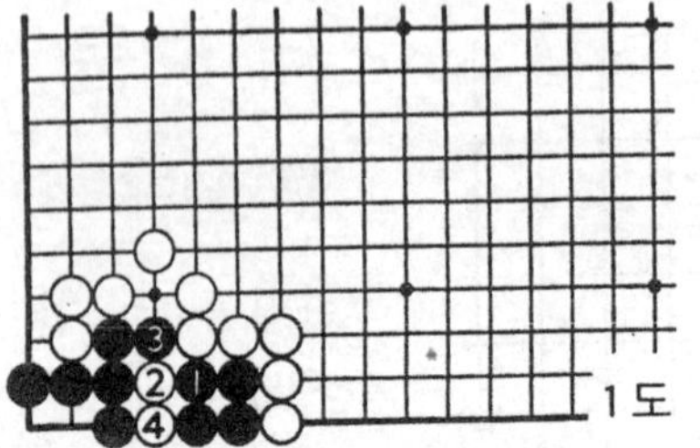

1 도

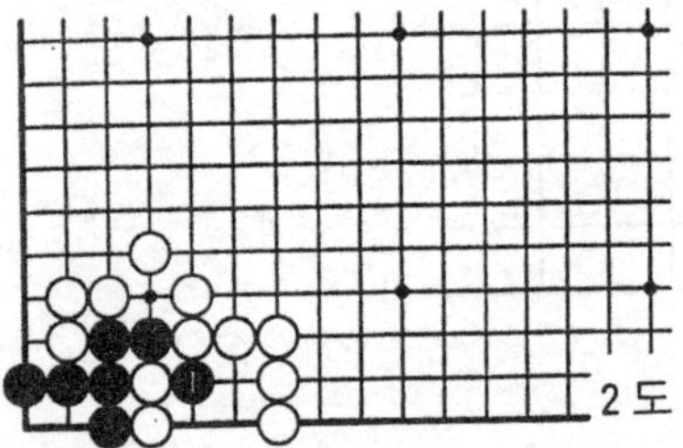

2 도

제163문 해답

1 도 (정해) 흑 1 로 둔다. 백 2 에는 3 의곳 을 둔다. 흑 4점을 끊 어 잡는다.

2 도 (계속) 1 도 다 음 흑 1 의 끊음이 후절 수이다.

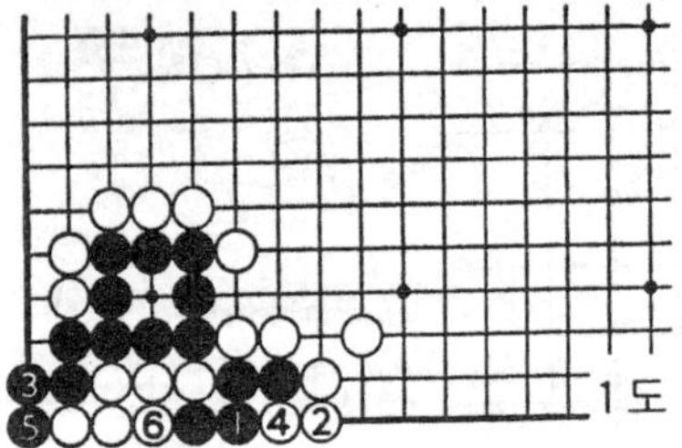

1 도

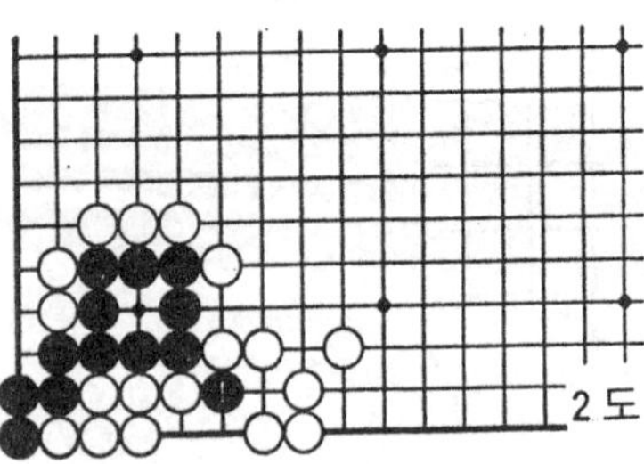

2 도

제164문 해답

1 도 (정해) 흑 1 의 이음이다. 후절수를 노 리는 호수이다. 이하 6 까지 된 다음—.

2 도 (계속) 1 도 다 음에 흑 1 의 끊음이 있 다.

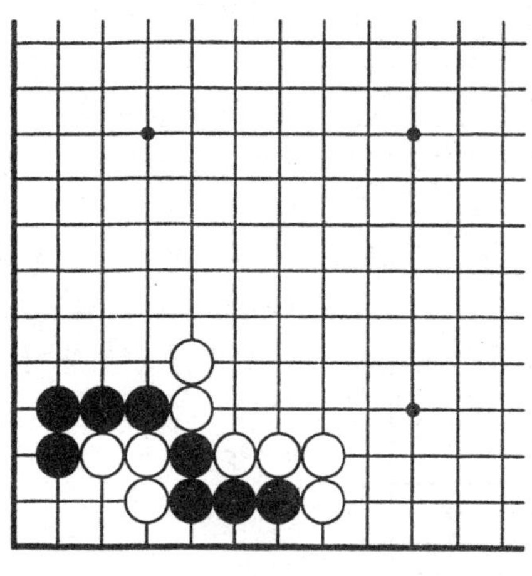

백선

제165문
귀의 활용

귀에서 생긴 모양이다.

어떤 수가 있는 것일까?

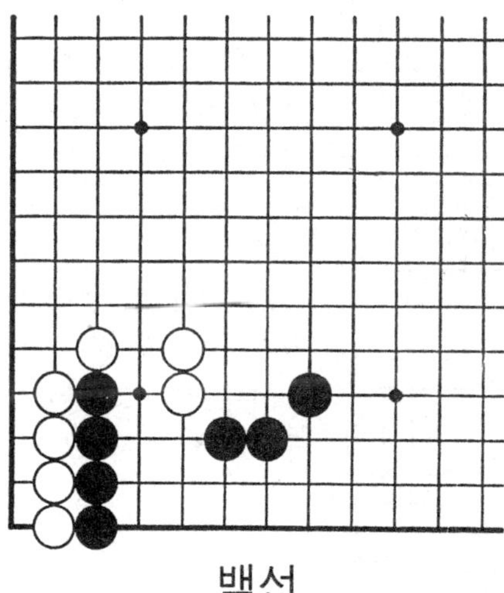

백선

제166문
한 칸

흑의 4점을 잡는 수는?

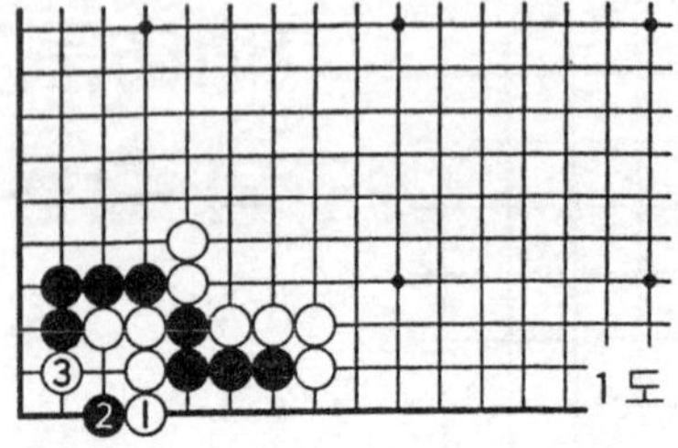

1 도

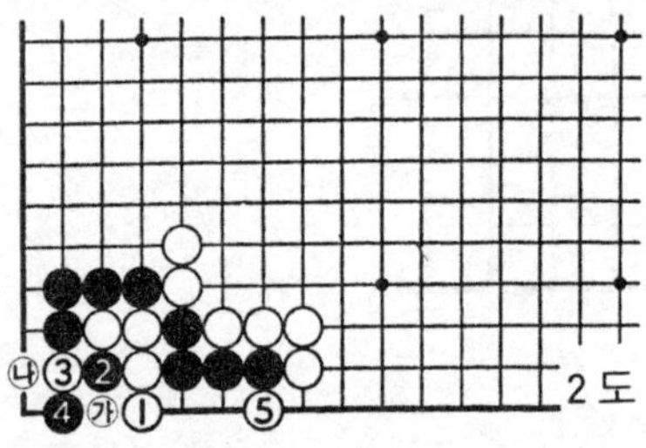

2 도

제165문 해답

1 도 (정해) 백 1 의 내려섬이 좋은 수. 흑 2 에는 3 의 젖힘이 있다.

2 도 (참고) 백 1 에 대하여 흑 2 의 찌름, 다음 4 가 냉정한 수이다. 백 5 로 ㉮ 는 ㉯ 로 패가 난다.

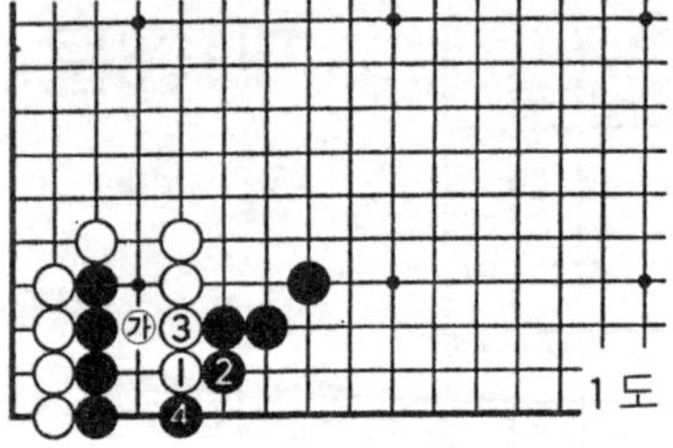

1 도

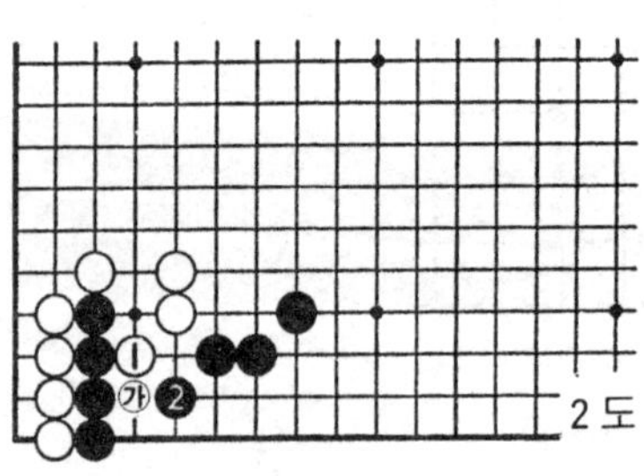

2 도

제166문 해답

1 도 (정해) 백 1 에 대한 한칸뜀. 흑 2 에는 백 3 의 이음이 있다. ㉮ 의 곳 마늘모의 받음도 있다.

2 도 (실패) 백 1 은 흑 2, 흑 2 로 ㉮ 는 백 2 이다. 백 1 로 ㉮ 는 흑 1 이다.

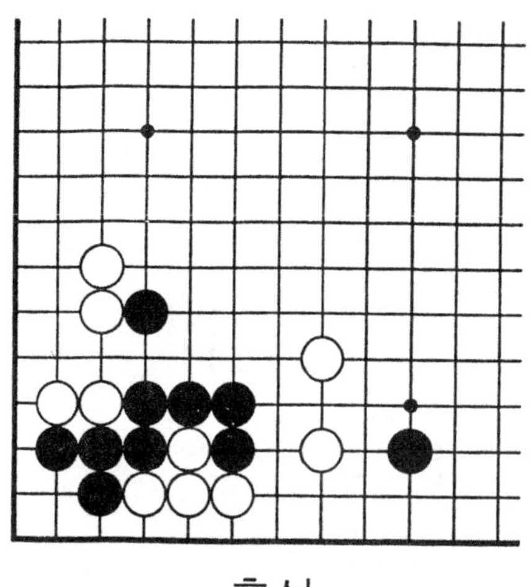

흑선

제167문

엾다

백의 결점을
찾아라.

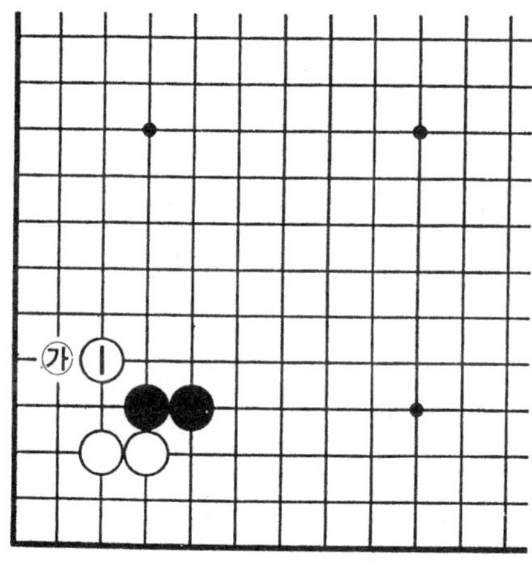

흑선

제168문

변형

백⑦라면 정
석이다. ①의곳
한 칸 뜀에 대
흑의 대처는?

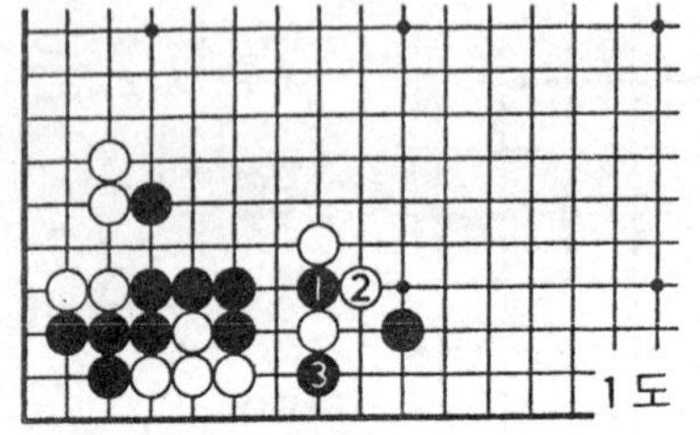

제167문 해답

1도 (정해) 흑1의 끼움 다음에, 흑3으로 건너간다. 좌변 4점을 잡는다.

2도 (실패) 흑1로 직접 젖히는 것은 이하 83cm 산다.

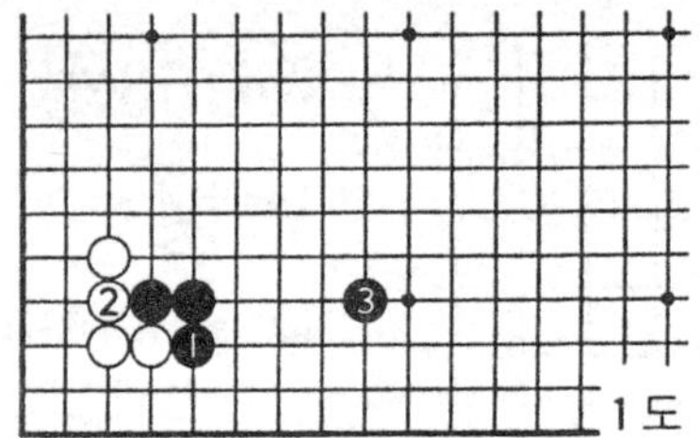

제168문 해답

1도 (정해) 흑1의 내려섬이 있다. 백2에는 3으로 벌린다. 흑은 충분하다.

2도 (참고) 흑1에 백2는 9까지 충분하다.

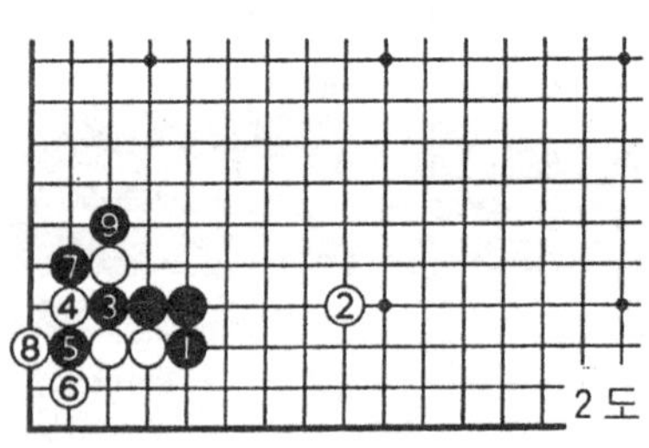

제169문

실전학습

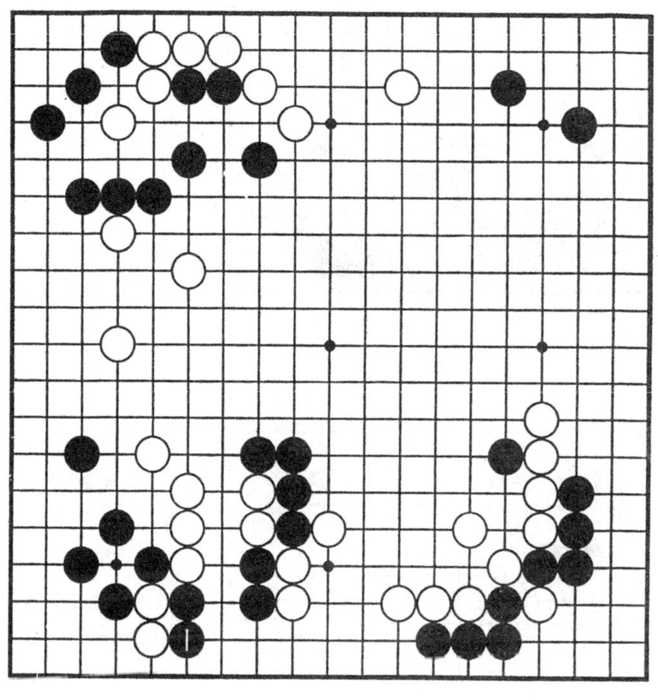

백선

이것은 실전보이다.

백의 교묘한 타개의 수단은?

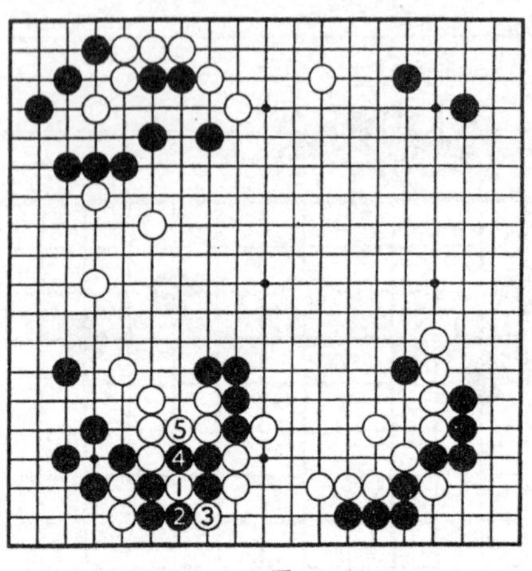

1 도

제169문 해답

1 도 (정해) 백 1 의 젖히는 수가 있다. 혹 2 에는 백 3 의 수가 있다.

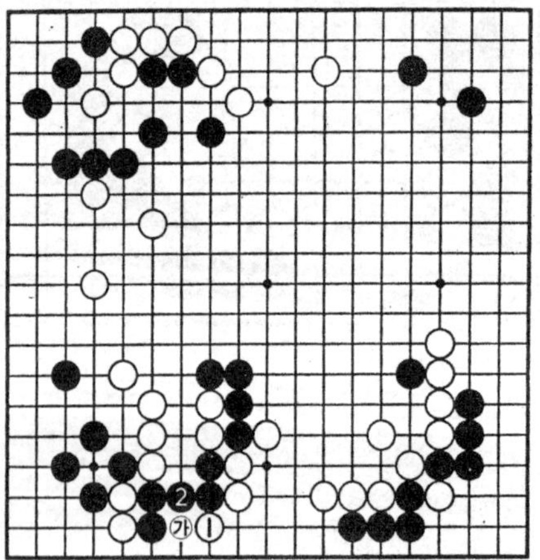

2 도

2 도 (참고) 백 1 로 젖히는 것은 혹 2 로 그만이다. 혹 2 로 ㉮에 두면 1 도 모양으로 공격당한다.

제170문

끼움

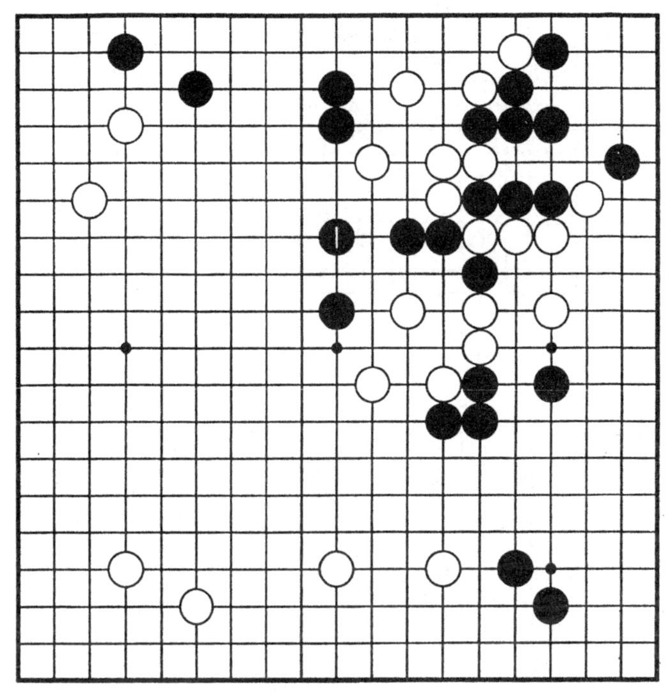

백선

국면은 흑1로 두었다.
백의 교묘한 타개 수단은?

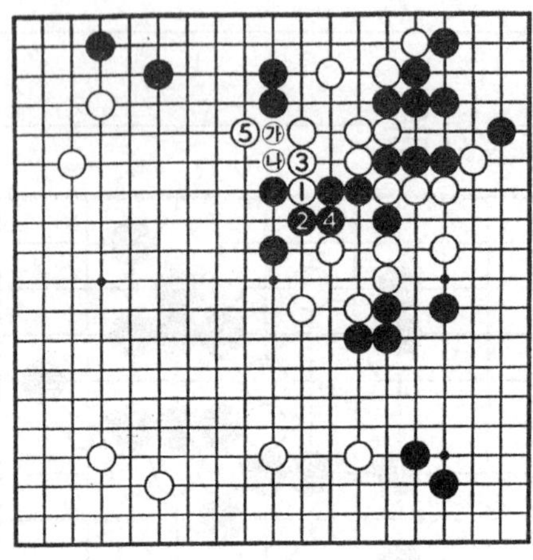

1도

제170문 해답

1도 (정해) 백 1의 끼우는 맥. 흑 2, 4에는 5 까지 둔다. 흑㉮는 백 ㉯로 나간다.

백 1의 끼움이 교묘하다.

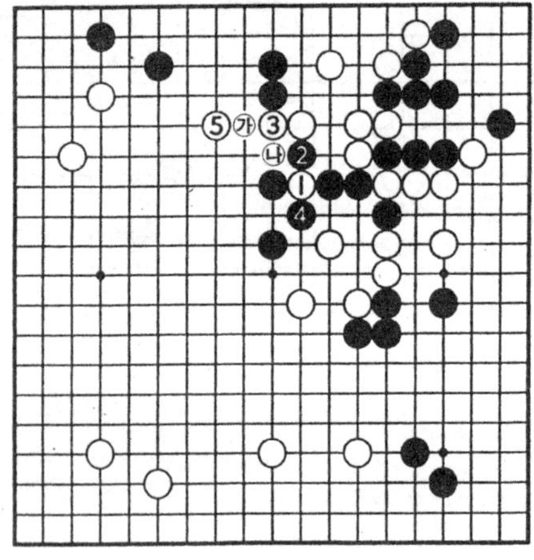

2도

2도 (참고) 실전에서는 백1의 끼움에 흑2이다.

그러면 백5로 나간다.

흑4로 ㉮는 백 ㉯로 탈출.

제171문

꿈의 꿈

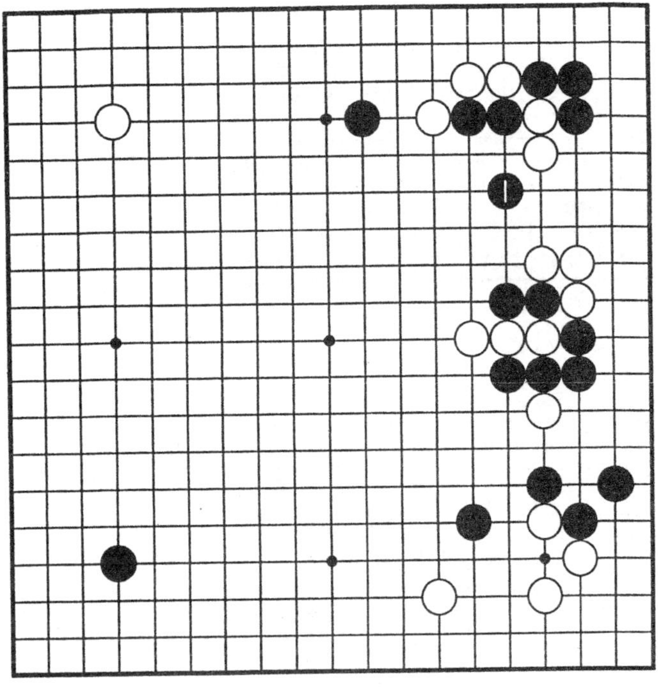

백선

흑 1 에 대하여 백은 어떻게 두어야 할
까?

전체를 연락하는 수단은?

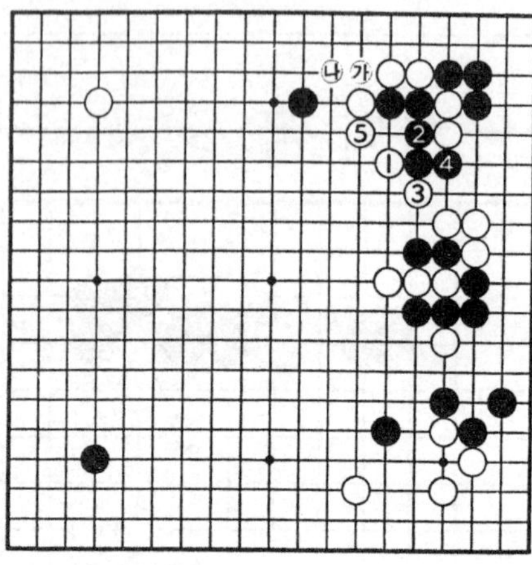

1 도

제171문 해답

1도 (정해) 백
1이 붙이는 맥점
이다.

실전에서는 흑
2로 이었다.

다음 흑㉮의 끊
음은 ㉯의 곳으로
두어 사석작전이다.

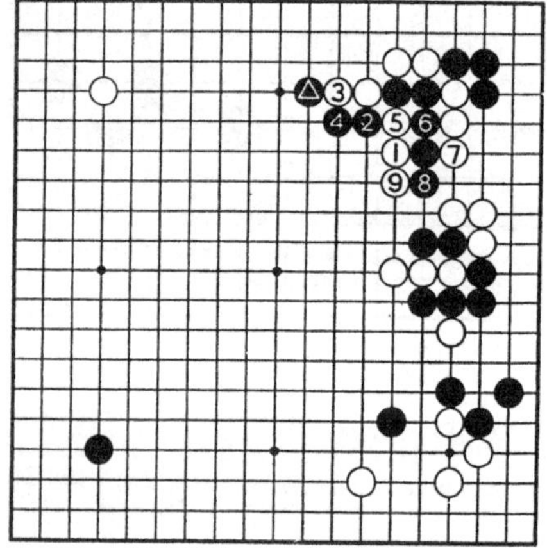

2 도

2도 (참고) 백
1에 흑2, 4는
무리이다.

백5의 끊음에
서 7, 9로 5점
을 잡는다.

흑4로 5는 백
4로 둔다.

흑⚫표를 염두
에 두고 둔다.

제172문

들여다보고 붙임

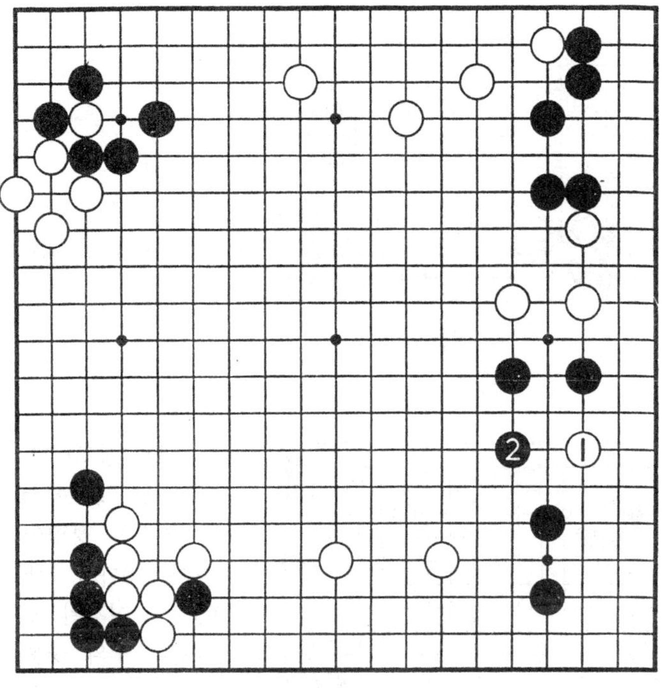

백선

백 1 의 침입에 흑 2 로 씌었다.

다음 백의 응수는?

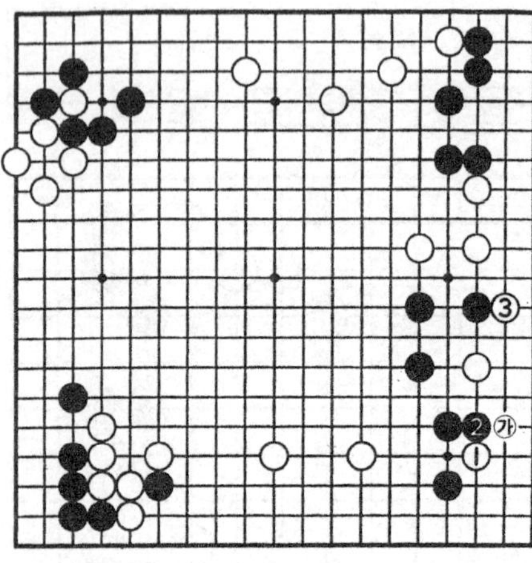

1 도

제172문 해답

1 도 (정해) 백 1의 응수타진에 흑 2, 다음에 백 3의 붙이는 수가 있다.

백 3 으로 ㉮는 귀에서 사는 수가 있지만 백모양이 엷어서 좋지 않다.

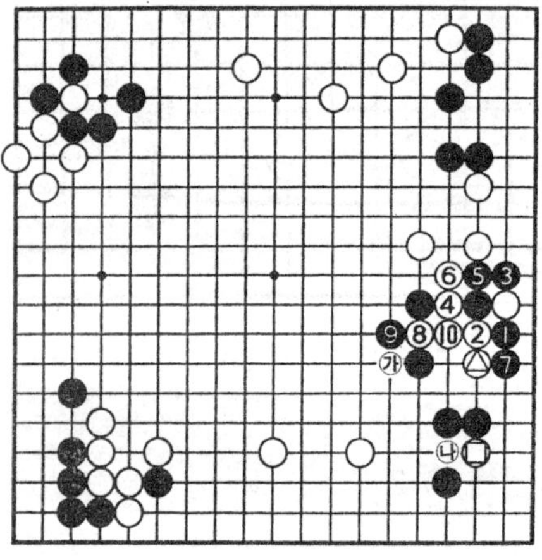

2 도

2 도 (참고) 1 도 다음 실전에서는 흑 1의 젖힘이 있다. 10까지 백 △표가 연결된 모양인데 ㉮의 끊음이 남는다. 또 백 △표의 움직임이 남는다.

실전에서는 흑 ㉯, 백 ㉮의 끊음이 있었다.

판 권
본사
소 유

3.3수로 결판내는 맥 전략

2014년 5월 20일 인쇄
2014년 5월 30일 펴냄

엮은이/ 프로바둑연구회
펴낸이/ 최　상　일
펴낸곳/ 太乙出版社
서울특별시 중구 신당6동 52-107 (동아빌딩내)
등록/1973년 1월 10일(제4-10호)

＊잘못된 책은 구입하신 곳에서 교환해 드립니다.

■주문 및 연락처

우편번호 100-456
서울특별시 중구 신당6동 52-107 (동아빌딩 내)
전화 / 2237-5577 팩스 / 2233-6166
ISBN 89-493-0360-4　　　13690